高齢者の犯罪心理学

criminal psychology of the elderly

越智啓太 [編著]

Ochi Keita

JN189127

誠信書房

はじめに

　わが国は，世界のなかでも最も早く超高齢社会に突入する国である。その
ため，今後，順次高齢化社会を迎えていくであろう多くの先進国の政府や関
係者，そして研究者たちが，そこで発生するさまざまな現象，そして，それ
に対してどのような施策がなされ，成功（そして失敗）するかについて注目
している。これは犯罪現象についても同様である。

　犯罪については，従来，高齢化の進行は良い方向に働くと思われていた。
犯罪の多くは若者によってなされることが多いし，人は年齢を重ねるにつれ
犯罪，特に加害行為からは遠ざかっていくというのが，ある意味常識であっ
たからである。しかし，実際，ふたを開けてみると，状況は予想どおりには
ならなかった。犯罪自体は確かに次第に減少していったが，いくつかのタイ
プの犯罪については，高齢者が主体となる犯罪がその人口比を上回る速度で
増加しはじめたのである。

　そして，これは多くの人が実際に「体感」できるほどのものとなっている。
東京などの大都会では，電車内や駅のホームで暴力行為を行っている高齢者
をよく見かけるようになったし，また，飲食業でアルバイトしている学生に
よれば，店の中で大声を出したり，悪質なクレーマーとなるのも高齢者が多
いという。警察官によれば，高齢者の万引き犯が非常にポピュラーな現象と
なっているという。

　われわれ，犯罪心理学研究者にとって，わが国で起きているこのような現
象をエビデンスとして把握し，そこで何が起こっているのか，その原因は何
なのかを検討していくことは，グローバルな視点から見ても極めて重要なこ
とであろう。

　そこで今回，第一線で活躍しているさまざまな研究者に，高齢者の犯罪の
現状とその特徴，原因について，それぞれ得意とする領域，方法論によって

論じてもらいたいということで本書を企画したのである。幸いなことに，犯罪捜査を専門とする研究者から矯正を専門とする研究者，暴力犯罪を専門とする研究者から窃盗犯罪を専門とする研究者まで，多くの研究者の協力を得ることができた。また，臨床心理学や脳科学について詳しい研究者にも協力していただいた。結果として，ある程度網羅的で，研究の最先端まで含んだ意欲的な論文集が完成したと思っている。

　なお，本書の対象となる「高齢者」の定義だが，これ自体が研究や調査によってもさまざまなものがあり，一貫していないのが現状である。たとえば，「高齢者」の始期についても 60 歳，65 歳，70 歳とさまざまな定義があり，場合によってはそれ以上やそれ以下などとしているものもある（法律的には 65 歳以上を高齢者と呼ぶことが多い）。これについては今後，何らかのかたちで統一的な定義を考えていくべきであろうが，少なくとも本書においてはとくに統一的な定義を用いなかった。そのため，各章ごと，引用文献ごとに，「高齢者」の範囲が異なってしまっているケースもある。この点は十分留意していただきたい。また，研究者の側も，議論の前提となるように統一した定義のもとで研究していくように，努力していくべきであろう。

　最後になったが，本書の企画，制作を中心となってすすめてくれたのは，誠信書房の中澤美穂氏である。中澤氏の働きなしには本書を世に出すことはできなかった。ここで，感謝の意を表したいと思う。

　　平成 30 年 8 月

　　　　　　　　　　　　　　　　　　　　　編著者　越 智 啓 太

C O N T E N T S

はじめに　　iii

第 I 部　高齢者犯罪概論

第1章　高齢者犯罪の概要　　2

 1. はじめに　　2

 2. 高齢者犯罪の増加　　3

 3. 高齢者犯罪率の増加　　5

 4. 罪種別の高齢者犯罪　　6

 5. 高齢犯罪者の動機　　9

第 II 部　高齢者が関わる各種加害・被害

第2章　高齢者の暴力犯罪　　12

 1. はじめに　　12

 2. 暴力犯罪における加害者としての高齢者　　13

 3. データから見た高齢者による暴力犯罪　　18

 4. 暴力犯罪における被害者としての高齢者　　24

 5. 今後の課題　　27

第3章　高齢者の殺人　　30

 1. はじめに　　30

2.	国外における高齢者殺人の知見	30
3.	日本における高齢者殺人の現状	33
4.	高齢者は「キレやすく」なることで凶悪化しているのか	44
5.	高齢者による殺人のまとめ	48
6.	おわりに	49

第4章　高齢者によるストーキング　　53

1.	はじめに	53
2.	ストーキングとは	54
3.	高齢者ストーカーの実態	61
4.	おわりに	68

第5章　高齢者による社会的迷惑行為　　73

1.	はじめに	73
2.	食品等に対する意図的な異物混入事件	74
3.	意図的なタイヤパンク事件	81
4.	まとめ	87

第6章　高齢者による性犯罪　　93

1.	はじめに	93
2.	性犯罪の要因	93
3.	高齢者による性犯罪の実態	94
4.	高齢者の性犯罪者がなぜ増加するのか	101
5.	高齢者の性犯罪に潜む問題	102

第7章　高齢者による窃盗　　106

1.	高齢者による窃盗の概要	106
2.	高齢者による万引きの原因と対策	109

3.	高齢者による万引きの類型	114
4.	まとめ	118

第8章　高齢者による交通事故　　　　　　　　　121

1.	本章で扱う交通事故犯罪の範囲	121
2.	高齢者だから交通事故を起こすのか	121
3.	高齢ドライバーに特有の交通事故	123
4.	交差点における右折時の事故	127
5.	ブレーキとアクセルの踏み間違いによる事故	128
6.	高齢ドライバー事故の防止対策	130

第9章　高齢者のなりすまし電話詐欺の被害心理　　　138

1.	はじめに	138
2.	なりすまし電話詐欺の巧妙化	139
3.	詐欺被害後の心理状態	140
4.	詐欺被害に遭う心理過程の研究	141
5.	なりすまし電話による高齢者詐欺被害の心理過程	145
6.	対策の現状と効果性	150

第Ⅲ部　高齢者の心身機能と犯罪

第10章　高齢者の衝動性・攻撃性　　　　　　　　　154

1.	はじめに	154
2.	パーソナリティとは	154
3.	犯罪加害と関連が強いパーソナリティの側面	158
4.	高齢者による犯罪加害とパーソナリティをつなぐ要因	163
5.	高齢者の犯罪被害に関わるパーソナリティの側面	165

目　次　*vii*

6. まとめ	166

第11章　高齢者の脳機能，認知機能　　170

1. はじめに	170
2. 加齢による脳機能，認知機能の変化	170
3. 認知症	182
4. 加齢／認知症に伴う認知機能の変化と犯罪	184
5. 高齢者の認知機能は改善・維持できるのか	187
6. まとめ	192

第 IV 部　高齢者が関わる司法・矯正

第12章　高齢目撃者と証言能力　　202

1. 問題	202
2. 高齢者の目撃証言についての実験的な研究	202
3. 高齢者の目撃証言研究の課題と展望	212

第13章　高齢受刑者と釈放時の保護調整　　215

1. 高齢受刑者とは	215
2. 高齢受刑者の処遇	222
3. 釈放の手続きと保護調整について	223
4. 事例紹介	224
5. 心理学の専門家の活用	231

索引　234

第Ⅰ部
高齢者犯罪概論

第1章　高齢者犯罪の概要

第1章 高齢者犯罪の概要

［新岡陽光・越智啓太］

1. はじめに

　日本社会は平成30（2018）年現在，「超高齢社会」という言葉が指すように，総人口に対する65歳以上の人口の割合が21%を超えている。総人口に対する65歳以上の人口の割合を高齢化率と呼ぶが，『平成29年版 高齢社会白書』(内閣府, 2017) では，平成28（2016）年10月1日の日本の総人口，1億2,693万人のうち，65歳以上の高齢者人口は3,459万人であり，高齢化率は27.3%となったことが報告されている。図1-1に示されるように，日本は，1970年に高齢化率が7.1%となり，「高齢化社会」に突入した。その後も高齢化率は急激に上昇し，1995年には高齢化率が14%を超える「高齢社会」となった。さらに，2010年には高齢化率が23%となり，超高齢社会へと突入した。今後も高齢者率は高くなると考えられ，2025年には約30%，2065年には約40%に達すると推定される。

　一般的に，国全体の高齢化率は先進国のほうが高く，発展途上国のほうが低くなる傾向があり，高齢化率が高い国としては，スウェーデン，ドイツ，フランス，イギリス，アメリカ合衆国，オーストラリアなどが挙げられる。日本の高齢化率は，そのような先進国と比較して1980年代までは下位であったが，平成17（2005）年には世界で最も高い水準となった (内閣府, 2017)。また，高齢化の速度についても，高齢化率が7%を超えてからその倍の14%に達するまでの所要年数によって比較した場合，フランスが126

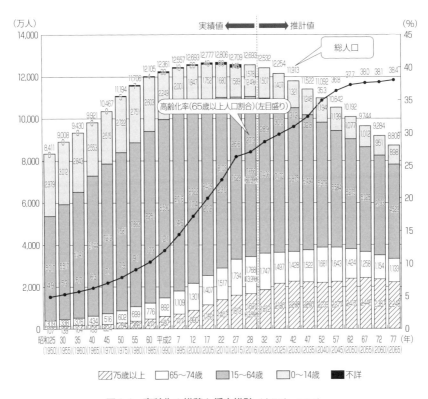

図 1-1　高齢化の推移と将来推計（内閣府，2017）

年，スウェーデンが 85 年，比較的短いドイツが 40 年，イギリスが 46 年かかっているのに対して，日本では，高齢化率が 7 % を超えた 1970 年から 14% に達した 1994 年まで，わずか 24 年しかかかっていない（内閣府，2017）。さらに，日本は世界に先駆けて超高齢社会に突入したことから，日本の高齢化は世界に例を見ない速度で進行していることがわかる。

2. 高齢者犯罪の増加

『犯罪白書 平成 29 年版』（法務省法務総合研究所，2017a）によれば，平成 28（2016）年の刑法犯の認知件数は 996,120 件であり，平成 27（2015）年と比

第 1 章　高齢者犯罪の概要　　3

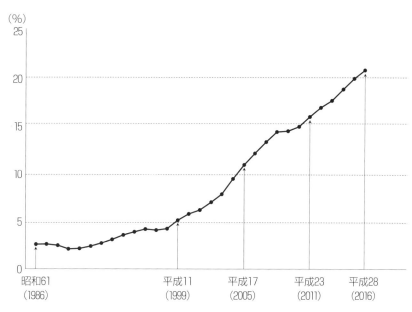

図 1-2　刑法犯検挙人員全体に占める高齢者の割合
（法務省法務総合研究所，2017a をもとに著者作成）

較して 102,849 件（9.4%）減少している。

その一方で，図 1-2 に示されるように，刑法犯検挙人員全体に占める 65 歳以上の高齢者の割合は，増加の一途をたどっている。図にあるとおり，昭和 61（1986）年〜平成 10（1998）年までは高齢検挙者の割合は 5 % 未満であったが，平成 11（1999）年には 5.12% となった。その後も増加し続け，刑法犯検挙人員全体に占める高齢者の割合は，平成 17（2005）年には 10.88% になり，平成 23（2011）年には早くも 15.90% と 15% 台を超えた。そして，平成 28（2016）年には 20.76% となり 20% 台を超えた。

すなわち，今日の社会において，刑法犯検挙人員のうち 5 人に 1 人以上が高齢者であるということになる。このように，全体としての刑法犯自体は減少傾向のなかで，高齢者の刑法犯検挙人員の割合は増加し続けているのが現状である。

3. 高齢者犯罪率の増加

　官公庁が毎年発行している統計データの数値情報を見る場合，その単位に留意してデータを見るべきである。なぜなら，図1-2に示されるように，刑法犯検挙人員全体に占める高齢者の割合が増加し続けていたとしても，高齢者が犯罪をするようになったというよりも，単に高齢者数自体が増加したことを反映しているだけの可能性もあるからである。そのため，高齢者の人口当たりの刑法犯検挙人員の数を求めることにより，高齢者が犯罪を行うようになっているのかどうかを明らかにすることができる。

　統計局が公表している人口推計のデータ，および『犯罪白書 平成29年版』（法務省法務総合研究所，2017a）に示された刑法犯検挙人員のデータを用いて，高齢者10万人当たりの検挙人員数を求めたところ，図1-3が得られた。なお，区間は，『犯罪白書』において，60歳以上65歳未満，65歳以上70歳未満，70歳以上と区分して公表している昭和61（1986）年から，人口推計でデータが得られた平成27（2015）年までとした。

　図1-3に見られるように，昭和61（1986）年～昭和63（1988）年までは70人台で大きな変化はなく，平成元（1989）年には46.3人にまで減少している。その後も，平成10（1998）年までは60人台で横ばいになっている。しかし，平成11（1999）年以降は増加を続け，平成14（2002）年には102.6人となった。さらに，平成15（2003）年には122.6人，平成16（2004）年には147.5人，平成17（2005）年には170.1人，平成18（2006）年には182.7人と急速に増加していき，平成19（2007）年には184.6人とピークを迎えている。その後はやや減少傾向にあり，平成27（2015）年には147.9人となったものの，30年前と比較すると大幅に増えていることは確かである。したがって，刑法犯検挙人員のうち高齢者の犯罪が増加している背景には，単に高齢者数が増加したことだけでなく，高齢者が犯罪に手を染める割合自体が増加しているといえる。

　高齢化の進行に伴って高齢者犯罪が増加していくだろうということは，以前から予測されていたが，ここまで急激に増加していくことを予測していた

第1章　高齢者犯罪の概要　　5

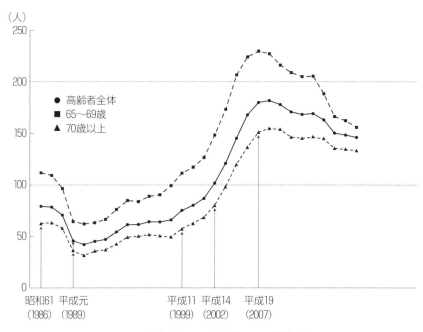

図 1-3　高齢者人口 10 万人当たりの検挙人員
(統計局が公表している人口推計のデータおよび法務省法務総合研究所〈2017a〉に示された刑法犯検挙人員のデータをもとに著者作成)

研究者や行政担当者はおらず，それゆえ，世界に先駆けて高齢化が進行する日本の高齢者犯罪情勢は，今後引き続いて高齢化社会に突入していく他の先進国の間でも注目されている。

4.　罪種別の高齢者犯罪

　高齢社会において，高齢者の犯罪が増加していることが確認されたが，それでは，高齢者はいったいどのような犯罪に手を染めるのだろうか。『犯罪白書 平成 28 年版』(法務省法務総合研究所，2016)のデータをもとに作成した表 1-1 に見られるように，全年齢層と比較して高齢者の場合，窃盗の割合が非常に大きいことがわかる。また，高齢者による窃盗のなかでも万引きが

表 1-1　平成 27（2015）年における刑法犯検挙人員の全年齢層と高齢者の罪種別の比較

	全年齢層	（%）	高齢者	（%）
殺人	913	0.38	164	0.34
強盗	1,972	0.82	127	0.27
放火	591	0.25	79	0.17
強姦	933	0.39	32	0.07
暴行	25,485	10.65	3,808	7.99
傷害	22,095	9.23	1,715	3.60
脅迫	2,720	1.14	432	0.91
恐喝	2,187	0.91	105	0.22
窃盗	**123,847**	**51.74**	**34,429**	**72.28**
詐欺	10,502	4.39	830	1.74
横領	23,734	9.92	3,560	7.47
強制わいせつ	2,644	1.10	223	0.47
盗品譲受け等	1,364	0.57	161	0.34
器物損壊	5,588	2.33	651	1.37
その他	14,780	6.17	1316	2.76
総数	239,355		47,632	

（法務省法務総合研究所，2016 をもとに著者作成）

79.9% を占めている。万引きは女性比が大きい犯罪であり，高齢者層では約半数が女性によってなされている。これが高齢者犯罪の女性比率を高めている主な原因である。ただし，窃盗に関しては図 1-4 に見られるように，ここ数年は検挙人員の増加は見られなくなってきた。検挙人員に占める高齢者の割合も，3 割程度で安定している。

それに対して殺人，強盗，傷害，暴行などのいわゆる凶悪犯，粗暴犯においては，窃盗に見られるようなここ数年の安定傾向は見られず，相変わらず高齢者検挙人員がほぼ線形的に増加している。平成 28（2016）年では，殺人の 18.9%，強盗の 6.6%，傷害の 8.2% が高齢者によって引き起こされている。

高齢者の犯罪が特に大きく増加しているのは暴行であり，昭和 63（1988）年の高齢者層の検挙人員が 90 人，高齢人口比が 0.65 であったのに対し，平成 19（2007）年の高齢者の検挙人員は 1,822 人で 1924.4%（約 20 倍），高齢人口比 6.6（約 10 倍）となり，平成 28（2016）年では検挙人員 4,014 人

第 1 章　高齢者犯罪の概要　　*7*

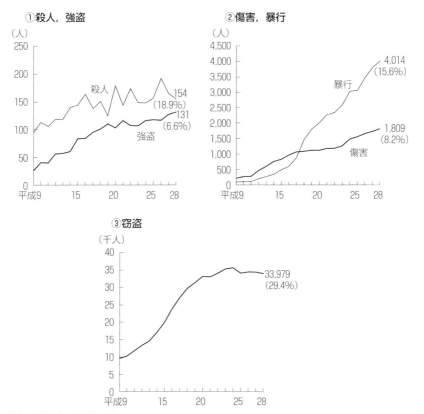

注1：警察庁の統計による。
　2：犯行時の年齢による。
　3：（　）内は、それぞれの罪名の検挙人員に占める高齢者の比率である。

図1-4　高齢犯罪者の罪種別検挙人員（法務省法務総合研究所，2017a）

で，平成の初頭に比べてじつに4360％（約45倍），高齢人口比11.4（約17倍）に達している。これは通常の犯罪統計から見ると尋常なことではない。

　これに対応して，平成20（2008）年頃から，さまざまなメディアで「高齢者の凶暴化・粗暴化」などが取り上げられ，話題となった。特に公共交通機関での駅員に対する暴力や，乗客間における暴力トラブルは，その多くが中高年によるものであることが報告されている。たとえば，日本民営鉄道協

8　第Ⅰ部　高齢者犯罪概論

会が発表している「平成 28 年度 鉄道係員に対する暴力行為の件数・発生状況について」では，鉄道係員に暴行を行った加害者の年齢別集計では最も多かったのが 60 代以上で，全体の 21.3% を占めており，この傾向はここ数年変わっていない。

　一方，覚醒剤取締法違反，強制わいせつ等についても検挙数に関しては増加が見られているが，強姦，詐欺・横領などの知能犯，放火等については検挙数はほぼ横ばいの状況が続いている。

5.　高齢犯罪者の動機

　高齢犯罪者の犯行動機については，やや古いものになるが，『犯罪白書 平成 20 年版』(法務省法務総合研究所，2008) が詳細な分析を行っている。

　殺人については，「激情・憤怒・報復・怨恨」などもある程度はあるものの，「将来を悲観」による親族殺が圧倒的に多く，いわゆる介護殺，介護心中が多くを占めていることがわかる。

　傷害・暴行に関しては，非高齢犯罪者に比べても，「激情・憤怒」という突発的で怒りの制御不全が原因になっているものが多い。また，飲酒による酩酊が背景となっているものも多いのは確かだが，飲酒していないで激情・憤怒から暴力事案に至っているケースも半数以上あるのが特徴である（非高齢の傷害・暴力事案では飲酒ありのケースが 65% を占めるのに，高齢者の場合，47% である）。

　他に高齢者の暴力犯罪の特徴としては，近隣トラブルが多いという点がある。これは退職し，生活の基盤が自宅周辺になり，人間関係が地域社会中心になり，そのなかでトラブルを抱えてしまうことが原因と思われる。さらに犯行の背景としては，「頑固・偏狭な態度」「自尊心・プライド」「疎外感・被差別感」などが高齢者の暴力犯罪の背景に典型的に見られ，高すぎるプライドと優越感が，犯行の背景にあることが読み取れる。以前に比べ，高齢者が社会的に尊敬されなくなってきていることや，退職直前に比較的高い役職に就いていたにもかかわらず，退職後は "ただの人" になってしまうことなども影響しているのかもしれない。

第 1 章　高齢者犯罪の概要　　9

また，窃盗や占有離脱物横領では，「経済的困窮」よりも，対象物自体の所有や消費を目的とした「利欲」を動機として行われているものが多いという指摘（警察庁警察政策研究センター・太田，2013）があるが，特に「利欲」が原因の窃盗（万引き）は，『犯罪白書』によれば女性で顕著であり，犯行の動機として「欲しいから（対象物の所有）」「節約」が大半を占めている。これに対して男性の場合には，もちろん利欲目的のものもあるが，経済的な困窮が原因のものも目立ち，受刑歴を有していたり，所持金がほとんどない者，住居や働き口がない者，刑事罰よりむしろ社会福祉的な支援が必要な者が犯人であるケースが少なくない。また，高齢者の窃盗の特徴として，犯行の背景に「開き直り・甘え」があり，じつに男女とも40％もの窃盗犯がこのような態度を見せていることが『犯罪白書』では指摘されている。

【文　献】
法務省法務総合研究所編（1987）犯罪白書 昭和62年版．大蔵省印刷局
法務省法務総合研究所編（2008）犯罪白書 平成20年版．大平印刷社
法務省法務総合研究所編（2016）犯罪白書 平成28年版．日経印刷
法務省法務総合研究所編（2017a）犯罪白書 平成29年版．昭和情報プロセス
法務省法務総合研究所（2017b）高齢者及び精神障害のある者の犯罪と処遇に関する研究．研究部報告，**56**.
警察庁警察政策研究センター・太田達也（2013）高齢犯罪者の特性と犯罪要因に関する調査
内閣府編集（2017）平成29年版 高齢社会白書．日経印刷
日本民営鉄道協会（2018）平成28年度鉄道係員に対する暴力行為の件数・発生状況について．プレスリリース

第Ⅱ部
高齢者が関わる
各種加害・被害

第2章　高齢者の暴力犯罪

第3章　高齢者の殺人

第4章　高齢者によるストーキング

第5章　高齢者による社会的迷惑行為

第6章　高齢者による性犯罪

第7章　高齢者による窃盗

第8章　高齢者による交通事故

第9章　高齢者のなりすまし電話詐欺
　　　　の被害心理

高齢者の暴力犯罪

[桐生正幸]

1. はじめに

近年，高齢者の暴力犯罪に関し，マスメディアの報道や一般書籍の出版などで，注目が高まってきている。

たとえば，産経ニュース（産経新聞社，2017）では，「犯罪白書 目立つ高齢者の粗暴犯『暴行・傷害』20年前の17倍に」というタイトルで，『犯罪白書 平成29年版』（法務省法務総合研究所，2017）に関わる記事が掲載され，同じく産経ニュース（産経新聞社，2015）には，「JR京浜東北線の電車内で，男性（71歳）が刃渡り約17センチの包丁を隣席の男性（50歳）に突き付けた。その原因は，被害者が使用していたタブレット端末をめぐるトラブルであった」といった事件を紹介している。インターネットにてこの事件を検索すると，同様の暴力行為を伴う高齢者犯罪の報道が数多く示されてくる。

特殊詐欺の高齢者被害に関する書籍以外に，加害者としての高齢者に関する書籍も多く出版されてきており（NNNドキュメント取材班，2014；新郷，2015；高橋，2017など），これらの書籍では数多くの暴力犯罪事例が紹介されている[*1]。このような日本の状況を踏まえ，本章では高齢者による暴力犯罪の事象を，主に加害者について論じていきたい。

なお暴力犯罪の定義は明確でないが，一般的に性犯罪や財産犯と区別する

---

*1　余談だが，著者の研究室にて，2018年3月卒の学部4年生によるゼミ論テーマに，これまで取り上げられてこなかった高齢者犯罪に関する研究が2題あった。

意味に用いられている。すなわち，人の生命や身体，自由を害する犯罪として使用されている用語である。そこで本章では，『平成29年版 警察白書』（警察庁，2017a）に基づき，包括罪種の6種類（凶悪犯，粗暴犯，窃盗犯，知能犯，風俗犯，その他の刑法犯）のうち，他章で扱われていない，暴行，傷害，脅迫，恐喝（以上，粗暴犯），強盗，放火（以上，凶悪犯）について記述する。加えて，高齢者における虐待事案について言及していきたい。

2. 暴力犯罪における加害者としての高齢者

これまで，暴力犯罪における高齢者とは，生物学的ないし社会学的な弱者として，心理学などの領域では「被害者」として論じられ，「加害者」としての高齢者には関心が払われてはこなかった。たとえば，犯罪心理学のテキストとして評価の高いバートル夫妻による編著 *Criminal Behavior: A Psychosocial Approach*（Bartol & Bartol, 2005）において，高齢者虐待，ネグレクト被害に関する記述はあるものの，加害者としての文章は見当たらない。加えて，個々の論文や報告を見ても，高齢者による暴力犯罪に関する研究はけっして多くない。

(1) 国内外における研究

Moberg（1953）は，1929〜1938年までのイギリスの公的資料から，暴力罪で有罪判決を受けた男性の8％が60歳以上であったことを指摘している。この発生率の低さや他国の資料を概観し，将来的な高齢者による犯罪増加に懐疑的な意見を述べつつも，今後の動向を見据え，アメリカ国内では統一されていない犯罪統計の整備を訴えている。その後，高齢者犯罪に関する論文は散見されるが，暴力犯罪に対する関心は高いものとは言い難い。

近年の研究として，Kratcoski と Edelbacher（2016）は，2000年と2013年とのFBIの犯罪統計を比較し，高齢者の全罪種における逮捕率は依然として低いものの，増加していることに対し注意を促している。加えて，65歳以上の暴力犯罪も2013年には大幅に増加したことを指摘し，青年期に強盗を行っていた高齢者が，生活のために「高齢者ギャング」として活動して

いることなどを紹介している。

これらの研究では，高齢者犯罪の全般について分析するなかで，暴力犯罪についてはわずかに言及するにとどまっている。その理由として，アメリカの高齢者では犯罪が増加していないこと（警察庁警察政策研究センター・太田, 2013）が考えられる。

一方，日本においては，加害者の側面に実務家や研究者の関心が高まったのは 1980 年代末からとなるが（野田, 1993），心理学者による暴力犯罪に焦点を当てた研究は数少ない。研究の大半は，法学者や社会学者，社会福祉学者によるものである。

代表的な研究としては，警察庁警察政策研究センターと太田（2013）による調査，「高齢犯罪者の特性と犯罪要因に関する調査」がある。彼らの報告には系統だったきめ細かい調査結果が記されており，日本の高齢者犯罪を知るうえで重要な資料となっている。この調査によると，高齢犯罪者増加の背景として高齢社会の進展や高齢者人口の増加を挙げる向きが多いが，65 歳以上の高齢者の犯罪者率（人口 10 万人当たりの検挙人員）を調べてみると，平成元（1989）年の 46 から平成 18（2006）年の 175 へと，3.8 倍の伸びを示している。他の年齢層の犯罪者率も上昇しているが，平成元年からの変化率で見ると，高齢者の犯罪者率の増加が最も著しくなっていることに注目しなければならない。つまり，高齢者の人口増加以上に高齢者の犯罪が増加しており，その増加率は他のどの年齢層よりも高くなっていることが指摘されている。

中尾（2014）は，2007 年までの 10 年間において，暴行で検挙された高齢者の人数が 17 倍に増加し，傷害も 4 倍に増加していることから，急激に増加した高齢者犯罪が暴行であることを指摘している。そして，それらの原因として「激情・憤怒」や「飲酒の影響」が，非高齢者よりも高い割合を占めていることを指摘している。

古川（2016）は，高齢者による犯罪に関して実務と研究が一気に進んだ事件として，2006 年発生の JR 下関駅放火事件を挙げている。当時 74 歳の男性加害者によるこの事件は，以後，法務省と厚生労働省の連携が課題として認識されるなど，社会的な影響をもたらした。

日本における研究においては，警察庁警察政策研究センターと太田（2013）のマクロな分析結果に基づく報告がベースとなり，暴力的な高齢者犯罪について論じられることとなるが，心理学的見地から分析を行うまでには至っておらず，現状を説明するにとどまっている。なお，先進国のなかでも日本の認知刑法犯の件数はかなり少ないが（法務省法務総合研究所，2012），高齢者の受刑者率は，イギリス 3.2%，ドイツ 3.0%，フランス 4.0%，アメリカ 5.5%（55 歳以上の割合）に対し，日本は 12.3% であり，きわめて高いことが指摘されている（堀田・湯原，2010）。このことを踏まえると，高齢犯罪者研究は日本に特化した現象として，重要な研究テーマであると考えられる（桐生，2015）。

⑵　加害者としての背景要因と動機

　高齢者による暴力犯罪には，いくつかの背景要因が考えられる。

　新郷（2015）は，かつて社会的に否定されていなかった「ちゃぶ台返し」のような男らしさが，今の社会においてはパワーハラスメントとなる状況に適合できずにいることが，高齢者の暴力犯罪に結びついているのではないかと指摘している。この指摘は，心理学にて多くの研究が行われているジェンダー・ステレオタイプの問題と重なるところがある。

　中尾（2014）は，全体的な高齢者の犯罪加害者要因として，四つの仮説を挙げている。それらは，①高齢者の孤独説，②出生コーホート（1940〈昭和15〉～1946〈昭和 21〉年生まれ）説，③認知症説，④確信犯説，である。これら仮説のなかで，データを用いて実証的に検証している出生コーホート説において，未成年凶悪犯罪とコーホートとの対応を指摘している点が興味深い。すなわち，その特定世代が，未成年時から成人時を経て高齢者に至るまで常に高い犯罪数を示しており，現在の高齢者による暴力犯罪を含む犯罪の増加は，その特定世代の特質が反映されているとの考察である。むろん，四つの仮説の複合的な関連が高齢者犯罪の激増の背景であると結論づけているが，社会的背景要因を考えるうえで見落とせない仮説であるといえよう。

　動機については，法務省（2008）の「平成 20 年版犯罪白書のあらまし」の第二部 特集「高齢犯罪者の実態と処遇」に，高齢者による暴力犯罪の動機，

原因についての調査結果があり，参考となる。この調査の分析対象データは，東京地方検察庁（本庁のみ）および東京区検察庁において，2007年1月1日〜同年12月31日までに受理された受理時65歳以上の者で，第一審において有罪の判決または略式命令がなされ，資料の収集が可能であった傷害・暴行を犯した者（35人），および東京地方検察庁（本庁のみ）・東京区検察庁において，2005年1月1日〜2006年12月31日までに受理された受理時65歳以上の者で，第一審において有罪の判決または略式命令がなされ，資料の収集が可能であった112人を加えたものであった。また，高齢者と比較対照を行うために，東京地方検察庁（本庁のみ）・東京区検察庁に，傷害・暴行にて受理された受理時65歳未満の者で，第一審において有罪の判決または略式命令がなされ，資料の収集が可能であった者100人ずつのデータを用いている。

　その結果では，高齢者の傷害・暴行では，「激情・憤怒」94人（63.9%），泥酔しているなど飲酒による影響が顕著に認められた「飲酒による酩酊」21人（14.3%），「報復・怨恨」10人（6.8%）であったことが報告されている。一方，非高齢者においては，「激情・憤怒」69人（69.0%），「飲酒による酩酊」6人（6%），「行き違い」6人（6%），遊び感覚でけんかに及んだなどの「遊び感覚」4人（4%），暴力によって自らの威勢を誇示するなど「自己顕示」4人（4%）との結果であった。

　この報告から，高齢者による傷害・暴行の犯行動機として最も多いのは，非高齢者と同様に「激情・憤怒」であるものの，非高齢者と異なり「報復・怨恨」が少なくないことがうかがわれる。長澤（2016）は，粗暴的犯行には怨恨・憤怒型と代償型があると指摘し，高齢者による犯行は怨恨・憤怒型が多いと指摘しているが，これらの報告より，高齢者による暴力犯罪の発現は，攻撃性や抑止に関わるセルフ・コントロールの程度に起因することが予測されよう。

⑶　心理学的な検討
　そこで，この動機について，心理学的知見に基づいた研究から少し検討してみたい。

表 2-1　暴力動機と関連するパーソナリティ

暴力犯罪の動機	パーソナリティ尺度（機能的攻撃性尺度）
回避・防衛	猜疑心，被差別感
影響・強制	競争心，自己主張，支配性， 低言語スキル，低対処スキル
制裁・報復	信念の偏り，報復心，権威主義
同一性・自己顕示	男らしさ，対抗同一性，自己顕示性 プライド

（大渕，2006 をもとに著者作成）

　一般的に暴力犯罪は，計画的で制御されているタイプと，衝動的で制御されていないタイプに分けることができる。また，衝動的な暴力は，ストレスなどを抑制する力が脆弱であるため暴力的になるタイプと，過度な抑制により蓄積した怒りなどが爆発的に表れ，暴力的になるタイプがあると考えられている。

　大渕（2006）は，暴力犯罪の動機とパーソナリティ要因について，受刑者などを調査した研究を報告している。動機について 4 タイプ（回避・防衛，影響・強制，制裁・報復，同一性・自己顕示）に分け，それぞれに関連したパーソナリティ尺度を作成した。その尺度は「機能的攻撃性尺度」と命名され，14 の下位尺度により構成されている（表 2 - 1 参照）。そして，刑務所に収容されている成人男性受刑者を，暴力犯罪者（42 名）と非暴力犯罪者（37 名）に分けて機能的攻撃性尺度にて回答させたところ，「権威主義」以外の 13 の下位尺度にて，暴力犯罪者が非暴力犯罪者よりも高得点であったことを報告している。

　この研究に，法務省（2008）による高齢者の暴力犯罪の動機を照らし合わせてみると，以下のことが考察されよう。実際の動機に「激情・憤怒」が多いことから，勝ち負けにこだわる「競争心」，不満なときに我慢をしない「自己主張」，人に指示することが多い「支配性」，もめごとを穏やかに解決するのが難しい「低対処スキル」，といったパーソナリティが暴力犯罪の高齢者に当てはまると考えられる。ただ，これらパーソナリティ項目は，非高齢者でも多いことが推測される。一方，非高齢者とは異なる実際の動機「報復・怨恨」を検討すると，がんこである「信念の偏り」，やられたらやり返

さないと気が済まない「報復心」，といったパーソナリティが高齢者の暴力犯罪者に多いのではないかと推測される。

Lewis ら（2006）は，サウスカロライナ州コロンビアにある精神医学研究所において，1991〜1998 年の間に逮捕され，刑事責任などの診断を受けた99 名（平均年齢66.8 歳。男性87 名，女性12 名）の調査結果を報告している。暴力犯罪にて逮捕された者は60 名であり，その内訳は殺人26 名，強盗2 名，暴行32 名であった。そして，暴力犯罪者と非暴力犯罪者を比較したところ，教育レベルの低さ，被害者が家族であること，パラノイアなどの要因が，暴力犯罪において関連していることが示唆されている。この研究は，精神疾患との関連を分析したものであるが，高齢者による暴力犯罪の要因としての「攻撃性」と，「家族が被害者となる」傾向を検討する際に，有益と考える。

社会福祉の観点から，水島（2011）が次の仮説を提案している。男性家族介護者が引き起こす高齢者虐待のメカニズムについて，介護に没頭することで時間的余裕や認知的余裕のなさが生じ，それによって衝動的攻撃が発動する可能性が高まる，とする仮説である。この仮説は，認知機能の衰えや「低対処スキル」によって，高齢者が家族などへ暴力犯罪を行ってしまう過程を説明するうえで有益であろう。

以上のような心理学的知見に基づいた研究を踏まえ，今後は実証的な検証による研究が重要であると考える。

3. データから見た高齢者による暴力犯罪

次に，『犯罪白書 平成 28 年版』（法務省法務総合研究所，2016）と『犯罪白書 平成 29 年版』（法務省法務総合研究所，2017）のデータから，高齢者による暴力犯罪の実際を検討してみたい。

まず図 2-1 に，1989〜2016 年までの高齢者による暴行，傷害の検挙人員の推移を示した。強盗の推移に比べ，暴行や傷害の変化が著しく，特に暴行の急激な増加が指摘されよう。しかしながら，全人口における高齢者の割合が増加していることから，検挙人員の数だけで高齢者による暴力犯罪の増加

18 第Ⅱ部 高齢者が関わる各種加害・被害

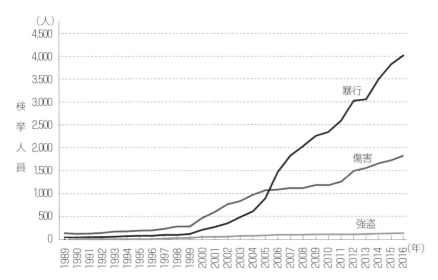

図2-1　1989〜2016年までの高齢者による暴行，傷害の検挙人員の推移

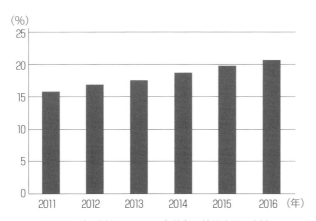

図2-2　全刑法犯における高齢者の検挙人員の割合

を論じることは早急と考えられる。そこで，各罪種の全刑法犯における高齢者の割合を算出し検討する。まず，公開されたデータに基づき，全刑法犯における高齢者を見てみると，2011〜2016年の短期間であるが，その割合が高まっていることが指摘される（図2-2）。

⑴　粗暴犯──暴行，傷害，脅迫，恐喝

　次に，各刑法犯の動向を検討する。まず，暴行，傷害，脅迫，恐喝である。これらの犯罪は直接的な対人犯罪であり，加害者と被害者の間に問題や軋轢が生じ，攻撃行動が発動したものと考えられる。

　暴行，傷害，脅迫，恐喝における各年の高齢者の検挙人員の割合[*2]を，図 2-3 に示した。各刑法犯において割合の増加傾向が指摘される。各刑法犯が全年齢層において減少しているのに対し，高齢者の検挙人員は減少していないことが，この傾向の要因と考えられる。

　性差を比較したものが図 2-4 である。各年の刑法犯ごとに，女性高齢者を 1 とした場合における男性の比率を見たところ，すべての刑法犯において男性高齢者がプラスの割合となり，女性高齢者より多いことが示唆された。男性の対人的な暴力的行為や犯罪の多さには生物学的要因も含まれることが指摘されているが，高齢者においても同様のことが指摘されよう。なお，女性高齢者による暴力犯罪の研究はきわめて乏しい。堀田と湯原（2010）は，今後，男性とは異なる要因に注目して検討する必要性があることを提言している。

⑵　強盗，放火

　強盗と放火について，少し検討してみたい。まず，図 2-1 に示したように，

─────────
＊ 2　各年の全年齢層における高齢者の人数を見てみると，次のとおりである。2011 年（暴行：全年齢 21,999・高齢 2,574，傷害：全年齢 21,572・高齢 1,251，脅迫：全年齢 1,663・高齢 242，恐喝：全年齢 3,324・高齢 77），2012 年（暴行：全年齢 23,610・高齢 3,017，傷害：全年齢 23,752・高齢 1,479，脅迫：全年齢 2,145・高齢 300，恐喝：全年齢 3,050・高齢 78），2013 年（暴行：全年齢 22,744・高齢 3,048，傷害：全年齢 23,527・高齢 1,546，脅迫：全年齢 2,377・高齢 356，恐喝：全年齢 2,561，高齢 92），2014 年（暴行：全年齢 24,419・高齢 3,478，傷害：全年齢 22,985・高齢 1,649，脅迫：全年齢 2,726・高齢 371，恐喝：全年齢 2,458・高齢 102），2015 年（暴行：全年齢 25,485・高齢 3,808，傷害：全年齢 22,095・高齢 1,715，脅迫：全年齢 2,720・高齢 432，恐喝：全年齢 2,187・高齢 105），2016 年（暴行：全年齢 25,736・高齢 4,014，傷害：全年齢 21,966・高齢 1,809，脅迫：全年齢 2,778・高齢 470，恐喝：全年齢 1,794・高齢 86）であった。

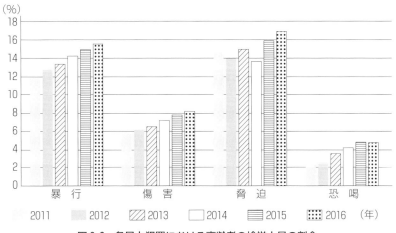

図 2-3　各暴力犯罪における高齢者の検挙人員の割合

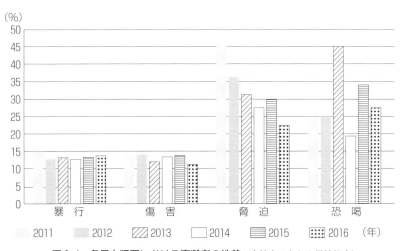

図 2-4　各暴力犯罪における高齢者の性差（女性を 1 とした男性比率）

　高齢者による強盗は 1989 年は 8 人だったのが，2015 年には 127 人と増加している。この強盗は，他の暴力犯罪と比べ，対人関係による問題や軋轢などが直接相手に対し，高い攻撃性を帯びて発現するだけのものとは考えにくい。むしろ，金銭的な問題を解決することが主たる動機であり，それに攻撃行動

第 2 章　高齢者の暴力犯罪　　*21*

が伴ったものと考える必要がある。

　たとえば，NNN ドキュメント取材班（2014）は，次の二つの高齢者による強盗事例を紹介している。一つは，妻の一周忌後，心の空白と長年の恨みを果たす理由で，妻の親類宅に強盗に入った 65 歳男性の事例である。二つ目は，経営していた会社が同級生に騙され潰れてしまい，その後家族と別れた男性が，次の店舗経営で強盗に遭ったことを奇禍とし，自ら強盗傷害を犯した 63 歳の事例である。両事例に共通する動機の要因として，抑止力となる家族がいなかったこと，強い恨みがあったことがうかがわれるものの，主たる動機は金銭である。

　次に放火であるが，概ね日本の放火研究において加害者の年齢は 30 代であることもあり，高齢者による放火に関する研究知見は強盗同様に乏しい。なお，放火犯の属性において，知的水準や精神疾患の問題が指摘されている（桐生, 2017）が，今後は，高齢者の認知的機能の低下などによる精神活動の変化も視野に入れた研究が必要となろう。

　図 2-5 は，強盗と放火における各年の高齢者の検挙人員の割合[*3]を示したものである。これらより，放火の場合，全年齢層の減少に対し，高齢者の人数は減少していないことから，高齢の割合増加が指摘されることとなる。

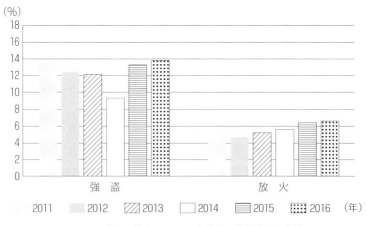

図 2-5　強盗，放火における高齢者の検挙人員の割合

⑶　**高齢な養護者による虐待**

　介護が必要な 65 歳以上の高齢者を 65 歳以上の高齢者が介護する，いわゆる「老老介護」において，多くの社会問題が発生している。特に養護者による虐待は，高齢者による暴力犯罪の暗数としても見逃せない。

　配偶者や内縁関係者の間で起こる暴力行為や，ハラスメント行為を意味するドメスティック・バイオレンスでは，一般的に次のような原因が考えられている。一つは，男性は妻よりも強くあるべきといったジェンダー・ステレオタイプによる社会心理学的な原因，二つ目は，男性優位な社会構造から女性の経済的自立が困難となり，男性の暴力支配から抜け出せない社会学的な原因，三つ目は，自己愛性人格障害といった精神病理学的な原因である。

　厚生労働省（2016）は全国市町村および都道府県に対し，高齢者虐待における相談・通報のうち，事実確認や対応を行った 2016 年度の事例を調査し，報告している。この調査では，介護老人福祉施設などの業務に従事する者による虐待と，家族・親族・同居人などの養護者による虐待が，それぞれ分析されている。老老介護に関連する養護者による高齢者虐待の相談・通報件数は，2006 年 18,390 件だったのに対し，2016 年は 27,940 件，虐待判断件数は 2006 年 12,569 件だったのに対し，2016 年は 16,384 件と，それぞれ増加している。2016 年度中の養護者による被虐待高齢者数は 16,770 人であり，そのうち「身体的虐待」が 11,383 人と最も多い。養護者と被虐待高齢者との同居においては，養護者とのみ同居が 8,530 人，養護者と他の家族との同居が 6,085 人であり，同居事例の多さが指摘される。養護者の続柄としては，息子が 7,237 人，夫が 3,837 人，娘が 3,031 人である。

　図 2-6 は，65 歳以上の養護者で虐待を行った者について，続柄ごとに示

＊3　各年の全年齢層における強盗と放火の高齢者の人数は次のとおりである。2011 年（強盗：全年齢 2,431・高齢 107，放火：全年齢 616・高齢 83），2012 年（強盗：全年齢 2,430・高齢 116，放火：全年齢 592・高齢 74），2013 年（強盗：全年齢 2,255・高齢 118，放火：全年齢 549・高齢 67），2014 年（強盗：全年齢 2,096・高齢 117，放火：全年齢 598・高齢 56），2015 年（強盗：全年齢 1,972・高齢 127，放火：全年齢 591・高齢 79），2016 年（強盗：全年齢 1,984・高齢 131，放火：全年齢 577・高齢 80）であった。

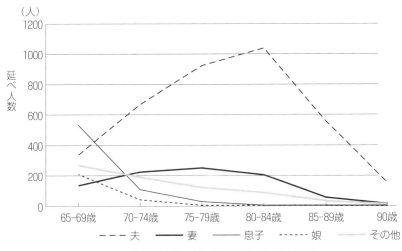

図 2-6　高齢者虐待を行った養護者の年齢と続柄

したものである。これより，虐待を行う養護者は男性が女性よりも多く，65～69歳においては息子が多いが，それよりも高い年齢では夫が多いことが示唆される。前項でも示したように水島（2011）は，男性家族介護者が引き起こす高齢者虐待のメカニズムについて，介護に没頭することで時間的余裕や認知的余裕のなさが生じ，それによって衝動的攻撃が発動する可能性が高まる，との仮説を立てている。

4. 暴力犯罪における被害者としての高齢者

　高齢者は，暴力犯罪の被害者としてのリスクを多く有している。社会的立場の弱さ，身体的な衰え，情報処理能力や意思決定の脆弱さ（八田ら，2015）などが，背景要因として考えられる。そのため，身体的な能力に勝る青年や壮年が，高齢者を暴力犯罪の被害者として選択する機会が増えることが予測される[*4]。

(1) データから見た暴力犯罪も被害

　警察庁（2017b）の「平成28年の犯罪情勢」に示された2007～2016年のデータを用いて，暴行，傷害，脅迫，恐喝の65歳以上の被害者数を，それぞれの認知件数における割合にて求めた（図2-7）。すべての刑法犯において，65歳以上の被害者率の増加傾向がうかがわれるが，これは認知件数の減少程度に比べ，高齢被害者の減少は緩やかであることが要因として考えられる。

　MorganとMason（2014）は，アメリカにおける2003～2013年までの65歳以上による犯罪動向を調査し，報告している。強盗や暴行・傷害などの暴力犯罪の被害総数6,278,370人に対し，65歳以上は129,460人（2.1%）であった。アメリカとの単純な比較は難しいが，日本の場合，暴力犯罪の高齢加害者と同様に被害者についても割合は高く，日本の犯罪事情の大きな特質であると思われる。

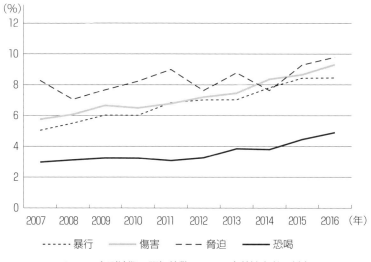

図2-7　各刑法犯の認知件数における高齢被害者の割合

＊4　たとえば，「NEWSポストセブン」（2018.3.26配信：https://headlines.yahoo.co.jp/article?a＝20180326-00000003-pseven-soci）では，「『老人狩り』頻発　若者たちは『心が痛まない』と言い放つ」といった見出しで記事を掲載している。

⑵ 高齢者虐待

　暴力犯罪における高齢者の被害を知るうえで，高齢者虐待の視点から検討することは有益であると考える。

　「高齢者に対する虐待の防止，高齢者の養護者に対する支援等に関する法律」（以下，高齢者虐待防止法）が 2006 年 4 月 1 日に施行されて以来，厚生労働省より高齢者虐待に関する調査結果が公表されている。高齢者虐待は，養護者による高齢者虐待と，養介護施設従事者等による高齢者虐待に分けられ，分析が行われている。虐待行為には，身体的虐待，介護・世話の放棄・放任，心理的虐待，性的虐待，経済的虐待があるが，ここでは暴力犯罪の被害者特徴を考察するため，高齢者の身体に外傷が生じ，または生じるおそれのある暴力を加える身体的虐待の資料（厚生労働省，2016）から検討してみたい。

　2016 年度中に相談・通報への事実確認や対応を行った，養介護施設従事者等による高齢者虐待では，総数 870 人のうち身体的虐待が 570 人で最も多かった。一方，養護者による高齢者虐待においても，総数 16,770 人のうち身体的虐待が 11,383 人で最も多かった。これらの数値は，2016 年の 65 歳以上の暴行被害 2,689 件や傷害被害 2,269 件よりも多い。なお，被虐待高齢者は，総数において女性が多い。

　養介護施設従事者等の被虐待高齢者は，身体的虐待の場合，認知症の程度，要介護度，寝たきり度が，それぞれ他の虐待種別と比較して高い程度を示している。そして，養護者の被虐待高齢者においても，同様の傾向が見られる。高齢者の虐待被害者は，虐待加害者の身体的・心理的なコントロール下にある場合が多いことがうかがわれる。

　神谷（2008）は，虐待被害を受けやすいのは女性であり，認知症を発症しているケースが多いことから，次のような考察を行っている。まず，日本の女性の心理的特徴として，「虐待されても当たり前と考え，自分が変われば相手も振る舞いを変えるだろうと思っている」「虐待者側の問題や行動は自分に原因があると相手に言われて，確信している」などとし，社会的・文化的システムが影響している性的・経済的な不平等さや，家族内での意思決定

の曖昧さから，問題解決の際に誘発される暴力という手段，といったものがあるとしている。

5. 今後の課題

　以上，高齢者の虐待被害から，暴力犯罪における高齢者被害の要因として，これまでの指摘にあるように被害者側の社会的立場の弱さ，身体的な衰え，情報処理能力や意思決定の脆弱さなどが考えられる。ただし，被害件数が減少していないこと，介護を要する状況で暗数的な暴力被害が多いことから，より細部にわたった調査や研究が重要であると思われる。たとえば，暴力犯罪は対人的犯罪であることから，社会心理学などによる対人関係の研究知見や研究が，犯罪心理学研究においても有益であろう。

　高齢者の主観的幸福感を検討した研究（渡邉・山崎，2004）では，加齢自体が直接的に幸福感を減少させているのではないことが指摘されている。暴力犯罪を行ってしまう高齢者も，受けてしまう高齢者も，それぞれ高い主観的幸福感を抱いているとは考えにくい。むしろ，加害者にとっては攻撃性が幸福感を凌駕し，被害者にとっては幸福感を意識しないよう努力する，といった心理状態が予測される。それゆえ，加齢に伴う健康や経済状況の悪化，配偶者との死別，社会活動からの引退，といったものが主観的幸福感に悪影響を与える（渡邉・山崎，2004）という研究知見は，事前に暴力犯罪を生み出さないための貴重な示唆をもたらすといえる。

　では，暴力犯罪の加害者を生み出さないためには，積極的な社会貢献を高齢者に行ってもらえばよいのか。その問いについても，いくつかの研究知見が発表されている。たとえば中原（2014）は，シルバー人材センターの高齢者に質問紙調査を行い，活動理論の検証を試みている。この活動理論とは，「高齢期における役割喪失が少なければ，その人が参加する活動は多くなり」，「活動度が大きければ，その人はより多くの役割支持を得ることができ」，「役割支持が多いほど，その人はより肯定的な自己概念を持ち」，「肯定的な自己概念が強いほど，その生活満足度が高い」，というものである。

　中原の検証にて概ね実証されたのだが，シルバー人材センターでの活動が

第2章　高齢者の暴力犯罪　*27*

ポジティブな機能を持つ一方で，行えば行うほど自尊感情を低下させるネガティブな機能も備えていることが示唆されたのである。すなわち，何らかの活動を行うことで，正反対の機能も喚起されていたことになる。高齢者も含め人間の心理の複雑さが垣間見られるが，社会心理学の研究知見はその複雑さの過程を丁寧に説明してくれる。暴力犯罪に関わる高齢者の動機を考える際にも，また未然に防ぐ社会内のシステムや働きかけを検討するうえでも，これら多くの研究知見や方法は重要であろう。

【文　献】

Bartol, C. R. & Bartol, A. M.（Ed.）（2005）*Criminal behavior: A psychosocial approach*. 7rd ed. Prentice Hall.（羽生和紀監訳〈2006〉犯罪心理学——行動科学のアプローチ．北大路書房）

古川隆司（2016）高齢者犯罪に関する研究動向．犯罪社会学研究，**41**，98-104.

八田武俊・八田武志・岩原昭彦・八田純子・永原直子・伊藤恵美・藤原和美・堀田千絵（2015）中高年者における高次脳機能，信頼感と騙されやすさの関連．心理学研究，**85**（6），540-548.

法務省（2008）平成 20 年版犯罪白書のあらまし．〔http://www.moj.go.jp/housouken/houso_2008_index.html〕

法務省法務総合研究所編（2012）犯罪白書 平成 24 年版．日経印刷

法務省法務総合研究所編（2016）犯罪白書 平成 28 年版．日経印刷

法務省法務総合研究所編（2017）犯罪白書 平成 29 年版．昭和情報プロセス

堀田利恵・湯原悦子（2010）高齢者になって初めて犯罪に手を染めた女性犯罪者に関する研究（総説）．日本福祉大学社会福祉論集，**123**，69-83.

神谷かつ江（2008）高齢者虐待に関する心理学的考察．東海女子短期大学紀要，**34**，41-48.

警察庁編（2017a）警察白書 平成 29 年版．日経印刷

警察庁（2017b）平成 28 年の犯罪情勢．〔https://www.npa.go.jp/toukei/seianki/h28han-zaizyousei.pdf〕

警察庁警察政策研究センター・太田達也（2013）高齢犯罪者の特性と犯罪要因に関する調査．

桐生正幸（2015）日本の高齢者を取り巻く犯罪 & shy; 加害・被害・防犯．HIRC21 編　現代人のこころのゆくえ 4：ヒューマン・インタラクションの諸相．東洋大学 21 世紀ヒューマン・インタラクション・リサーチ・センター，pp.65-31.

桐生正幸（2017）放火．越智啓太・桐生正幸編　テキスト司法・犯罪心理学．北大路書房，pp.231-244.

厚生労働省（2016）平成 28 年度「高齢者虐待の防止，高齢者の養護者に対する支援等に関する法律」に基づく対応状況等に関する調査結果．〔http://www.mhlw.go.jp/file/04-Houdouhappyou-12304250-Roukenkyoku-Koureishashienka/0000197120.pdf〕

Kratcoski, P. C. & Edelbacher, M. (2016) Trends in the criminality and victimization of the elderly. *Federal Probation Journal*, **80**(1), 58-63.

Lewis, C. F., Fields, C., & Rainey, E. (2006) A study of geriatric forensic evaluees: Who are the violent elderly? *Journal of the American Academy of Psychiatry and the Law Online*. September, **34** (3), 324-332.

水島洋平（2011）男性家族介護者による高齢者虐待生起のメカニズム．同志社政策科学研究，**12**(2)，81-89.

Moberg, D.O. (1953) Old age and crime. *Journal of Criminal Law and Criminology & Police Science*, **43**(6), 764-776.

Morgan, R. E. & Mason, B. J. (2014) *Special report: Crimes against the elderly, 2003-2013.* The Bureau of Justice Statistics of the U.S.NCJ 248339, November.

長澤秀利（2016）高齢者犯罪．日本犯罪心理学会編　犯罪心理学事典．丸善出版，pp. 204-205.

中原　純（2014）シルバー人材センターにおける活動が生活満足度に与える影響――活動理論（activity theory of aging）の検証．社会心理学研究，**29**(3)，180-186.

中尾暢見（2014）激増する高齢者犯罪．専修人間科学論集 社会学編，**4**(2)，101-117.

NNN ドキュメント取材班（2014）高齢初犯――あなたが突然，犯罪者になる日．ポプラ社

野田陽子（1993）犯罪行為者としての高齢者に関する研究の動向と課題．犯罪社会学研究，**18**, 45-59.

大渕憲一（2006）犯罪心理学――犯罪の原因をどこに求めるのか．培風館

産経新聞社（2015）タブレット端末めぐりトラブルに 京浜東北線の刃物男非番の警官が取り押さえる．[https://www.sankei.com/affairs/news/150609/afr1506090034-n1.html]

産経新聞社（2017）犯罪白書 目立つ高齢者の粗暴犯「暴行・傷害」20 年前の 17 倍に．[https://www.sankei.com/affairs/news/171117/afr1711170011-n1.html]

新郷由起（2015）老人たちの裏社会．宝島社

塩野敬祐（2009）団塊世代の社会参加．淑徳短期大学研究紀要，**48**,33-50.

高橋ユキ（2017）暴走老人・犯罪劇場．洋泉社

渡邉敏恵・山崎喜比古（2004）幸福な老いの要件とは――高齢者の主観的ウェルビーイングに関連する要因の文献検討．埼玉県立大学紀要，**6**, 75-86.

高齢者の殺人

[喜入 暁・湯 泰彦]

1. はじめに

「キレる」高齢者が増加しているという言説がある（たとえば，NHK, 2017）。そしてこれを支持するかのように，高齢者の犯罪行動は増加傾向にある（第1章参照）。このような現状は，高齢者が凶悪化し，特に殺人に代表される凶悪犯罪も激増しているかのような印象を与える。しかし，わが国における高齢者の殺人に関する研究は多くない。実際，高齢者は凶悪化し，殺人は増加しているのだろうか。

本章では，この疑問を念頭に高齢者の殺人をとらえてみたい。はじめに，高齢者の殺人についての国外の研究知見を紹介し，次に，公的な統計データを用いて国内の高齢者の殺人の現状について概観する。最後に，私たちの研究チームが新聞記事から収集した殺人事件データを解析し，国内における高齢者の殺人の詳細を明らかにする。

2. 国外における高齢者殺人の知見

(1) 殺人形態

高齢者による殺人は，一般他者ではなく配偶者などのパートナーをターゲットとすることが相対的に多い（Fazel et al., 2007; Overshott et al., 2012）。また，パートナーを殺害した後に自殺を図る行為は高齢者に多い（Fazel et al., 2007;

Panczak et al., 2013)。そして，高齢者による殺人の被害者は比較的高齢であり（Bourget et al., 2010; Reutens et al., 2015），女性である可能性がより高い（Cheung et al., 2016; Fazel et al., 2007; Overshott et al., 2012; Salari, 2007）。このような点から，高齢者に特徴的な殺人形態として心中（Homicide-Suicide）が挙げられる[1]。

⑵　心中

　高齢者の心中は特にパートナーを巻き込むことが多く（Bourget et al., 2010; Bridges, 2013），子どもなどの第三者を巻き込むことが少ない（Salari & Sillito, 2016）。また，高齢者の一般殺人と比較して，アルコールや薬物の影響はほとんどない（Salari, 2007; Salari & Sillito, 2016; Bourget et al., 2010）。そして，非高齢者も含む一般殺人において刃物類が使用される可能性が高い一方で（Overshott et al., 2012; Reutens et al., 2015），心中では銃器が主である（Panczak et al., 2013）。なお，アメリカでは一般殺人においても銃器が多く使用されるが（Lewis et al., 2006; Fazel et al., 2007），心中ではその使用頻度がより高いことが示されている（Salari & Sillito, 2016）。

⑶　殺人の一要因としての健康問題

　このような高齢者の殺人，特に心中に至る要因のひとつは健康問題である。この問題は夫婦間において，将来への絶望や苦しみから解放されたいというような心理を促進することが予測され，その結果，夫婦間で心中という決断がなされるかもしれない。

　実際に高齢者による殺人では，加害者・被害者とも，精神的・身体的疾患を抱えていることがより多いことが指摘されている（Bourget et al., 2010; Cohen et al., 1998; Salari, 2007）。精神的な疾患については高齢者の殺人加害者の5〜7割弱程度に見られ，特に抑うつであることが多い（Overshott et al., 2012）。また，認知症も同様に高齢者の殺人加害者の特徴であることが指摘されている

---

[1]　Homicide-Suicide は，正確には心中というよりも「殺害したあとに加害者が自殺をするという現象」そのものを示すワードであるため，必ずしも心中に限定されるわけではない。しかし多くは心中であるため，様相のわかりやすさを考慮し，あえて心中という語を充てた。

（Reutens et al., 2015）。一方で，パーソナリティ障害を持つ高齢者の殺人加害者は非高齢者の殺人の加害者に比べて少ない（Putkonen et al., 2010）。

このような知見から，高齢者の殺人に関わる健康問題は，生得的なものというよりはむしろ，年齢に伴う身体的な機能低下や，社会との関わりから孤立することによる精神的な反応による可能性も考えられる。ただし，健康問題が必ずしも常に動機と関連しているわけではないという指摘もあり（Salari, 2007），疾患と殺人との関連は注意深く検証する必要があるだろう。

⑷　配偶者心中の類型

心中は高齢者の殺人に特徴的な形態であると考えられる一方で，一般的な殺人の様相，つまり口論の結果による殺人などのケースも多く存在する（Block, 2013）。また，心中の場合でさえ一般的な殺人の様相を呈する場合がある。

高齢者の配偶者心中の類型では，「依存−保護型」（dependent-protective：夫婦がお互い依存状態にあり，妻を支えられないという夫の認識で発生する心中），「共生型」（symbiotic：夫婦がお互い依存状態にあり，いずれかが深刻な病を抱えており，お互いの同意によって発生する心中），「攻撃型」（aggressive：パートナー暴力などの延長線上にある心中）の3タイプが見出された（Cohen, 2000）。高齢者心中は，依存−保護型が5割を占め，2割を共生型が，3割を攻撃型が占める（Cohen, 2000）。

一方で，攻撃型は，嫉妬やパートナー関係への不満などによるパートナーへの恨みや怒りに基づく心中であり，より若いパートナー関係において特徴的な形態である（Cohen, 2000）。実際に，非高齢者の心中ではパートナーを殺害することを目的とし，検挙を拒むなどの理由により二次的に自殺を図る形態が多い一方で，高齢者の心中では絶望などによる自殺を目的とし，その際にパートナーを巻き込む形態が多い（Salari & Sillito, 2016）。しかし，高齢者の心中であっても攻撃型の心中や殺害そのものを目的とする形態は少なくなく（Cohen, 2000; Salari & Sillito, 2016），非高齢者では7割以上を占めるものの高齢者でも4割を占める（Salari & Sillito, 2016）。

3. 日本における高齢者殺人の現状

わが国の高齢者による殺人も，特に心中や介護殺人が注目される（羽根，2006；加藤，2005；宮元・三橋，2012；宮元ら，2013；湯原，2011,2015）。しかし，一般的な殺人との相対的な視点や，犯行情報に基づく客観的な実証研究は多くない。そこで本章では，わが国における高齢者の殺人の現状を，非高齢者の殺人と比較しながらとらえていきたい。

⑴ 公的なデータからわかる高齢者殺人

公的な統計データからは，比較的長期にわたる人口や年代別殺人者数などが得られるため，経時的な変化も把握できる。そこで本項では，公的なデータを用いて，高齢者による殺人の現状および世代（コホート）による違いをとらえる。なお，本項以降，わが国の一般的な定義に従い，65歳以上を高齢者とする。

① 推移と現状

殺人事件は一般的に減少傾向にあるが，これは20～50代の犯行の減少による。一方で，高齢者による殺人は増加傾向にあり，同様の高齢化社会の様相を呈している他国（アメリカ，ドイツ，スウェーデン，韓国）と比較しても顕著であることが指摘されている（警察庁警察政策研究センター・太田，2013）。しかし，たしかに総殺人被疑者数に対する高齢者の殺人率は増加しているが（図 3-1），各年代別の人口における殺人率では高齢者は横ばい傾向にある（図 3-2）＊2。したがって，高齢者の殺人が増加しているという見解には慎重になるべきであろう。

② コホート

高齢者一般が凶悪化したのではなく，犯罪行動をとりやすい世代（犯罪コホート）が高齢者になったという主張もある（中尾，2014）。そこで，実際に世代の効果を検証した。筆者らは，警察庁の犯罪統計から1996～2016年ま

＊2　ただし，2000～2015年のデータである。

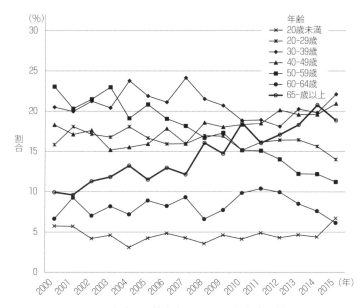

図 3-1　殺人での検挙人員における各年代の割合

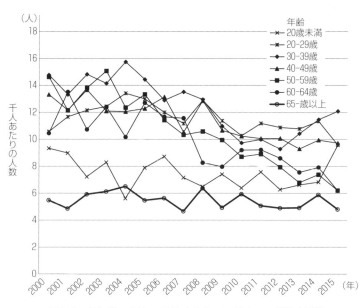

図 3-2　各年代における 1000 人あたりの殺人での検挙人員数

での年代別殺人数を10年間隔で抽出した。また，それぞれの年次の被疑者が生まれた年の出生数を厚生労働省の統計資料から抽出した。

図3-3は，各出生世代の各年代時における殺人率を折れ線グラフにしたものである。いずれの年代であっても20代に最も殺人率が高く，高齢になるほど殺人率が低下することが示される。さらに，1927～1956年生まれ，特に，1937～1946年の10年間のコホートでの殺人率が高い。このコホートが生まれてから20代になる時期は戦後から20～30年である。この時期は多様な変革があった社会的に不安定な構造であり，実際に犯罪率，殺人率ともに高まった時期である。このような社会的背景が「犯罪コホート」を形成する

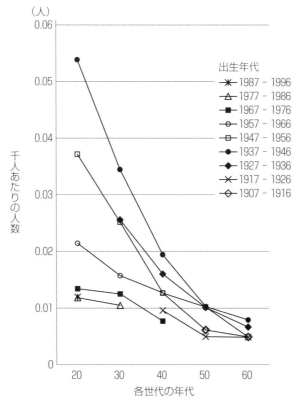

図3-3　各世代の出生数1000人における各年代の殺人での検挙人員数

可能性は否定できない[3]。

　しかしながら，高齢者を含む60代の殺人率はいずれの年代が生年であっても大きな違いはない[4]。現代の殺人率と併せて考えても，「キレる高齢者の増加」という説は単純に支持されるものではないだろう。

③ 公的データからわかったことのまとめ

　わが国の高齢者の人口は増加の一途をたどっており，そのため，必然的に高齢者の殺人数も増加する。さらには，全体の殺人数における高齢者の割合も増加している（警察庁警察政策研究センター・太田，2013）。しかし一方で，高齢人口における高齢者の殺人率は横ばいである。また，いずれの生年であっても高齢になるほど殺人率は低下する。このことから，「キレる高齢者の増加」のような高齢者が凶悪化し殺人も増加しているという言説は，慎重な吟味が必要であると考えられる。

⑵　新聞データからわかる高齢者による殺人[5]

　わが国の殺人事件や人口などの正確な数字を知ることができる公的な統計データに対して，新聞記事からは，特定の殺人事件とそれに対応する犯行情報（犯行や犯人の特徴など）を知ることができる。そこで，私たちの研究チームは新聞データベース（「ヨミダス歴史館」「聞蔵」）から7,000ケース以上の殺人事件をデータベース化した。本項ではこのデータセットを用いて，高齢者の殺人の特徴をとらえる。ただし，このデータセットでは，報道されなかったケースの漏れ，または世間一般の興味をひく事件の過度な報道によるバイアスの可能性に留意する必要がある。

---

[3]　進化的理論である生活史理論によれば，遺伝的効果に加え，幼少期における先の見通しが利かない不安定な環境が，即時的利益や反社会性を促進することが示唆されている（Figueredo et al., 2006）。

[4]　ただし，統計的には，1937〜1946年生まれ（●）のコホートは，60代の殺人率が1947〜1956年生まれ（□），1917〜1926年生まれ（×），1907〜1916年生まれ（◇）と比較して有意に高い。

[5]　本項は，湯ら（2015），Yuら（2016）にデータを追加し，再分析および発展的な分析を行ったものである。

① **検証方法**

　新聞記事をデータベース化する際には，各犯行ケースの特徴をコード化していく作業が必要である。そのために，はじめにコード化する項目を決め，ある犯行ケースがその項目に該当すれば1，しなければ0と記録していく。また，新聞記事データに言及されなかった項目も一般的には0と記録する。たとえば，次のようなケースを考えてみる。

　　　X日午後8時50分ごろ，A市の住宅に住む無職Nさん（68）方で，Nさんと妻Fさん（71）の二人が死んでいるのが見つかった。署で調べたところ，Fさんは寝室で，首に電気コードを巻いた状態で死亡していた。Nさんも部屋の入り口に帯をかけて首をつって死んでいた。遺書もあった。家族の話では，Fさんは認知症を患っており，Nさんが一人で介護していたそうである。Nさんは去年から重度の腰痛を患っており，「死にたい」ともらしていた。同署では病気を苦にした無理心中とみている。

　このような犯行ケースの新聞記事は，表3-1のケースNo.1のようにコーディングされる。同様に他の犯行ケースもコーディングしデータセットとする。このように各犯行ケースをコード化しデータベース化することで，さまざまな統計的解析を行うことができる。

② **殺人タイプの類型化による高齢者殺人の特徴**

　本項では，殺人タイプの類型化を行う。はじめに，犯行情報（表3-2）を

表3-1　データベース化の例

| ケース No. | 加害者性別 | | 加害者年齢 | | | | | | 凶器 | | | 自殺 | ‥ |
	男性	女性	20代	30代	40代	50代	60代	70代	紐類	刃物類	鈍器類		
1	1	0	0	0	0	0	1	0	1	0	0	1	‥
2	1	0	1	0	0	0	0	0	0	0	1	0	‥
3	0	1	0	0	0	0	0	0	0	1	0	0	‥
‥													

注：ケースNo.3は，新聞記事に加害者年齢が記載されていなかった場合の例を示す。

第3章　高齢者の殺人　*37*

表 3-2　高齢者と非高齢者ごとの各犯行情報に当てはまる者の人数と割合

カテゴリ	変数注1	非高齢加害者 (65 歳未満; n=6869)		高齢加害者 (65 歳以上; n=985)		統計量注3		
		人数注2	(%)注2	人数注2	(%)注2	χ^2	p	V
加害者性別	男性（加男）	5515	(80.3)	796	(80.8)	0.15	.699	.004
	女性（加女）	1354	(19.7)	189	(19.2)			
加害者の居住形態	被害者と同居（被加同居）	2875	(41.9)	681	(69.1)	74.11	< .001	.129
	配偶者以外の家族との同居（家族同居）	403	(5.9)	38	(3.9)			
	住所不定・寮（寮など）	187	(2.7)	6	(0.6)			
	一人暮らし（独居）	206	(3.0)	32	(3.2)			
	病院・介護施設（施設）	26	(0.4)	16	(1.6)			
その他属性（加害者）	婚姻経験（内縁, 死別, 離婚, 婚約含む）（加婚姻あり）	1601	(23.3)	617	(62.6)	657.63	< .001	.289
	共犯（共犯）	1032	(15.0)	37	(3.8)	93.02	< .001	.109
	前科（加前科）	288	(4.2)	10	(1.0)	23.83	< .001	.055
	借金（加借金）	539	(7.8)	56	(5.7)	5.75	.017	.027
	精神病・認知症（加精認）	427	(6.2)	54	(5.5)	0.81	.369	.010
	身体疾患（加身体病）	46	(0.7)	39	(4.0)	87.09	< .001	.105
	アルコール・薬物（加酒薬）	536	(7.8)	51	(5.2)	8.59	.003	.033
犯行動機	怒り（怒り）	3547	(51.6)	340	(34.5)	513.72	< .001	.285
	利益目的（利益）	875	(12.7)	53	(5.4)			
	性的目的（性）	84	(1.2)	1	(0.1)			
	疲労・絶望（疲絶）	640	(9.3)	304	(30.9)			
	嘱託（嘱託）	72	(1.0)	41	(4.2)			
	制止防衛（制防）	187	(2.7)	45	(4.6)			
	嬰児殺（嬰殺）	77	(1.1)	0	(0.0)			
	精神疾患による殺害（精殺）	47	(0.7)	6	(0.6)			
被害者性別	男性（被男）	3884	(56.5)	411	(41.7)	76.33	< .001	.099
	女性（被女）	2985	(43.5)	574	(58.3)			
被害者年齢	10 代（被 10）	415	(6.0)	8	(0.8)	639.05	< .001	.299
	20 代（被 20）	935	(13.6)	11	(1.1)			
	30 代（被 30）	919	(13.4)	68	(6.9)			
	40 代（被 40）	1021	(14.9)	105	(10.7)			
	50 代（被 50）	1091	(15.9)	107	(10.9)			
	60 代以上	1797	(26.2)	670	(68.0)			
その他属性（被害者）	借金（被借金）	144	(2.1)	22	(2.2)	0.08	.780	.003
	精神病（被精神）	115	(1.7)	51	(5.2)	51.11	< .001	.081
	認知症（被認知）	62	(0.9)	68	(6.9)	190.58	< .001	.156
	身体疾患（被身体病）	220	(3.2)	158	(16.0)	309.91	< .001	.199
	アルコール・薬物（被酒薬）	459	(6.7)	51	(5.2)	3.21	.073	.020
ターゲット	面識なし（面識なし）	549	(8.0)	22	(2.2)	831.49	< .001	.335
	配偶者以外の家族や親族（親族）	2262	(32.9)	280	(28.4)			
	配偶者（配偶者）	725	(10.6)	449	(45.6)			
	交際関係（恋人）	603	(8.8)	20	(2.0)			
	知人（知人）	1603	(23.3)	167	(17.0)			
	職場関係（職場）	694	(10.1)	30	(3.0)			
犯行時間帯	6:00-12:00（朝）	1027	(15.0)	200	(20.3)	33.01	< .001	.071
	12:00-18:00（昼）	1095	(15.9)	184	(18.7)			
	18:00-0:00（夜）	1861	(27.1)	227	(23.0)			
	0:00-6:00（深夜）	1748	(25.4)	204	(20.7)			

38　第 II 部　高齢者が関わる各種加害・被害

表 3-2　つづき

カテゴリ	変数注1	非高齢加害者 (65 歳 未 満; n=6869)		高齢加害者 (65 歳以上; n=985)		統計量注3		
		人数注2	(%)注2	人数注2	(%)注2	χ^2	p	V
凶器	刃物（刃）	2515	(36.6)	330	(33.5)	248.96	<.001	.178
	紐類（紐）	1136	(16.5)	**353**	**(35.8)**			
	素手（すで）	1607	(23.4)	139	(14.1)			
	鈍器類（鈍器）	854	(12.4)	95	(9.6)			
	銃器類（銃）	197	(2.9)	8	(0.8)			
	放火（火）	173	(2.5)	34	(3.5)			
	毒（毒）	82	(1.2)	4	(0.4)			
	水（水）	173	(2.5)	10	(1.0)			
	車両（車）	104	(1.5)	4	(0.4)			
殺害方法	刺殺（刺）	2502	(36.4)	332	(33.7)	216.17	<.001	.163
	絞殺（絞）	1770	(25.8)	**452**	**(45.9)**			
	叩きつけを含む撲殺（撲）	1789	(26.0)	139	(14.1)			
	口を塞ぐ，枕を押し付けるなど（窒息）	326	(4.7)	35	(3.6)			
	射殺（射）	194	(2.8)	8	(0.8)			
	焼殺（焼）	184	(2.7)	36	(3.7)			
	注射・一酸化炭素など（毒薬殺）	60	(0.9)	3	(0.3)			
	水死（水死）	159	(2.3)	8	(0.8)			
	轢く（轢）	69	(1.0)	2	(0.2)			
	凍死，衰弱死など放置による（放置）	66	(1.0)	4	(0.4)			
攻撃箇所	頭・顔（頭顔）	2012	(29.3)	189	(19.2)	186.71	<.001	.137
	首（首）	2587	(37.7)	**547**	**(55.5)**			
	腕（腕）	360	(5.2)	23	(2.3)			
	胸（胸）	1624	(23.6)	175	(17.8)			
	腹（腹）	1232	(17.9)	136	(13.8)			
	背中（背）	701	(10.2)	47	(4.8)			
	足（足）	361	(5.3)	18	(1.8)			
攻撃回数	1回（攻1）	1460	(21.3)	**319**	**(32.4)**	63.29	<.001	.116
	2回（攻2）	114	(1.7)	17	(1.7)			
	3回以上（攻3-）	2539	(37.0)	277	(28.1)			
犯行場所	駅・路上（道）	784	(11.4)	48	(4.9)	145.40	<.001	.137
	海・港（海）	70	(1.0)	5	(0.5)			
	河川（川）	103	(1.5)	4	(0.4)			
	被加害者の住居・車内（屋内）	4581	(66.7)	**809**	**(82.1)**			
	屋外（屋外）	258	(3.8)	18	(1.8)			
	商業関係施設（商施設）	814	(11.9)	50	(5.1)			
	公共施設（公施設）	131	(1.9)	**45**	**(4.6)**			
犯行前・中行動	計画性（計画）	1785	(26.0)	266	(27.0)	0.46	.496	.008
	死体損壊（損壊）	90	(1.3)	4	(0.4)	5.96	.015	.028
	オーバーキル（死に至るに十分な攻撃以上の攻撃を与えること）（過殺）	1568	(22.8)	149	(15.1)	29.90	<.001	.062
犯行後行動	死体の移動（移動）	962	(14.0)	29	(2.9)	95.59	<.001	.110
	窃取（窃取）	692	(10.1)	36	(3.7)	42.21	<.001	.073
	証拠隠滅（隠ぺい）	971	(14.1)	42	(4.3)	74.73	<.001	.098
	未遂を含む自殺（自殺）	838	(12.2)	**268**	**(27.2)**	160.38	<.001	.143

注1：（　）内は数量化Ⅲ類で示した略記である。
　2：人数および割合が期待値よりも有意に多いものを太字で示した。
　3：統計的に意味がある（有意である）統計量を太字で示した。

第3章　高齢者の殺人　　*39*

数量化Ⅲ類*6によって類型化した（図3-4）。この結果から，破壊型（怒りによる殺人タイプ），任務型（計画的な殺人タイプ），反社会型（殺人以外もするタイプ），家庭内型（家族内の殺人タイプ）が想定できる（喜ら，2016）。

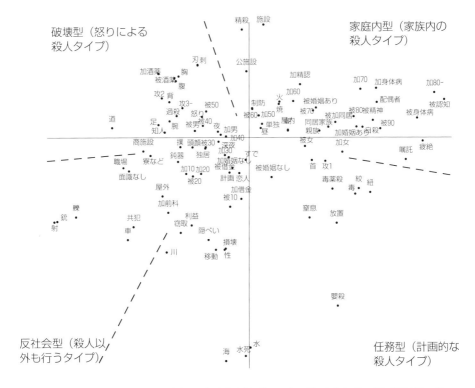

注：表3-2に示されていない略記は，加害者年齢（加10〈10代〉から加80-〈80代以上〉），60代以上の被害者年齢の詳細（被60〈60代〉から被90〈90代〉），婚姻経験のない加害者（加婚姻なし），被害者の婚姻経験（被婚姻あり，被婚姻なし），単独犯（単独）である。

図3-4　数量化Ⅲ類の結果（変数のみのプロット）

*6　数量化Ⅲ類は，複数の変数をより少ない次元上（一般的には2次元平面上）にプロットし，それに基づき類型化する手法である。2次元平面上の座標の中心（0, 0）付近の変数は，どの犯行タイプにも当てはまるような変数であり，中心から逸脱するほどその犯行タイプを特徴づける変数である。そのため，一般的には中心から外側へ向かったまとまりを一つの犯行タイプとして解釈する。また，数量化Ⅲ類では，変数と実際の犯罪ケースを同一次元上にプロットすることができる。

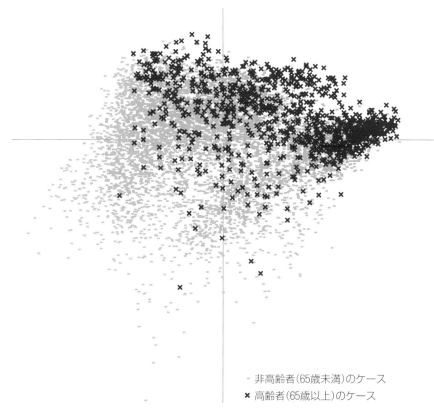

図 3-5　数量化Ⅲ類の結果（高齢者か否かを分けてケースのみをプロット）

　次に，実際の犯行ケースを，高齢者か否かを分けてプロットした（図3-5）。この結果から，高齢者のケースは右側の領域（x軸方向にプラスの値）により多いことがわかる。この領域は家庭内型と任務型にまたがり，殺害動機として疲労・絶望，嘱託[*7]，凶器として紐類，居住形態として被害者と加害者が同居している，被害者は夫婦のいずれかである，被害者および加害者は精神的・身体的な病を抱えている（特に被害者は認知症である），

---

*7　被害者が自身を殺害するように加害者に依頼すること。このような殺人形態を嘱託殺人という。

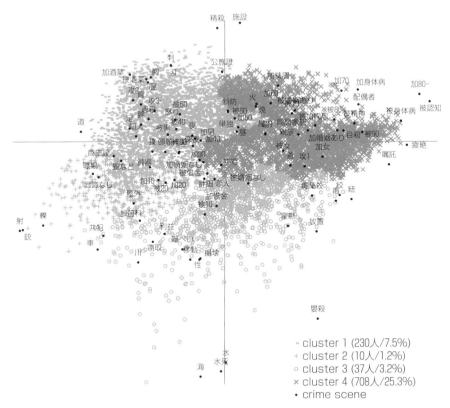

注:（ ）内は各クラスタに含まれる高齢者数と，各クラスタにおける高齢者の割合を示す。

図 3-6　変数とクラスタごとのプロット

加害者は自殺をする，などに特徴づけられる。

さらに，クラスタ分析[*8]により，全犯罪ケースを数量化Ⅲ類で算出された座標を用いて類型した（図 3-6）。このクラスタのうち，高齢者の殺人は

[*8] クラスタ分析は，類似する複数のケースを一つの群（クラスタ）としてまとめるための手法である。本項では類似性の指標として，各ケースの数量化Ⅲ類における座標を用いた。すなわち，二つのケースが近くに配置されていれば，そのケース同士は類似性が高く，同一クラスタとしてまとめられるが，遠くに配置されていれば，そのケース同士は類似性が低く，異なるクラスタに属する。ただし，近くに配置されていても，数学的な計算により，異なるクラスタに属する場合もある。

右側（x軸方向にプラスの値）に伸びるクラスタ4に多かった[*9]。

③ 非高齢者との対比による高齢者殺人の特徴

　類型化では，視覚的に高齢者殺人の特徴をとらえた。本項では，それらの特徴が統計的にも高齢者に多いといえるかどうかを，カイ2乗検定によって検証した[*10]。分析の結果，それぞれの犯行情報において高齢者と非高齢者の殺人の特徴が示された（表3-2）。

【加害者属性】　　高齢者は被害者と同居していることが多く，また，施設（介護施設や病院など）で生活している者が多い。一方で，家族との同居や，住所が不定または寮住まいであることは少ない。この居住形態を裏づけるように，加害者属性カテゴリでは婚姻経験のある者が多い。また，身体的な疾患を抱えていることも多い。一方で，共犯者の存在，前科，借金，犯行時のアルコールや薬物使用は非高齢者の場合に多い。そして，加害者の性別および精神疾患の有無は非高齢者と同等である。

【犯行動機】　　高齢者は特に，疲労・絶望，嘱託，制止・防衛による殺害が多い。また，怒り，利益目的，性的目的，嬰児殺などの自己利益的な動機による殺害は少ない。そして，精神疾患による殺害は非高齢者と同等である。ただし，高齢者においても怒りは最も高い割合である。したがって，高齢者における怒りによる殺人は，期待値よりも少ないものの最も多い殺害動機である。つまり，高齢者では疲労・絶望などの殺害動機が相対的に増えるものの怒りによる殺人の絶対数が少なくなるとは言い切れない。この点は特に第

---

* 9　カイ2乗検定の結果においても，クラスタ4には高齢者が多かった（$\chi^2(3) = 679.24, p < .001, V = .29, R_{adj} = 25.45$）。

* 10　カイ2乗検定は，各条件に属する人数（割合）に偏りがあるかどうかを検証する方法である。たとえば，加害者性別は高齢者であってもなくても男性80対女性20程度であるため，高齢者か否かによる偏りはない。一方で，被害者性別は，非高齢者での比率が男性56対女性44程度であるのに対し，高齢者では男性42対女性58であるため，高齢者か否かによる偏りがある。具体的には，高齢者では被害者が女性であることが多い（または男性であることが少ない）と判断する。ここで注意する点は，カイ2乗検定は，各条件（ここでは高齢者・非高齢者）での比率が異なる（比率に偏りがある）かどうかを検証するものであり（つまり，各条件に割り当てられる人数の期待値から実際の観測値が乖離しているかどうかを検証する），絶対値としての割合が高い，または他の条件と比較して割合が高い，ということに言及するものではない。

4 項で注目する。

【被害者属性】　高齢者では女性が被害者であることが多く，また，60 歳以上であることが多い。ターゲットカテゴリからも，高齢者では夫婦関係での殺人が多いことがわかる。さらに，精神的，身体的な疾患を持っていたり，認知症であることが多い。一方で，被害者の借金の有無，アルコールや薬物使用の有無は非高齢者と同等である。

【犯行特徴】　非高齢者は夜に犯行に及ぶことが多い一方で，高齢者では日中に犯行に及ぶケースもある程度存在する。また，高齢者では紐類を凶器とし，殺害方法として絞殺を選択し，攻撃回数も 1 回であることが多い。そして，死体損壊（死体の切断など）やオーバーキル（死に至るに十分な攻撃以上の攻撃を与えること）が少なく，また，犯行後の死体の移動，窃取，証拠隠滅などが少ない。さらに，犯行後には自殺を試みる。

④ 新聞データからわかったことのまとめ

　殺人タイプの類型や，非高齢者による殺人との対比を通して，高齢者の殺人に特徴的な形態は，高齢夫婦間での疲労・絶望による心中や嘱託による殺人であるといえるだろう。具体的には，夫婦のどちらかまたはいずれも身体的・精神的な疾患や認知症などを抱えている可能性が高く，犯行現場の多くは夫婦のプライベートな空間であり，殺害方法は絞殺が一般的であることに特徴づけられる。そして，殺害後の加害者自身の自殺もこの殺害形態を裏づける特徴だろう。

4.　高齢者は「キレやすく」なることで凶悪化しているのか

　これまでの結果からは，高齢者が凶悪化している，とはいえないだろう。しかし一方で，キレることを反映するであろう「怒り」による殺人は，高齢者においても高い割合である。特に，「キレる」ことと密接に関連すると考えられる衝動性は非高齢者に比べて高齢者で高く（第 10 章参照），脳神経科学的研究においても，高齢者では衝動性の制御に関わる脳神経領域が萎縮し認知機能が低下する可能性が示されている（第 11 章参照）。したがって，「キレる高齢者が増加している」という言説は一定の信憑性を帯びているよ

うにも考えられる。

(1) 検証方法

　キレることによる殺人は怒りによる殺人であると考えられる。そこで，怒りによる殺人を誘発すると考えられる要因（リスク要因）の効果が高齢者か否かによって異なるかどうかを検証する。非高齢者よりも高齢者が「キレやすくなっている」のであれば，同じリスク要因であっても高齢者は非高齢者よりも怒りによる殺人が誘発されやすくなるはずである。

(2) 怒りによる殺人は，高齢者か否かによってリスク要因の効果が異なるのか

　新聞記事データに基づき，殺人事件が発生するリスクとなると考えられる被疑者の属性（表 3-3 の「借金」〜「DV・虐待歴」，ただし，「婚姻経験」は負のリスク）と犯行状況の変数（表 3-3 の「オーバーキル」〈死に至るに十分な攻撃以上の攻撃を与えること〉〜「死体損壊」）が怒りによる殺人を予測するかどうか，また，その効果が高齢者か否かによって異なるかどうかをロジスティック回帰分析により検証した[11]。分析の結果を表 3-3 に示した。この表で，「65 歳以上」は犯人が高齢者（65 歳以上）か否かを指す変数である。負の係数（オッズ比が 1 未満）であることから，犯人が 65 歳以上であることは怒りによる殺人の確率が相対的に低いことを示す。この点は前節の結果と一致する。

① 高齢者か否かで効果が異なる変数

　「65 歳以上×借金」〜「65 歳以上×死体損壊」までは，高齢者か否かによって，変数の効果が異なるかどうかを検証した結果である。この結果から，「婚姻経験」と「オーバーキル」は，高齢者か否かによって怒りによる殺人との関連が異なることが示された（図 3-7）。すなわち，結婚していることはその殺人が怒りによるという可能性を低め，それは特に高齢者で顕著であ

＊11　各変数の有無が，予測される事象の確率を増減させるかを検証する手法。本項では，リスク要因と犯行状況が，その殺人事件が怒りによる殺人である確率を増減させるかどうかを検証する。

表3-3　ロジスティック回帰分析の結果

変数名	係数	SE	オッズ比
(切片)	0.01	0.03	
65歳以上	-0.22	0.11	0.80*
借金	-0.40	0.10	0.67**
アルコール・薬物使用	1.33	0.11	3.77**
前科	-0.41	0.19	0.67*
婚姻経験	-0.57	0.06	0.56**
DV・虐待歴	0.39	0.10	1.48**
オーバーキル	0.83	0.06	2.30**
死体の移動	0.41	0.10	1.51**
計画性	-0.65	0.06	0.52**
証拠隠滅	0.11	0.09	1.12
窃取	-1.04	0.11	0.35**
死体損壊	0.50	0.29	1.65
65歳以上×借金	0.22	0.38	1.25
65歳以上×アルコール・薬物使用	0.41	0.43	1.51
65歳以上×前科	-1.51	1.22	0.22
65歳以上×婚姻経験	-0.66	0.17	0.52**
65歳以上×DV・虐待歴	-0.07	0.40	0.93
65歳以上×オーバーキル	0.56	0.21	1.74**
65歳以上×死体の移動	-0.17	0.52	0.85
65歳以上×計画性	-0.32	0.20	0.72
65歳以上×証拠隠滅	0.67	0.40	1.96
65歳以上×窃取	0.56	0.50	1.74
65歳以上×死体損壊	1.30	1.44	3.66
単純傾斜[a]			
高齢者（65歳以上）			
(切片)	-0.18	0.11	
婚姻経験	-1.15	0.16	0.32**
オーバーキル	1.32	0.20	3.74**
非高齢者（65歳未満）			
(切片)	0.04	0.03	
婚姻経験	-0.49	0.06	0.61**
オーバーキル	0.76	0.06	2.15**

注1：高齢者か否かによって変数の効果が異なるため，高齢者，非高齢者ごとに
　　　算出された変数の効果を示す。
　2：SEは標準誤差。「*」がついている変数は，怒りによる殺人を予測する
　　　（*p <.05，**p <.01）。

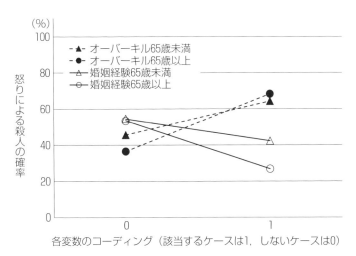

図 3-7 ロジスティック回帰分析で示された高齢者か否かによって怒りによる殺人の確率が異なる変数

る。また、オーバーキルがあることはその殺人が怒りによるという可能性を高め、それは特に高齢者で顕著である。ただし、高齢者と非高齢者に効果の大きさの違いはあるものの、いずれも効果の方向に違いはなかった。

② 高齢者か否かが無関係な変数

「借金」〜「死体損壊」までは、高齢者か否かにかかわらず、これらの変数が怒りによる殺人と関連しているかどうかを検証した結果である。図 3-8 のとおり、「アルコール・薬物使用」「DV・虐待歴」「死体の移動」はそれぞれ高齢者か否かにかかわらずその殺人が怒りによるという可能性を高め、「借金」「前科」「計画性」はそれぞれ高齢者か否かにかかわらずその殺人が怒りによるという可能性を低めることがわかる。

(3) 高齢者は凶悪化しているとはいえない

筆者らの研究データからは、怒りによる殺人とそのリスク要因との関連は、高齢者と非高齢者でほとんど同様であった。したがって、高齢者の認知機能の低下の可能性は確かに示されているものの、そのためにキレる高齢者が増加し、または凶悪化していると結論づけることは早計であろう。ただし、

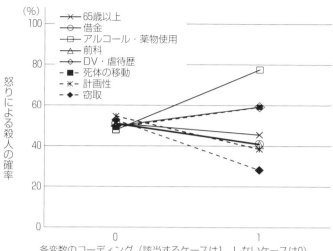

図 3-8 ロジスティック回帰分析で算出された各変数の該当の有無による怒りによる殺人の確率

オーバーキルがある場合は，高齢者ではそれが怒りによる殺人である確率がより高いことや，本研究でキレやすさや認知機能の低下および衝動性を正確にとらえきれていない可能性を考慮すると，この点についてのより詳細な研究が必要であろう。

5. 高齢者による殺人のまとめ

(1) 知見のまとめ

本章では高齢者による殺人について，海外の知見を紹介するとともに実際のデータを用いて特徴を示した。高齢者による殺人の絶対数は増加しているものの，年代別割合から見れば横ばい傾向にある。また，心中をはじめとした将来への絶望や介護疲れによる殺人が特徴的であった。一方で，怒りによる殺人の割合も高い。しかし，高齢者の怒りによる殺人のリスクの効果は概ね非高齢者と同等であったため，高齢者が凶悪化しているという説は本章の

データからは支持されなかった。この点については今後慎重に吟味する必要があるだろう。

⑵　高齢者に特徴的な殺人を防ぐには

　高齢者による特徴的な殺人形態は，心中をはじめとする，苦しみからの解放などを動機とするものであると考えられる。しかし，高齢者に特徴的な夫婦間心中では必ずしもお互いの同意があるわけではなく (Prat et al., 2013)，むしろ，どちらか片方の一方的な決断によって実行されることが多い (Salari, 2007)。このようなケースは特に，加害者（主に夫）が被害者（主に妻）を所有物と考えていたり，または被害者が加害者に依存的な状態にあるため，一人残してはいけないという考えに基づく行為[12]であることが指摘されている (Salari, 2007)。したがって，夫婦間で一方が他方に，またはお互いが依存した状態ではなく，それぞれ一人の人間として自立的な精神状態を維持することは，高齢者による殺人の減少に必要かもしれない。また，このような状態や心中および自殺を回避するために，第三者の介入も必要かもしれない (Salari, 2007)。

6.　おわりに

　医療の発達による高齢者の死亡率の低下や少子化の進行により，高齢者人口および割合は今後も増加していくことが予測される。したがって，高齢者に特徴的な殺人形態からもわかるような高齢者夫婦間における問題，たとえば老々介護や健康問題は，国内外を問わず今後より大きな問題となる可能性が考えられる。また，このような問題は当事者にとって終わりのないものであり，したがって，そのような事実を認識した結果による絶望感や疲労感から，自らその人生の幕を下ろそうとすることも，ある意味自然な帰結であるかもしれない。そのため，このような現状は想像以上に大きな問題として認識する必要があるかもしれない。

＊12　ただし，この動機も，加害者による一方的な認識にすぎない可能性もある。

上記の問題の対処には，高齢者についての正しい認識が不可欠であると考えられる。しかし一方で，本書の冒頭でも述べたように，高齢者についての偏った認識が社会的に形成されている可能性が考えられる。高齢者の増加に伴い，高齢者に関する多くの情報が新規に発信されることは予想に難くない。そして，新規な情報は必ずしも高齢者についての一般的な認識に沿っているわけではなく，また，そもそもこれまでの高齢者の一般認識が誤っている可能性も考えられる[13]。したがって，情報を鵜呑みにし，偏った認識を形成してしまうのではなく，より正確に高齢者の現状をとらえたうえで，問題に対処することが必要であろう。

【文　献】

Block, C. R. (2013) Homicide against or by the elderly in Chicago 1965-2000. *Homicide Studies*, **17**(2), 154-183.

Bourget, D., Gagne, P., & Whitehurst, L. (2010) Domestic homicide and homicide-suicide: The older offender. *Journal of the American Academy of Psychiatry and the Law Online*, **38**(3), 305-311.

Bridges, F. S. (2013) Estimates of homicide-suicides among the elderly, 1968 to 1975. *Homicide Studies*, **17** (2), 224-236.

Cheung, G., Hatters Friedman, S., & Sundram, F. (2016). Late-life homicide-suicide: A national case series in New Zealand. *Psychogeriatrics*, **16** (1), 76-81.

Cohen, D. (2000) Homicide-suicide in older people. *Psychiatric Times January*, **17** (1), 1-7.

Cohen, D., Llorente, M., & Eisdorfer, C. (1998) Homicide-suicide in older persons. *American Journal of Psychiatry*, **155** (3), 390-396.

Fazel, S., Bond, M., Gulati, G., & O'Donnell, I. (2007) Elderly homicide in Chicago: A research note. *Behavioral Sciences and the Law*, **25** (5), 629-639.

Figueredo, A. J., Vásquez, G., Brumbach, B. H., Schneider, S. M., Sefcek, J. A., Tal, I. R. et al., & Jacobs, W. J. (2006) Consilience and life history theory: From genes to brain to reproductive strategy. *Developmental Review*, **26** (2), 243-275.

羽根 文 (2006) 介護殺人・心中事件にみる家族介護の困難とジェンダー要因．家族社会学研究，**18** (1), 27-39.

Hiraiwa-Hasegawa, M. (2005). Homicide by men in Japan, and its relationship to age, resources and risk taking. *Evolution and Human Behavior*, **26** (4), 332-343.

＊13　実際に本章では，高齢者であってもなくても怒りによる殺人を予測する変数に大きな違いは示されなかった。

加藤悦子（2005）介護殺人——司法福祉の視点から．クレス出版

警察庁警察政策研究センター・太田達也（2013）高齢犯罪者の特性と犯罪要因に関する調査

喜入 暁・久保田はる美・新岡陽光・越智啓太（2016）日本における連続殺人事件の類型と単一殺人事件との比較．心理学研究, **87**（6）, 633-643．

Lewis, C. F., Fields, C., & Rainey, E.（2006）. A study of geriatric forensic evaluees: Who are the violent elderly. *Journal of the American Academy of Psychiatry and the Law*, **34**（3）, 324-332．

宮元預羽・三橋真人（2012）行動分析学的アプローチによる介護殺人パターン把握の試み——判例をもとに．人間関係学研究：社会学社会心理学人間福祉学：大妻女子大学人間関係学部紀要, **14**, 187-198．

宮元預羽・三橋真人・永嶋昌樹（2013）介護殺人の行動パターン把握の試み——37件の判例をもとに．人間関係学研究：社会学社会心理学人間福祉学：大妻女子大学人間関係学部紀要, **15**, 91-99．

中尾暢見（2014）激増する高齢者犯罪．専修人間科学論集 社会学編, **4**（2）, 101-117．

NHK（2017）高齢者が "キレる"!?　その実態は．［http://www.nhk.or.jp/ohayou/digest/2017/11/1117.html］

Overshott, R., Rodway, C., Roscoe, A., Flynn, S., Hunt, I. M., Swinson, N., et al., & Shaw, J.（2012）Homicide perpetrated by older people. *International Journal of Geriatric Psychiatry*, **27**（11）, 1099-1105．

Panczak, R., Geissbühler, M., Zwahlen, M., Killias, M., Tal, K., & Egger, M.（2013）Homicide-suicides compared to homicides and suicides: Systematic review and meta-analysis. *Forensic Science International*, **233**（1）, 28-36．

Prat, S., Rérolle, C., & Saint-Martin, P.（2013）　Suicide pacts: Six cases and literature review. *Journal of Forensic Sciences*, **58**（4）, 1092-1098．

Putkonen, H., Weizmann-Henelius, G., Repo-Tiihonen, E., Lindberg, N., Saarela, T., Eronen, M., & Häkkänen-Nyholm, H.（2010）Homicide, psychopathy, and aging: A nationwide register-based case-comparison study of homicide offenders aged 60 years or older . *Journal of Forensic Science*, **55**（6）, 1552-1556．

Reutens, S., Nielssen, O., & Large, M.（2015）Homicides by older offenders in New South Wales between 1993 and 2010. *Australasian Psychiatry*, **23**（5）, 493-495．

Salari, S.（2007）. Patterns of intimate partner homicide suicide in later life: Strategies for prevention. *Clinical Interventions in Aging*, **2**（3）, 441-452．

Salari, S. & Sillito, C. L.（2016）Intimate partner homicide — suicide: Perpetrator primary intent across young, middle, and elder adult age categories. *Aggression and Violent Behavior*, **26**, 26-34．

湯 泰彦・喜入 暁・越智啓太（2015）高齢者は凶悪化しているか？．日本心理学会第79回大会発表論文集, 489．

Yu, Y., Kiire, S., & Ochi, K.（2016）Have elderly people become aggressive? *International*

Journal of Psychology, **51**, 303.

湯原悦子（2011）介護殺人の現状から見出せる介護者支援の課題．日本福祉大学社会福祉
　論集，**125**, 41-65.

湯原悦子（2015）日本における介護に関わる要因が背景に見られる高齢者の心中や殺人に
　関する研究の動向．日本福祉大学社会福祉論集，**132**, 31-51.

第4章 高齢者によるストーキング

[桐生正幸]

1. はじめに

　現代の日本において，高齢者によるストーキングの問題は深刻である。

　警察庁警察政策研究センターと太田（2013）によれば，高齢者の人口増加以上に高齢者の犯罪が増加していること，その増加率は他のどの年齢層よりも高くなっていることが明らかにされている。このことは，高齢者におけるストーキングも増加していることを示唆する。

　桐生（2017）によれば，2013年10月19日の読売新聞，「60歳以上のストーカー増える」の記事に，いくつかのストーキング事例が紹介されている。たとえば，「かつて交際していた70代の女性宅に押しかけたとして住居侵入容疑で逮捕され，その後，ストーカー規制法違反容疑で追送検された80代の無職男は調べに対し，『妻に先立たれさみしかった』と供述。男は妻の死亡後，以前，不倫関係にあった女性に何度も復縁を求め，『一緒に死んでくれ』と迫っていた」といったものや，「飲食店の30代の女性店員に交際を拒否され，2日間に計62回も電話をかけた男（76）」といったものである。そして，これら事例を担当した「捜査幹部によると，死別や離婚で独り身になった男性が，年下の女性に執拗に交際を迫るケースが目立つという」というコメントが紹介されている。

　この記事のなかで，ストーカー被害者の支援を行うNPO法人「ヒューマニティ」の小早川明子理事長は，「競争社会を生き抜いてきた団塊の世代を

中心とする男性には，今なお『男性優位』の考え方が残っている」ことが，ストーキングの要因の一つであることを挙げている。同法人が設立された1999年以降，受け付けたストーカー相談約1,500件のうち，加害者の2割が男性高齢者であり，「『老い先短いから』と自暴自棄になったり，『青春を取り戻したい』と思ったりしたときに独善的な考えに陥り，そのはけ口を女性に求めてストーカー行為に及ぶ人が多いようだ」との分析を紹介している。

　このように，社会的関心事が高まっているなか，この問題に対する犯罪心理学的アプローチは十分とはいえない。そこで本章では，数少ない高齢者のストーキングに関する調査をもとに，その実態や心理面を検討していきたい。

2.　ストーキングとは

　まず，ストーキング全般について概観する。

　1980年代以降，「忍び寄ること」といった語源を持つ「ストーキング」（stalking）や，その行為者である「ストーカー」（stalker）が，大きな社会問題となってくる。1980年，ミュージシャンのジョン・レノンの熱狂的なファンであったマーク・ディビッド・チャップマンが，近年の言動に幻滅したとの理由でジョンにつきまとい，殺害した。また1981年には，女優ジョディ・フォスターにストーキングをしていたジョン・ヒクスリー・ジュニアが，彼女の気を引くために当時の大統領レーガンを狙撃している。その後も，1982年に女優テレサ・サルダナ殺傷事件が発生し，また，前妻を殺害したとされるTVタレントのO.J.シンプソンが，以前から前妻を付け回し脅迫電話をかけ続けるストーキングを行っていたことも，明らかとなっている。

　有名人が関与する事件に限らず，一般人の日常生活にもストーキング被害が多発していたことが，次第に明らかとなってきたのである。これらの情勢を受け，国内外にてストーキングに関する法律が成立することとなる。

⑴　海外の法的定義，日本における法整備

　1990年，アメリカ・カリフォルニア州において，世界初の反ストーキング法である「ストーキング防止法」が制定される。その後，1993年に全米

刑事司法協会がストーキング防止法のモデルを策定し，各州に立法作業をうながすこととなり，翌年には全州に同様の法律が制定される（村上・小田，1997）。これらアメリカ州法における典型的なストーキングの定義は，「相手に死の恐怖や重大な損傷を受けるという恐怖に陥れる意図を持って，明白にと暗にとを問わず，確実に威す（行為パターンを示す，個人による）他者への意図的，犯意のある反復的つけ回し，嫌がらせ」といったものである（桐生，2017）。

　イギリスでは，1997年に「嫌がらせ行為防止法」が成立し，ストーカーを嫌がらせ行為の一つとして取り締まりを始めた。この法律では，ストーキング，人種ハラスメント，セクシャルハラスメント，隣人への反社会的行為など，その形態を問わずハラスメント行為を禁止するものとなっている（斎藤，1997）。また，ストーキングの特徴を示す定義として，「個々の行為の性質に関わりなく，その執拗さのゆえに被害者の心に大変な負担となり，脅威を感じさせる行為」としている。なお，2012年にはストーカー罪を新設している（福井，2014）。

　アメリカ，イギリス以外の国では，ベルギーが1998年，オランダが2000年，オーストラリアでは2006年に，ストーキングに関する犯罪構成要件が刑法典上に，それぞれ定められている。

　日本では，1995年に翻訳書『ストーカー──ゆがんだ愛のかたち』（Gross，1994）が紹介されて以来，1996年9月の女子高生殺人放火事件，同年10月の女子大生対象ストーキング事件，翌11月の専門学校生放火殺人事件が立て続けに発生し，社会的な問題としてストーカーによる犯罪が取り上げられた（桐生，1998）。日本の法整備に大きな影響を与えた事件は，1999年の桶川女子大生ストーカー殺人事件である。

　その後，「ストーカー行為等の規制等に関する法律」（ストーカー規制法）が，2000年11月24日から施行される。この法律はストーカー行為等を処罰するなど必要な規制と，被害者に対する援助等を定めており，規制の対象となるのは，「つきまとい等」「ストーカー行為」の二つとなっている。法律では「つきまとい等」は，特定の者に対する恋愛感情その他の好意感情，またはそれが満たされなかったことに対する怨恨の感情を充足する目的で，そ

第4章　高齢者によるストーキング　　55

図 4-1　日本におけるストーカー事案の検挙状況

(法務省法務総合研究所〈2016〉, 警察庁〈2018〉をもとに著者作成)

の特定の者またはその家族等に対して行う行為, と規定している。その内容は, ①つきまとい・待ち伏せ・押しかけ, ②監視していると告げる行為, ③面会・交際の要求, ④乱暴な言動, ⑤無言電話, 連続した電話, ファクシミリ, ⑥汚物などの送付, ⑦名誉を傷つける, ⑧性的羞恥心の侵害, がある。そして, 同一の者に対し「つきまとい等」を繰り返して行うことを,「ストーカー行為」と規定している。

2013年には, 改正ストーカー規制法が成立している。ここでは, 拒まれたにもかかわらず電子メールを連続して送信する行為が「つきまとい等」に追加され, 同一の者に対して当該行為を反復して行った場合には,「ストーカー行為」として処罰対象となった。そして, 2016年12月の同法改正(2017年6月14日施行)では, 急に加害者の行為が激化し重大事件に発展するおそれがある特徴を踏まえ, 警告の存在を要件とせずに, 直接禁止命令等をすることが可能となった。

図 4-1 に, 2000〜2017 年までの, ストーカー事案に関連する刑法犯・他の特別法犯, およびストーカー規制法違反のそれぞれの検挙状況を示した。これより, 日本におけるストーカー事案が増加していることが, 十分に指摘される。

	スター・ストーカー	エグゼクティブ・ストーカー	イノセント・タイプ・ストーカー	挫折愛タイプ・ストーカー	破婚タイプ・ストーカー
精神病系	A	A	A	C	C
パラノイド系	A	B	A	B	C
ナルシスト系	B	C	B	A	C
ボーダーライン系	C	C	C	A	B
サイコパス系	A	C	A	B	A

注：Aは「しばしば見られる」，Bは「時に見られる」，Cは「稀にしか見られない」をそれぞれ示す。

図 4-2　福島によるストーカー分類とタイプ発生頻度のモデル

（福島，1997 をもとに著者作成）

(2)　ストーカーの心理

　これまで，犯罪心理学の分野では，犯罪捜査や精神病理学の観点に立ち，ストーカーのタイプ，エスカレーションや危険性について研究がなされている。それらの研究は，研究者の立場，研究目的によって異なり多様であるが，概ねストーカーの人格特性に焦点を当てるか，ストーカーの行動に焦点を当てるかに大別できる。

　福島（1997）は，精神医学の分野からストーカーの類型や分類について言及している。行為による類型では，「イノセント・タイプ」は被害者にとって加害者が見知らぬ人であるタイプ，「挫折愛タイプ」はかつて両者の間に何らかの関係や交渉があったタイプ，「破婚タイプ」は両者が実質的な婚姻生活を送っていたが，その関係を打ち切ろうとしたタイプ，「スター・ストーカー」は被害者が有名なスターであるタイプ，「エグゼクティブ・ストーカー」は被害者が社会的地位の高い人や，他者の話を聞き相談に乗ってくれる人のタイプ，とそれぞれ定義している。

　また，精神医学的な分類では，「精神病系」は統合失調症などの精神病が発病し，恋愛妄想などが動機となるもの，「パラノイド系」は統合失調症の軽症型と，ある性格特性にストレスが加わることで起こる心因性パラノイドの，2種類から動機が生じるもの，「ボーダーライン系」は境界性人格障害

からの動機によるもの，「ナルシスト系」は自己愛性人格障害からの動機によるもの，「サイコパス系」は反社会性人格障害からの動機によるもの，とそれぞれ説明している（図4-2）。

福島はこれらを組み合わせることで，ストーカーの説明を試みているが，たとえば精神病系のストーカーは，自己と現実に関係の薄い対象を関心の標的とするところから，「スター・ストーカー」「エグゼクティブ・ストーカー」「イノセント・タイプ」が多いとする。この福島の分類は，ストーキングの対象や行為から精神病理学的な推定を行い，対処を検討するうえで有益なものと評価される。

精神科医の福井（2014）は，ストーカーに関わる因子として，反社会性人格障害，自己愛性人格障害，発達障害傾向を挙げている。たとえば，「逗子ストーカー殺人事件」の加害者に対しては，自己愛性人格障害の可能性があるのではないかと指摘している。また，相手との関係性と目的から「執着型」「一方型」「求愛型」「破壊型」と分類し，それぞれの分類の因子として，「執着型」には自己愛性人格障害が，「一方型」には統合失調症や妄想性障害などの精神病が，「求愛型」には発達障害傾向が，「破壊型」には反社会性人格障害が，それぞれあるものと推測している。

さて，Mullen ら（2000）は，ストーキングが発生した際の対人関係，ストーカーの行動や特徴，それに伴う被害者のダメージや行為の発展性などを手掛かりに，分類を行っている（表4-1を参照）。

この Mullen らの分類が有用であると評価する越智（2015）は，その分類をもとに日本の特質に見合った分類を提案している。それらは，元交際相手や元配偶者によって行われる悪質なつきまといである「拒絶型」，ちょっとしたきっかけで日ごろの不満を爆発させ嫌がらせを始める「憎悪型」，恋愛妄想に基づいてストーキングを行う「親密希求型」，一方的に自分勝手な愛の押し付けを繰り返す「一方的な求愛者型」である。そして，「一方的な求愛者型」には，「暴力的求愛型」「恋愛未熟型」「発達障害型」の三つの下位分類があるとしている。

⑶　犯罪捜査，エスカレーション

　事件データを用いて，多変量解析などの統計処理を施した結果が報告されている。

　島田と伊原（2014b）は，2012 年に警察に相談があった 200 のストーカー事案を分析データとし，多重コレスポンデンス分析にて 4 類型を得ている。これらは，①元交際相手である行為者が，面会や復縁を求めて連続電話や大量のメールを送付する類型，②比較的若年の行為者が，被害者に対して身体的暴力を振るう，あるいは凶器を見せる類型，③ 50 歳以上の行為者が，相手との交際を求めてつきまとう類型，④行為者が被害者に対して，手紙や文書を送る，プレゼントを贈るといった，電話やメール以外の手段によってストーキングを行う類型，の 4 類型である。高齢者のストーキングを検討する際，類型④の特質などを参照する必要性が高いだろう。

　また，島田と伊原（2014a）は，ある警察本部で 2012 年 8〜10 月の間に受理したストーカー事案に関する相談記録 248 件を，計量テキスト分析という手法で分析している。まず，それぞれの出来事（イベント）を，①出会い，②トラブル発生から，メール・手紙・電話など危険性が伴わない接触，③つきまとい・待ち伏せ・押しかけや脅迫など身辺への危機，④警察への相談・通報，⑤相手方への指導警告，⑥検挙，⑦釈放，という七つのステージに分類している。そして，ステージ②のみを「慢性型」，ステージ②から③に発展したものを「エスカレート型」，ステージ③のみを「急迫型」とした。分析の結果，交際ありの場合のほうが交際なしの場合よりも，「メールや電話による接触」「粗野な言動」「脅迫内容の言動・メール」の発現率が高かったことが，また交際なしでは「慢性型」に，交際ありでは「急迫型」に，それぞれなりやすいことが明らかとなった。加えて，「急迫型」のうち，交際があった者の 3 割が，警察による指導警告を受けた後もつきまといなどを行っていることから，この場合のストーカーの特質としてセルフコントロールの乏しさを示唆している。

　さて，表 4-1 に示したように，ストーカーのタイプによって将来の危険性の程度，すなわちエスカレーションの可能性が異なることが予測される

表 4-1　Mullen らのストーカー分類

タイプ	対象者	行動・特徴	危険性
拒絶型 rejected	元恋人，元妻	別れを切り出され，その報復。よりを戻す行為から復讐へ。	殺害，傷害などの危険性は高い。
憎悪型 resentful	偶然関わった人	ストレスなどのうっぷん晴らし。隠れて犯行。	暴行，傷害への移行は少ない。
親密希求型 intimacy seeking	恋愛対象者	妄想的な関係を作り上げる。精神疾患（統合失調症，妄想性人格障害，自己愛型人格障害など）の場合あり。	嫉妬から攻撃する可能性もある。
無資格型 incompetent	交際や恋愛対象者	的外れでしつこい接近，強引に交際を迫り続ける。社会性人格障害，発達障害の場合あり。	社会性人格障害のタイプは危険性は高い。
略奪型 predatory	レイプなどの対象者	他の犯罪の準備段階，情報収集のための追跡など。被害者は気づかない。	レイプなど性的犯罪が目的だが，犯行に及ばない場合もある。

（Mullen et al., 2000 をもとに著者作成）

（Mullen et al., 2000）。たとえば，元恋人や元妻を対象者とする「拒絶型」や，社会性人格障害の加害者による「無資格型」の場合，エスカレーションの可能性は高いものと考えられる。

　Harmon ら（1998）は，ストーキングのなかで暴力的行為が出現したか否かを，被害者との以前の関係性にて分析している。その結果，親密な関係であった場合は 65% が，単に知人であった場合は 37% が，まったくの他人だった場合は 27% が，それぞれ暴力行為を行っていることが明らかとなった。さらに，人格障害と薬物中毒とが併発している場合に，暴力行為が多いことも示している。また，Rosenfeld（2004）や Rosenfeld と Lewis（2005）は，ストーカーの暴力危険評価について研究を行っているが，ストーカーの年齢や教育水準が低いこと，動機が復讐であること，親密な関係性があったことなどを，危険予測の指標として明らかにしている。ストーカーにおけるエスカレーションの検討を行った McEwan ら（2012）も，以前の親密な関係性が

あることが影響することを指摘している。

　これらストーカーのエスカレーションや危険性に関する研究から，交際関係を有していた場合のストーキングが，概して重篤であることが示唆されよう。高齢者のストーキングにおいても，今後，同傾向があるかどうか検討すべき示唆であろう。

3.　高齢者ストーカーの実態

　前述したように，日本において，高齢者のストーキングに焦点を当てた心理学的調査や研究は見当たらない。そのため，個々に紹介されている事例や公表されたデータを用い，以下に，その実態を明らかにするため検討を試みたい。

　新郷（2015）は，取材にて自身が遭遇した高齢者からのストーキング 3 事例を紹介している。それぞれの事例を表 4-2 にまとめた。これら事例を概観すると，高齢者ストーカーの背景には，独り暮らしなど身の回りに人がいないことによる「孤独感」と「抑止力の低減」，かつての成功体験と現状とのずれに気づかない「恋愛観」や「価値観」などがあるものと予測されよう。

　精神科医の福井（2014）は，60 代前半の男性ストーカーの診断事例を紹介している。妻子あるこの男性はフリーランスの評論家であるが，仕事で出会った 30 代後半の女性に対しメールを頻繁に送り付け，女性が拒絶すると行為はエスカレートし，出版社に女性を貶める卑猥な言葉を 100 枚以上もファックスで送り続けた。最終的には起訴され，執行猶予付きの判決となり，治療対象となった。この事例において，①フリーランスのような不安定な身分で先行きが不安，②自分の行為を正当化しようとする，③歪んだ思い込みがある，④感情の抑制が利かない状態である，といった要因を挙げ，ストーキングの発現について説明している。

　この説明は，ストーカー全般に当てはまる要因としてとらえられるが，先の新郷（2015）の事例と照らし合わせてみると，先行きへの不安感，認知の歪みや硬直性といった要因により，高齢者のストーキング分析を行うことは重要と考えられる。

表 4-2 新郷にて紹介された高齢者によるストーカー事例

	年齢	過去	現在	ストーキング内容
①	69歳	カフェバーなどの経営。家庭を顧みず好き勝手な生活。	年金から借金返済。家にて疎外感，居場所なし。	日々の出来事をメールで送りつける。多いときで1日36通。拒絶すると「あなたにメールを送るのだけが1日の楽しみ」と返答。
②	79歳	会社を興し社長。離婚2回，同棲1回。	独居。年金と不動産2軒。	1日から3日おきにドライブやコンサートの誘いメール。拒絶すると「あなたはまだ運命の出会いに気づいていないだけ」「元気で長生きの秘訣はね，物事を自分の都合のいいように解釈すること」と返答。
③	74歳	10年前に退職。離婚1回，兄弟と絶縁状態。	賃貸アパートで20年近く独居，年金生活。	1日5回の架電，留守電にすると4日間で50件の録音「寂しいよぉ～。声を聞けないと死んじゃうよぉ～」など。

(新郷，2015をもとに著者作成)

(1) 日本の統計資料

次に，高齢者ストーカーの実態を知るため，関連する公的資料を用いて検討する。

まず，警察庁（2018）の資料より，2013～2015年までのストーカー事案の被害者，加害者の状況を，相談などの件数により一般的な動向を見てみたい。加害者と被害者の性別を年ごとに見たところ，これまでの調査同様にストーカー加害者は男性が多く，被害者は女性が多いことが示されている（図4-3）。次に，被害者の年齢分布を図4-4に示した。いずれの年も，20代が最も多く，30代，40代と続く。一方，加害者の年齢分布（図4-5）では，30代が最も多く，40代，20代と続く（なお，年齢不詳のデータは除いている）。

注目されるのは，被害者においては10代が，60代と70代よりも多いのに対し，加害者においては60代が10代よりも多く，70代は10代との差が年々縮まっているところである。加害者の年齢の件数は，2017年は10代が

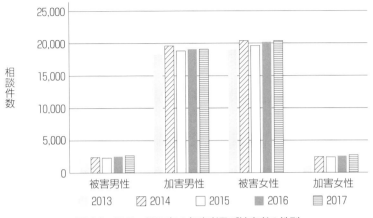

図 4-3　2013〜2017 年の加害者及び被害者の性別

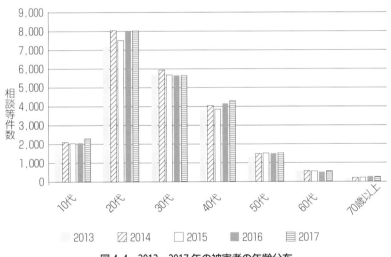

図 4-4　2013〜2017 年の被害者の年齢分布

773 件，60 代 1,396 件，70 代 523 件であったが，2017 年は 10 代 877 件，60 代 1,501 件，70 代 786 件であった。加害者と被害者の関係（図 4-6）では，交際相手（元を含む）が最も多く，次が知人友人，勤務先同僚・職場関係であった。

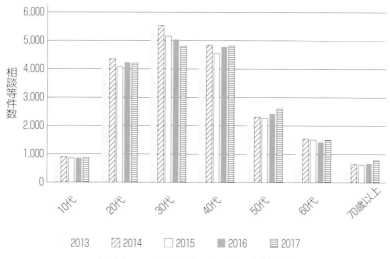

図 4-5　2013〜2017年の加害者の年齢分布

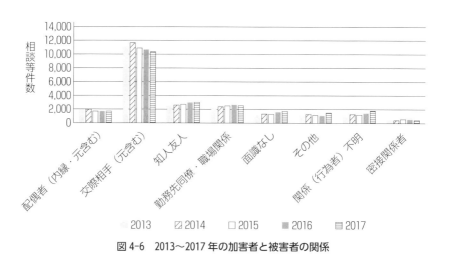

図 4-6　2013〜2017年の加害者と被害者の関係

　以上より，日本におけるストーキング事案では，交際相手である（あった）30代，40代の男性加害者と，20代，30代の女性被害者の間に発生するのが，典型的な事例であると想定できよう。

⑵　国内外の調査

　では，典型的とはいえない高齢者によるストーキングには，どのような特徴が見られるであろうか。

　Sheridan ら（2014）は，イギリス，アメリカ，オーストラリアにおけるストーキングに関する調査を行っている。回答者は 1,604 名（イギリス 925，アメリカ 598，オーストラリア 81）であり，回答者がストーカー事案を経験しはじめた平均年齢は 33.09 歳（10〜71 歳，SD：10.57），そのときのストーカーの平均年齢は 37.87 歳（13〜80 歳，SD：11.62）であった。被害者の 86.7% が女性であり，加害者の 80.7% が男性であった。なお，分析にあたっては，若年ストーカー群（16 歳以下），成人ストーカー群（17〜59 歳），高齢者ストーカー群（60 歳以上）に大別して行われている。

　高齢者ストーカーの特質を示すと思われた主な結果は，次のとおりである。

　加害者の性別は，他群と比較し，高齢者の男性の割合が高く（若年：61.1%，成人：80.6%，高齢者：86.7%），また，高齢者が同性を被害者にする割合は低かった。ストーキング開始時の加害者と被害者との年齢の相関において，他群は有意な相関が見られたが，高齢者ストーカーには見られなかった。加害者と被害者との関係性においては，知人が最も多く（52.2%），見知らぬ人と元恋人がそれぞれ多かった（それぞれ 23.9%）。他群（若年：7.7%，成人：11.9%）と比較し，見知らぬ人の割合が高いことが指摘された。被害者やその事案に関わった第三者からは，高齢者ストーカー被害者は過敏に反応しており，高齢者ストーカーのことを警察に相談しても真剣に取り扱ってもらえない，といった回答の割合が他群よりも多かった。

　一方，国内における太田ら（2016）の調査結果では，次のような結果が得られている。データは，2014 年 10 月 15 日〜12 月 15 日までの間，警視庁および関東管区警察局管内の 10 県警察において，ストーカー規制法第 4 条第 1 項による警告（文書警告）を受けた，分析可能な加害者 172 名について，翌 2015 年 12 月 15 日までの間に，再度，つきまとい等により警察が対応した事実の有無等を追跡調査したものである。加害者の性別は，男性 158 名（89.8%），女性 18 名（10.2%）であった。年齢は，10 代が 8 名（4.5%），

20代が46名（26.1%），30代が49名（27.8%），40代が44名（25.0%），50代が18名（10.2%），60代が6名（3.4%），70代が5名（2.8%）であった。

高齢者ストーカーの特質を示すと思われた主な結果は，次のとおりである。

加害者と被害者との関係を年齢にて分析した結果，加害者が60代の場合，被害者が20代1名，30代2名，40代2名，60代1名であった。また，加害者が70代の場合，被害者が30代1名，50代1名，70代3名であった。加害者と被害者との関係性では，60代以上においては，結婚や同棲（元も含む）が2名，交際相手（元も含む）が3名，知人や友人が3名，業務上の関係が3名であった。また，60代以上の再発率は，他の年代よりも高いことが示唆された。

⑶　高齢者の恋愛観とストーキング

これら欧米と日本との調査結果を単純に比較すべきではないが，いくつかの共通点から次のような考察が可能であろう。

高齢者によるストーキング事象においても加害者は男性が多く，被害者は女性が多い。ストーキングの対象年齢として，特定の年齢ではなく，ばらつきがある。被害者が特定の年齢層に偏らないのは，同年代の女性との離別後，ないし何らかの場面に居合わせた女性に出会ったときから，ストーキングがスタートしたからであろう。

欧米においては知人が最も多く，見知らぬ人と元恋人も多かったが，日本ではほぼ顔見知りであり，現在ないし過去に恋愛関係にあった対象者か，新たに出会った対象者かのいずれかであった。島田（2014）によれば，日本の警察が取り扱うストーカー事案は，「別れ話」型と「片思い」型に大別されるが，高齢者のストーキングの場合もこの両タイプに大別されるものと示唆される。

さて，ここで高齢者の恋愛やセックスの視点から検討してみたい。

金（2015）は，恋愛という親密な二者関係が，高齢者の「生活の質」（クオリティ・オブ・ライフ：QOL）を向上させる重要な要因であることを論じている。西原と鈴井（2015）は，高齢者のQOLを高める看護のあり方を考

察するため，高齢者の性意識などに関する文献（1970~2014 年）を分析した。その結果，高齢者は恋愛や異性に対する興味や関心を，男女ともに持っていると報告されていることが明らかとなっている。また，香ノ木ら（2012）は，老人福祉施設職員がとらえた高齢者の恋愛感情傾向について調査している。その結果，分析事例 58 件が 6 カテゴリーに分類され，そのなかで穏やかで友情的な恋愛感情（18 件）が最も多く，次に献身的な恋愛感情（14 件），執着心の強い熱情的な恋愛感情（13 件），性欲的な恋愛感情（6 件）と続いていた。これらの研究から，高齢者の QOL にとって恋愛は重要であるものの，その恋愛感情には青年期同様の激しい感情や性的なものも含まれていることがうかがわれる。

恋愛感情を伴うストーキングの生物学的要因として，性的欲求も検討すべきことが指摘されていることから（桐生，2010），男性高齢者が恋愛やセックスを強く希求することでストーキングがスタートすることが考えられよう。

黒川（2017）は，高齢者とセックスをテーマにしたフォーカスグループを実施している。協力者は，男性 5 名（平均年齢74.7 歳，60~80 歳）であり，分析結果として，①若いときと比較した変化，②自分にとってのセックスの意味，③パートナーや他者との関係，の三つに分類されたと報告している。主な発言としては，「自分のことを老人だとは思っていない。年齢によって変わらない」「セックスは飽きた。やり過ぎたってだけ。そろそろ復活しようかなと思うけど」「子どもを作ることが自分たちの楽しみでなく，国家のためという価値」「本来，セックスは生物の本能。命ある限り持ち続ける」「セックスできなくなると，目で楽しむ。街できれいな女の子見て」「妻は家族，家族とはセックスできない。近親相姦になっちゃう。妻には家族愛」といったものがあったという。

この報告から，現代社会に適合しない古い価値観に基づくセックス観が，高齢者には内在していることが十分うかがわれる。そして，女性高齢者は精神的な愛情やいたわりを求めているのに対し，男性高齢者はいまだに女性を肉体的な欲求の対象として求めているところで，両者間に大きな差異が生じるであろうことも予想される。加えるなら，高齢者をセックスの対象とする下の世代が多く存在するとは考えにくいのだが，男性高齢者は自身を高齢者

第 4 章　高齢者によるストーキング　*67*

と認識せず，下の世代とのセックスがスムーズに実現するものと思っている
ことも予想されるのである。

　これら高齢者の恋愛とセックスに関する調査から，高齢者のストーキング
発現機序の要因を探ることは有益であると考える。

　いくつかの事例からもうかがわれたように，まず高齢者のストーキングの
背景には，独り暮らしなどの孤独による不安や不安定さがあり，それを補う
ために恋愛対象者を求める，といった構造があると予測される。次に，高齢
者が抱く恋愛感情には，セックスを求める性的な欲求も含まれて接近行動が
発動する。また，古い価値観に基づく「男は恋愛においては強引であっても
よい」といったジェンダー・ステレオタイプが，その恋愛感情と堅固に結び
ついてストーキングを促進させる。社会の一線から離れ孤独であることから
時間を持て余し，注意や抑制をしてくれる人が周囲にいない，といった要因
も加わり，高齢者のストーキングは長期化するものと思われる。

　今後，この仮説について検討するため調査を行うことが必要と考えられる。

4.　おわりに

　最後に，高齢者における恋愛以外での繰り返し行為について考えてみたい。
　アメリカにて，ストーカーに関する法律を制定するにあたり，ストーキン
グとは何かを具体的に示すため，いくつかのストーキング形態が報告されて
いる。アメリカ連邦機関の法務省刑事司法協会のモデル法案に関するセミ
ナーにて紹介されている，仮想ストーキング事例は，①被害者と加害者が職
場関係である事例，②被害者と加害者が夫婦関係である事例，③被害者と加
害者が互いに面識のない事例の 3 事例であった（United States Department of
Justice, 1996）。このなかで，事例①は，大手都市銀行の支店長（被害者）が
出納係（加害者）の勤務評定を「不満足」とし，その後，終日決算の金額が
足りないことにより，その出納係を解雇したことがきっかけとなったもので
ある。ストーキングは，つきまとい，電話，脅迫めいたメモ書きなどであっ
た。この事例は恋愛関係におけるストーキングではない。

　日本の場合，ストーカー規制法は，規制対象が特定の者に対する恋愛感情

68　　第Ⅱ部　高齢者が関わる各種加害・被害

の場合に限定されている。しかしながら、他の人間関係や隣人関係で発生した犯罪のなかにも、ストーキングを見出すことはけっして難しくない。そして、その実行者として、高齢者が問題となる可能性が高いと考えられる。

Kiriu（2016）は、企業や小売店に対する悪質なクレーム問題の実態を明らかにするため、悪質クレームに関する Web 調査を行い、報告している。調査対象者は、日本の百貨店、スーパー、コンビニエンスストア、衣服・履物小売などの接客業者であり、有効回答者は 312 名（女性 179 名、男性 133 名。平均年齢 41.1 歳）であった。主な質問内容は、「あなたが今までに経験した最も印象に残っている消費者からの『悪質なクレーム』の一つについて、お尋ねしていきます」と教示し、悪質クレーマーの属性、クレームのきっかけ、クレーム時の状況、クレームの最終的な目的、クレーマーの態度、などであった。

それら分析の結果から、クレームの繰り返し回数と、回答者が見積もったクレーマーの年代との関連を、表 4-3 に示した。各年代の回数合計における 3 回以上のクレーマー回数の割合は、70 代が 29.4% であり、他の年代の割合と比較して最も高かった。また、この 70 代のクレームの目的として、お店などの上層部が自身に謝罪してくれることを求めるものが多く、その態度として、大声を上げる、一方的に話をする、というものが多かった。

このような悪質なクレームの繰り返し行為を、恋愛関係ではないストーキ

表 4-3　悪質クレーマーの年代とクレーム回数との関連

年代	1回	2回	3回以上	合計
10 歳未満	1	0	0	1
10 代	3	0	0	3
20 代	18	2	3	23
30 代	40	4	12	56
40 代	39	7	12	58
50 代	59	9	13	81
60 代	41	6	9	56
70 代	11	1	5	17
不明	17	0	0	17
合計	229	29	54	312

ングと想定した場合，この 70 代の割合の高さは見逃せないだろう。また，
60 代の割合も 16.1% であり，30 代（21.4%），40 代（20.7%）に続く高さ
であった。年代は回答者が見積もったものであることから，この結果が高齢
者によるものと同定するのは難しいが，傾向を示したものと評価することは
可能であろう。

　このような，高齢者による悪質クレームの繰り返しの背景には，独り暮ら
しなどの孤独による不安や不安定さがあり，それを補うために話し相手や聞
いてくれる人を求める，といった構造があると思われる。そしてこのことは，
先の高齢者ストーキングの発現過程と類似しているものと考察されよう。

　高齢者によるストーキング研究は始まったばかりである。今後，研究を進
めるうえで，恋愛場面以外での悪質な繰り返し行為についても，分析を広げ
ることは重要と考えられる。

【文　献】

福井裕輝（2014）ストーカー病――歪んだ妄想の暴走は止まらない：「恨みの中毒症状」
　の治療なしに，被害者は減らせない．光文社

福島　章（1997）ストーカーの心理学．PHP 研究所

Gross, L.（1994）*Surviving a stalker: Everything you need to know to keep yourself safe*. New
　York: Marlowe & Compan.（秋岡　史訳〈1995〉ストーカー――ゆがんだ愛のかたち．
　祥伝社）

Harmon, R. B., Rosner R., Owens H.（1998）Sex and violence in a forensic population of
　obsessional harassers. *Psychology, Public Policy, and Law,* 4, 236-249.

法務省法務総合研究所編（2016）犯罪白書 平成 28 年版．日経印刷

警察庁（2018）平成 29 年におけるストーカー事案及び配偶者からの暴力事案等への対応
　状況について（平成 30 年 3 月 15 日）〔https://www.npa.go.jp/safetylife/seianki/stal-
　ker/H29STDV_taioujoukyou_shousai.pdf〕

警察庁警察政策研究センター・太田達也（2013）高齢犯罪者の特性と犯罪要因に関する調
　査．

金　娟鏡（2015）高齢者の恋愛・結婚．内藤哲雄・玉井寛　クローズアップ高齢者社会．
　福村出版，pp.162-169.

桐生正幸（1998）ストーキングの分類．警察公論，53（4），55-64.

桐生正幸（2010）愛と性――ストーカー犯罪．田口真二・平　伸二・池田　稔・桐生正幸
　編　性犯罪の行動科学――発生と再発の抑止に向けた学際的アプローチ．北大路書房，
　pp.235-236.

Kiriu, M.（2016）A study of Japanese consumer complaint behavior: Examining the negative experiences of service employees. The 31th International Congress of Psychology（ICP2016），Yokohama, Japan．

桐生正幸（2017）ストーキング．越智啓太・桐生正幸編　テキスト司法・犯罪心理学．北大路書房，pp.162-179.

香ノ木彩香・熊谷春美・竹中　彩・仲田勝美介（2012）介護職員が認識する高齢者の恋愛感情の特性をふまえた援助に求められる視点に関する研究．人間関係学研究，18（1），11-12.

黒川由紀子（2017）高齢者とセックス．心理学ワールド，79,13-16.

McEwan, T. E., MacKenzie, R. D., Mullen, P. E., & James, D. V.（2012）Approach and escalation in stalking. *The Journal of Forensic Psychiatry & Psychology*, 23（3），392-409.

Mullen, P. E., Pathé, M., & Purcell, R.（2000）．*Stalkers and their victims*. London: Cambridge University Press．（詫摩武俊・安岡　真訳〈2003〉ストーカーの心理――治療と問題の解決に向けて．サンエンス社）

村上千鶴子・小田　晋（1997）ストーカー研究の動向．犯罪学雑誌，63, 133-135.

西原かおり・鈴井江三子（2015）高齢者自身がもつ性意識および高齢者の性に対する看護師の意識に関する文献検討．兵庫医療大学紀要，3(2)，49-56.

越智啓太（2015）犯罪捜査の心理学――凶悪犯の心理と行動に迫るプロファイリングの最先端．新曜社

太田達也・黒田　治・田中奈緒子・島田貴仁（2016）平成 27 年度警察庁委託調査研究　ストーカー加害者に対する精神医学的・心理学的アプローチに関する調査研究（Ⅱ）．警察庁［https://www.npa.go.jp/safetylife/seianki/stalker/H27_researchreport.pdf#search = %27%E5%A4%AA%E7%94%B0%E9%81%94%E4%B9%9F%E9%BB%92%E7%94%B0%E6%B2%BB + %E7%94%B0%E4%B8%AD%E5%A5%88%E7%B7%92%E5%AD%90 + %E5%B3%B6%E7%94%B0%E8%B2%B4%E4%BB%81 + %E3%82%B9%E3%83%88%E3%83%BC%E3%82%AB%E3%83%BC%27］

Rosenfeld, B.（2004）Violence risk factors in stalking and obsessional harassment: A review and preliminary meta-analysis. *Criminal Justice and Behavior*, 31(1), 9-36.

Rosenfeld, B. & Lewis, C.（2005）Assessing violence risk in stalking cases: A regression tree approach. *Law and Human Behavior*, 29（3），343-357.

斎藤寛司（1997）「ストーカー法」の制定―― 1997 年ハラスメント防止法．ジェリスト，1114,105.

Sheridan, L., Scott, A. J., & North A. C.（2014）Stalking and age. *Journal of Threat Assessment and Management*, 1(4), 262-273.

島田貴仁（2014）ストーカー事案――統計と相談記録から見る実態と効果的な対策に向けて．早稲田大学社会安全政策研究所紀要，7,71-94.

島田貴仁・伊原直子（2014a）ストーカー相談記録の形態素解析と加害に関する要因．日本行動計量学会第 42 回大会抄録集，44-45.

島田貴仁・伊原直子（2014b）コーディングツールを用いたストーキングの時間的推移の

検討. 犯罪心理学研究, **52** (特別号), 154-155.

新郷由起 (2015) 老人たちの裏社会. 宝島社

United States Department of Justice (1996) Regional seminar series on implementing antistalking codes. Bureau of Justice Assistance: Monograph.

高齢者による社会的迷惑行為

[大上　渉]

1. はじめに

(1) 高齢者による社会的迷惑行為

「社会的迷惑」とは,「行為者が自己の欲求充足を第一に考えることによって,結果として他者に不快な感情を生起させること,またその行為を指すもの」(吉田ら,1999)とされる。吉田ら(1999)は,大学生590名に120項目の迷惑行為について,それらをどれほど迷惑と感じるか5段階で評定させ,主成分分析を行った。その結果,社会的迷惑行為は以下の2因子,すなわち①「ルール・マナー違反」行為(タバコや空き缶のポイ捨て,電車やバスのタダ乗り,など)と,②「周りの人との調和を乱す」行為(約束の直前キャンセル,人から借りた物を催促されるまで返さない,など)に分類されることを示した。

樫村(2017)は,社会的迷惑行為は世代を超えて広く観察されるとしたうえで,高齢者による社会的迷惑行為の特異性を明らかにするために,首都圏9カ所における地域包括支援センターの専門職にインタビュー調査を行った。その結果,高齢者による社会的迷惑行為は,①ゴミの溜め込みや共用部分利用のマナー違反など,日常生活において周囲に不快や懸念をもたらす「生活の自己管理の困難」,②執拗な電話連絡や過剰なサービス要求など,常識的範囲を超えた要求を行う「分別を欠いた要求」,③万引きや詐欺などの「物や金銭の奪取」,④暴行や損壊,誹謗・中傷,不快な接近・接触などの「他者

の心身の安全を脅かす行為」に分類されることを示した。そして，これら4
類型は，行為者本人が周囲に迷惑をかけている認識に乏しい点が共通してい
るとも述べている。

⑵　映画『タンポポ』に見る高齢者の迷惑行為

　高齢者による社会的迷惑行為といえば，伊丹十三監督による映画『タンポ
ポ』（1985年，東宝）に次のようなエピソードが収められている。

> 「とある高級スーパーにおいて，上品そうな老婆が，まずは桃，次に
> チーズ，そしてベーカリーのパンなど，柔らかな食べものばかりを狙い，
> 次々と指を押し刺していく。老婆はその感触を確かめながら指先に何度
> も力を込めており，その表情からは恍惚とした様子がうかがえる」

　映画は世相を反映するともいわれる。『タンポポ』は30年以上前の作品で
あり，当時と比べると社会は大きく変化した。しかしながら，現在において
も高齢者による社会的迷惑行為は世間を騒がせている。たとえば，食品への
意図的な異物混入，駐車場での無差別的なタイヤパンク。このような社会的
迷惑行為の裏側には，高齢者の姿が潜んでいることも多い。
　本章では，一般的な感覚では犯行の目的や動機も理解することが難しい高
齢者による社会的迷惑行為，わけても「他者の心身の安全を脅かす行為」
（樫村，2017）に相当する「食品等に対する意図的な異物混入」，および「意図
的なタイヤパンク」を取り上げ，高齢者による社会的迷惑行為の知られざる
実態について，ほんの一端ではあるが示したい。

2.　食品等に対する意図的な異物混入事件

⑴　無差別的な犯罪である異物混入事件

　近年，スーパーやコンビニ，デパート地下の食品売り場，レストラン，食
堂などにおいて，陳列された食品や注文した料理に，針や金属片などの異物
が意図的に混入される事件が相次いでいる。このような意図的な異物の混入

74　第Ⅱ部　高齢者が関わる各種加害・被害

は無差別性が高く，誰もが被害者になる可能性がある。そのため，社会に大きな不安をもたらし，食の安全に対する信頼も大きく損なわれる。

このように深刻な被害をもたらす犯罪であるにもかかわらず，意図的な異物混入についての学術的議論はさほど深くなされていない。つまり，どのような素性の人物が，いかなる動機で混入するのか，といった犯行の実態は明らかにされていない。

たとえば，高齢者層による異物混入については，以下のような二つの報道がなされている。

【2007 年 5 月：四国地方で検挙された事件】　70 代の無職女性が，スーパーでビニール袋入り食パンに釘（3.2cm）を刺して混入した。犯行動機について，「家族の世話でストレスがたまり，憂さ晴らしをしたかった」と供述している（読売新聞，2007）。

【2016 年 6 月：近畿地方で検挙された事件】　50 代の無職女性が，複数のデパートの地下食品売り場において，袋入りうどん麺などに縫い針を刺して混入した。犯人の女性は，混入対象であるうどん麺の製造会社に以前勤務しており，その犯行動機を「会社の処遇に不満があり，迷惑をかけようと思った」と述べている（読売新聞，2016）。

高齢者による同様の事件は散逸的に報道されてはいるものの，それらを集約し，体系的に分析した調査・研究などは見当たらない。このため，異物混入事件において高齢者層の犯人は全体のどの程度を占めるのか，また高齢者層の犯人にはどのような特徴的行動が見られるのか，これらはいずれも明らかではない。そこで，著者ら（大上・内山，2018）は，1981〜2016 年までの間に日本で発生し，犯人が逮捕された，食品などに対する意図的な異物混入事件 125 件を収集し，これらについての類型化を試みた。

⑵　なぜ分類（類型化）を行うのか

異物混入の類型化について述べる前に，対象を分類する意義を述べておきたい。分類する意義は，一般的には認知経済性の観点から説明される。分類

（カテゴリー化）とは，複数の対象事物について，それらの共通属性を抽出し，ひとまとめにすることにほかならない。別の言い方をすれば，分類は抽象化（カテゴリーの水準を上位にシフトさせる。たとえば，犬→ほ乳類）することともいえる。抽象化によって処理に必要な認知的負担が軽減され，事物の同定や理解などがより効率的に行えることになる。

また，見過ごされがちではあるものの，分類は認知経済性以外の面でも我々に大きな恩恵をもたらす。それは，分類に伴う抽象化によって，未知の事物に対する予測性が高まることである（Hawkins & Blakeslee, 2004；松尾・山川，2006）。つまり，分類によって，特定の事物に限って観察される固有の特徴やノイズなどが除外され，普遍性の高い特徴のみが抽出される。それにより，たとえ未知の事物や未体験の出来事に遭遇したとしても，抽象化された概念を参照することによって，詳細な分析をせずともその属性などを予測・推論することが可能となる。

分類やカテゴリー化は，犯罪心理学の主要な研究テーマのひとつである，犯罪者プロファイリング研究においても行われている。そこでは「犯行テーマ」と呼ばれる類型の探索が行われる（玉木，2017）。犯人の個々の行動は，犯行状況などさまざまな条件により変化しうるが，犯行テーマは個々の行動の背景にある行動原理であり，比較的一貫性が高いとされている。したがって，犯行テーマを抽出することで，対象犯罪の構造的背景が明らかになる（玉木，2017）。犯行テーマに基づく類型化は，殺人や放火，強姦など，さまざまな罪種に対して行われており，たとえば侵入窃盗事件（Yokota & Canter, 2004）では，「住居対象」「商業・事務所関連の建物を対象」「倉庫・産業関連の建物を対象」「公共の建物を対象」の4類型が見出されている。

このように，犯罪者プロファイリング研究においても，分類を行い，抽象性・普遍性が高い構造的背景を抽出することによって，今後発生するであろう類似した同種事件の犯人像についての予測性を高めているのである。

(3) 混入物に着目すれば犯人特徴が浮かび上がる

意図的な異物混入事件の分類にあたっては，犯行に用いられた混入物（異物）に着目し，それを分類基準として用いた。それには二つの理由がある。

一つ目は，先行研究からの示唆である。国内において毒劇物が用いられたさまざまな形態の事件・事故 111 件を分析した山本と神沼 (2000) によると，食品や点滴などに毒劇物が混入される形態の事件は，その多くが病院や研究所，大学研究室などにおいて，そこに勤務する職員や学生などの手によって行われている。これらの施設では，毒劇物が研究室や薬品庫などに保管されており，日常業務で頻繁に使用されることから厳重な管理が難しく，毒劇物は比較的に入手しやすい環境であった。つまり，混入に用いられた異物は，犯人にとって身近に存在し，かつ入手しやすいものであるともいえる。

　もう一つの理由は，Gosling (2008) により示唆された，「物」とパーソナリティの関連性である。Gosling によると，物には所有者のパーソナリティを読み解く手がかりが表れるという。たとえば，物そのものやその使用状態などには，「自己主張性」（自分がどう思われたいか），「感情調整機能」（モチベーションを高める，心を静めるなど），「行動の痕跡」（環境内に残された日常行動の痕跡）などが表れる。その痕跡を読み取り，手がかりとすることで，持ち主のパーソナリティについて理解を深めることができるという。直接的には検証がなされていないものの，犯罪行動に用いられる「物」にも，犯人像や犯行動機を読み解くための手がかりが表れていると考えられる。

(4)　意図的な異物混入事件の全体的な傾向

　意図的な異物混入事件の分類結果について述べる前に，まずは調査対象データから得られた異物混入事件の全体的傾向について，簡単に触れておきたい。表 5-1 に基礎集計結果を示す。

　異物混入犯の性別については，女性が全体の 31.7％ を占めていた。刑法犯全体の検挙人員の女性比が全体の約 2 割（法務省法務総合研究所，2016）であることと比べると，異物混入は女性がやや多い罪種であるといえる。年齢については著しく多い年齢層は見られず，各年齢層にゆるやかに分布していることが特徴である。しかしながら，50 代（24％）と 60 代以上（14.4％）の年齢層を合計すると 40％ 近くになることから，異物混入犯には比較的高年齢層が多いといえる。また，職業については「無職」の者が全体の約半数近くを占めており，次いで多かったのは「生徒・学生」であった。混入を行っ

表 5-1　食品等に対する意図的な異物混入事件の集計結果（*N*=125）

変　数	変数の内訳	件数	％
実行場所	小売店等	63	50.4
	自宅	17	13.6
	学校・給食センター	14	11.2
	会社・工場等	10	8.0
	路上・自販機等	8	6.4
	食堂・レストラン	7	5.6
	病院・福祉施設等	6	4.8
混入物	針類	53	42.4
	金属片等	10	8.0
	薬品・向精神薬	24	19.2
	殺虫剤・農薬	19	15.2
	洗剤	15	12.0
	生物	4	3.2
混入対象	飲み物	43	34.4
	パン・菓子類	30	24.0
	生鮮品	17	13.6
	料理・給食	12	9.6
	調味料・その他	8	6.4
	弁当・惣菜	7	5.6
	豆腐・麺	4	3.2
	冷凍・インスタント食品	4	3.2
性　別	男性	85	68.0
	女性	40	32.0
年齢層	20 代未満	19	15.2
	20 代	21	16.8
	30 代	26	20.8
	40 代	17	13.6
	50 代	26	20.8
	60 代以上	16	12.8
職　業	会社員	12	9.6
	食品製造業	7	5.6
	販売的職業	4	3.2
	技能・労務職	12	9.6
	医療・福祉職	6	4.8
	技術・研究職	4	3.2
	自営業	2	1.6

表 5-1　つづき

変　数	変数の内訳	件数	%
職　業	派遣・アルバイト	7	5.6
	生徒・学生	16	12.8
	無職	55	44.0
犯行動機	不満の発散	22	17.6
	金銭	29	23.2
	人間関係	18	14.4
	同情・注目	13	10.4
	仕事・解雇への不満	11	8.8
	店への嫌がらせ	11	8.8
	借金逃れ・犯罪の隠蔽	7	5.6
	不明	14	11.2

（大上・内山，2018．Table1 を著者一部改変）

た動機については，「金銭」目的が最も多く，次いで「不満の発散」，そして「人間関係」であった。

⑸　意図的な異物混入事件の分類

　異物混入事件の分類に際しては，まずクロス集計分析を行い，有意な関連性が見られる変数を特定したうえで，多重対応分析を用いて類型化を行った。クロス集計分析を行ったところ，混入に用いられた異物と，実行場所，混入対象，犯人の年齢層，職業，犯行動機との間に統計的に有意な関連性が認められたことから，これらの変数を用いて多重対応分析を行った。その際，混入された異物のうち，わずか4件にとどまった「生物」（ゴキブリやハエなど）は削除した。したがって，121件の事件データが分析対象となった。

　その結果，犯人が混入に用いた異物の違いによって，異物混入は5類型，すなわち「針類」型，「金属片等」型，「薬品・向精神薬」型，「殺虫剤・農薬」型，「洗剤」型に分類された。犯行特徴や犯人特徴は，類型ごとに相違していた（図5-1）。したがって，混入物に着目すれば，おおよその犯人像なども推定できることが明らかになった。

⑹　高齢者が行う異物混入は「針類」型

　図5-1 に示すとおり，異物混入事件の5類型のうち，高齢者層の犯人が多い類型は「針類」型である。ここでいう針類とは，縫い針やまち針だけでなく，釘や爪楊枝など針状のものも含めている。

　針類型の犯人特徴は，年齢層は50～60代以上の高齢者層，職業は無職が多く，犯行動機は不満の発散，店への嫌がらせである。また犯行特徴は，スーパーやコンビニなどの小売店において，パン・菓子類，生鮮品，弁当・惣菜，豆腐・麺などに針類を混入することである。これら針類型の特徴は，先に挙げた高齢者による異物混入事件例にもほぼ当てはまっている。どちらの事件も，縫い針や釘が混入物として用いられており，犯人の年齢層や職業，動機，混入対象，発生施設は，針類型の特徴と一致している。

　針類型の犯行動機を見ると，犯人は欲求不満や緊張状態に置かれていたことがうかがえる。針類型に該当する個々の事件を調べると，不満の発散に分

	年齢	職業	動機	混入対象	発生施設
針類	50代以上	無職 食品製造業	不満の発散 店への嫌がらせ	パン・菓子類 生鮮品 弁当・惣菜 豆腐・麺	スーパー・コンビニ等
金属片 その他		技能 労務者	金銭	料理・給食	食堂・レストラン
薬品 向精神薬	30代	医療・福祉職 技術・研究職	人間関係	飲み物	会社・工場等 病院・福祉施設等
殺虫剤 農薬				飲み物	路上・自販機等
洗剤	20代未満		借金逃れ 犯罪の隠蔽	飲み物	自宅

注：ここに挙げた変数はクロス集計分析の結果，いずれも有意差が見られたものである。

図5-1　意図的な異物混入事件の5類型における犯人特徴と犯行特徴

類されるケースでは，失業や多額の借金，あるいは家族の介護・看護などで
鬱憤を募らせていた。また，店への嫌がらせに分類されるケースでは，店員
の態度が気に入らなかった，万引きで捕まったことへの逆恨みなどのほか，
パン製造業者がライバル会社の評判を落とすためにパンに針類を混入した事
件もあり，犯人が精神的緊張状態に置かれていたことがわかる。このような
精神的緊張状態と，何かを刺すという犯罪行動との関連性については，後述
する。

3. 意図的なタイヤパンク事件

(1) 捜査が難しい意図的なタイヤパンク事件

　前節では，社会的逸脱行為として異物混入事件を取り上げ，高齢者が多い
類型である「針類」型について解説した。本節では，同じく高齢者による社
会的迷惑行為として，他人の自動車や自転車などのタイヤを意図的にパンク
させる事案（以降，タイヤパンク事件と称する）を取り上げる。一般的には
器物損壊事件として捜査されるタイヤパンク事件は，いたずら程度の犯行と
いった印象が抱かれやすい。しかしながら，これまでに発生したタイヤパン
ク事件を概観すると，逮捕されるまで執拗に犯行が繰り返されるなど，悪質
な実態が浮かび上がる。

　長期にわたって犯行が繰り返され，かつ，大きな被害をもたらしたケース
として，2004 年 7 月に九州で検挙された事件がある。この事件では，2002
年 1 月末から 2004 年 7 月に検挙されるまでの間，無職の男（当時 50 代）が
スーパーや病院の駐車場などにおいて，ほぼ毎日，車のタイヤをパンクさせ
ていた。犯人の男は憂さ晴らしのために犯行を繰り返しており，パンクさせ
た車は計 7,600 台にも上った（読売新聞，2004a，2004b）。

　この事件では，犯人の男は他人の車を無差別にパンクさせていたが，これ
とは対照的に特定の被害者のみを狙い，執拗に犯行が繰り返されたケースも
ある。たとえば，関東地方で検挙された事件では，2003 年 8 月から 2004 年
10 月までの間，特定の女性の車を 6 回にわたりパンクさせていた男（当時
40 代）が逮捕された。犯人の男は被害女性の同僚であり，被害女性から車

のパンクについて相談を受けることを目的に犯行を繰り返したという（朝日新聞，2004；読売新聞，2004c，2004d）。

　これらの事件はどちらも，1年以上という比較的長い期間にわたって犯行が繰り返されている。このことから，タイヤパンク事件は，犯人の特定や犯行立証につながる物的証拠や目撃証言などが得られにくく，警察にとっては難しい捜査が強いられる犯罪であることがうかがえる。

⑵　高齢者によるタイヤパンク事件

　タイヤパンク事件は，高齢者によっても引き起こされている。ここでは，高齢者によって行われた三つのケースを紹介したい。

> 【2001年4月：近畿地方で検挙された事件】　70代の無職男性が，スーパーの駐車場で軽乗用車のタイヤを千枚通しでパンクさせた。犯行動機について犯人の男性は，「これまで50台以上の車のタイヤをパンクさせた。路上駐車に腹が立った」と供述している（読売新聞，2001）。
>
> 【2009年2月：近畿地方で検挙された事件】　60代の自転車修理店経営の男性が，経営する自転車店近くの路上に駐めてあった自転車のタイヤに画鋲を刺してパンクさせた。犯行動機について犯人の男性は「修理代を稼ぎたくて，昨年11月頃から約40台をパンクさせた」と供述している（読売新聞，2009）。
>
> 【2013年2月：首都圏で検挙された事件】　80代の無職男性が，路上に放置されていた自転車のタイヤに画鋲を刺してパンクさせた。犯行動機について犯人の男性は「以前，路上の放置自転車にぶつかりケガをしたことがあり，駐輪マナー違反に警告をしたかった」と供述している（朝日新聞，2013）。

　上記のケースでは，高齢者が路上駐車や駐輪マナーに憤り，あるいは利益目的のために車や自転車のタイヤをパンクさせている。では，タイヤパンク事件において，高齢者層の犯人は全体のうち，どの程度の割合を占めるのか，

また高齢者に特有の犯行傾向などは見られるのだろうか。これらの疑問に答えるためには，系統的な研究が必要となる。

(3) タイヤパンク事件の系統的研究

タイヤパンク事件を系統的に調べた研究は，各種データベースを調べる限り，ほぼ皆無といってよい。関連する研究として，桐生（2015）による車両への器物損壊事件研究がある限りである。

桐生（2015）は，損害保険会社から提供された車両への傷つけ事案 129 例を分析し，傷の箇所やその個数，傷の形態などによって犯行目的が異なっており（怨恨やストレス発散，児童のいたずら，保険金詐欺目的など），類型化可能であることを報告している。この知見は，車両の傷の状況から犯人の犯行目的を推定できることを示唆しており，捜査に大きな手がかりをもたらす貴重なものである。しかしながら，桐生の研究では，自動車のボディに対する傷つけ事案を主に取り上げており，窓ガラスやミラー，バンパーなどへの損壊には触れているものの，タイヤパンクについての分析は行われていない。

大上（2017）は，意図的に行われたタイヤパンク事件について，その基礎的知見を提供することを目的に類型化を試みた。なお，本節で紹介する知見の一部は，大上（2017）のデータを再分析したものである。

検証にあたっては，1987 年 1 月から 2016 年 12 月までの間に日本国内において発生し，犯人が検挙された意図的なタイヤパンク事件 273 件を分析対象にした。いずれの事件も「タイヤ」「パンク」「逮捕」「補導」などを検索ワードとし，オンライン新聞記事データベース（朝日新聞「聞蔵Ⅱ」および読売新聞「ヨミダス」）から詳細情報を得た。

273 件の各タイヤパンク事件の詳細を，8 変数（「犯行場所」「犯行対象の車種」「犯行工具」「犯人の性別」「犯人の年齢層」「犯人の職業」「犯行動機」「犯人と被害者の関係」）ごとに入力し，データセットを作成した。基礎集計を行った後，年齢層別に見たクロス集計分析を行い，犯行特徴および犯人特徴の関連性について検討した。

⑷　タイヤパンク事件の全体的傾向

　調査対象のデータセットから得られたタイヤパンク事件の基礎集計結果を表5-2に示す。まず，タイヤパンク犯の年齢層についてである。基礎集計の結果，犯人の年齢は最年少の16歳から最年長は81歳までと幅広く分布していた。年齢層ごとに見ると，「50代」が全体の24.2％，「60代以上」も同じく24.2％であり，これらを合わせると中高齢層が全体の半数近くを占めている。このことから，タイヤパンク事件は中高齢者層による犯行が比較的多い罪種であるといえるだろう。

　犯人の職業については，「無職」が全体の約半数近く（46.2％）を占めていた。次いで多く見られた職業は「会社員・店員等」の14.3％であり，その次に「公務員」の13.9％が続いた。タイヤをパンクさせた動機については，「報道なし」（41.4％）を除くと，最も多い動機が「不満・鬱憤の解消」の18.3％であり，次に「恋愛感情・交際巡るトラブル」が9.9％，そして，高齢者による事例にもあった「駐車・車の騒音等への腹いせ」の8.4％が続いた。

⑸　タイヤパンク事件における高齢者の犯行特徴

　犯人の年齢層の違いにより，犯行特徴や犯人特徴に違いが見られるか否かを明らかにするために，「犯人の年齢層」と残りの7変数について，クロス集計分析を行った。検定にはフィッシャーの直接確率検定を用いた。

　分析の結果，表5-3に示すとおり，犯人の年齢層と，犯人の職業，犯行対象の車種，犯人と被害者の関係性との間に，統計的に有意な関連性が認められた。そこで，残差分析を行い，出現頻度が有意に高い項目を特定した。残差分析とは，カイ2乗検定やフィッシャーの直接確率検定によってクロス集計表全体の有意性が確認された後，個々のセルにおける有意性を判定する手法である（田中，2006）。以下にその結果を示す。

　まず，犯人の職業については，20代の場合，「会社員・店員等」も見られるものの，非定型的な就労形態である「アルバイト・派遣社員」や「学生・生徒」の出現頻度が有意に高く，40代の場合は「会社員・店員等」，50代の場

表 5-2　意図的なタイヤパンク事件の記述統計量（*N*=273）

変　数	変数の内訳	件　数	％
犯行場所	駐車場・駐輪場	68	24.9
	個人宅	45	16.5
	路上	41	15.0
	アパート・団地	23	8.4
	会社・店舗の駐車場	23	8.4
	スーパー・ショッピングモール	21	7.7
	マンション	18	6.6
	公園・レジャー施設	12	4.4
	役所・警察の駐車場	9	3.3
	図書館・病院・銀行	7	2.6
	報道なし	6	2.2
犯行対象の車種	乗用車	228	83.5
	自転車・バイク	17	6.2
	公用車・パトカー等	14	5.1
	トラック・ショベルカー	5	1.8
	展示車・レンタカー	2	.7
	報道なし	7	2.6
犯行工具	キリ・千枚通し	121	44.3
	刃物・ナイフ	68	24.9
	アイスピック	17	6.2
	その他工具等	17	6.2
	ドライバー	13	4.8
	釘	10	3.7
	画鋲	9	3.3
	報道なし	18	6.6
犯人の性別	男性	255	93.4
	女性	18	6.6
犯人の年齢層	20歳未満	1	.4
	20代	31	11.4
	30代	50	18.3
	40代	59	21.6
	50代	66	24.2
	60代以上	66	24.2
犯人の職業	会社員・店員等	39	14.3
	公務員	38	13.9
	技能労務者	24	8.8

第5章　高齢者による社会的迷惑行為　*85*

表5-2 つづき

変　数	変数の内訳	件　数	％
犯人の職業	運輸・運送業	11	4.0
	アルバイト・派遣社員	10	3.7
	自営業・経営者	9	3.3
	作業・技術者	6	2.2
	漁業・農業	6	2.2
	学生・生徒	4	1.5
	無職	126	46.2
犯行動機	不満・鬱憤の解消	50	18.3
	恋愛感情・交際巡るトラブル	27	9.9
	駐車・車の騒音等への腹いせ	23	8.4
	被害者に対する個人的恨み	13	4.8
	役所・会社等に対する不満	13	4.8
	金銭目的	13	4.8
	近隣住民とのトラブル	7	2.6
	否認	14	5.1
	報道なし	113	41.4
犯人と被害者の関係性	隣人・知人	33	12.1
	面識なし	23	8.4
	元交際相手・元妻	13	4.8
	恋愛対象者	13	4.8
	同僚・勤務先	7	2.6
	報道なし	184	67.4

合は「公務員」「作業・技術者」などの定型的就労形態の職業の頻度が有意に高かった。また，60代以上の場合は「無職」の頻度が有意に高い結果となった。

　次に，犯行対象の車種については，どの年代もほぼ一様に「乗用車」が多かったが，40代の場合は「トラック・ショベルカー」，そして20歳未満と60代以上は「自転車・バイク」の出現頻度が有意に高い結果となった。

　最後に，犯人と被害者の関係性については，30代の場合は「隣人・知人」の出現頻度が高い傾向が見られ，40代は「同僚・勤務先」の関係者，60代以上は被害者との間に直接的な関係がない「面識なし」の頻度が有意に高い結果となった。

表 5-3　年齢層別に見たクロス集計分析の結果，有意な関連性が見られた変数　(N=273)

変数	変数の内訳	年齢層						合計	フィッシャーの直接確率検定
		20歳未満	20代	30代	40代	50代	60代以上		
犯人の職業	アルバイト・派遣社員	0	4**	3	1	1	1	10	$p < 0.01$
	運輸・運送業	0	1	2	1	4	3	11	
	会社員・店員等	0	8†	7	16**	8	0	39	
	学生・生徒	1**	2*	1	0	0	0	4	
	技能労務者	0	1	5	7	5	6	24	
	漁業・農業	0	0	1	2	1	2	6	
	公務員	0	2	7	10	17**	2	38	
	作業・技術者	0	1	0	0	4*	1	6	
	自営業・経営者	0	0	1	1	3	4	9	
	無職	0	12	23	21	23	47*	126	
犯行対象の車種	乗用車	0	26	44	49	59	50	228	$p < .1$
	自転車・バイク	1**	3	0	2	3	8*	17	
	公用車・パトカー等	0	1	2	3	4	4	14	
	トラック・ショベルカー	0	0	1	3*	0	1	5	
	展示車・レンタカー	0	1†	1	0	0	0	2	
	報道なし	0	0	2	2	0	3	7	
犯人と被害者の関係性	元交際相手・元妻	0	1	4	3	4	1	13	$p < .1$
	恋愛対象者	0	2	1	5	5	0	13	
	隣人・知人	0	5	10†	4	10	4	33	
	同僚・勤務先	0	0	2	4*	1	0	7	
	面識なし	0	3	1	2	6	11**	23	
	報道なし	1	20	32	41	40	50†	184	
合　計		1	31	50	59	66	66	273	

注：肩付文字は，残差分析の結果，有意に出現頻度高いもの（**$p < .01$, *$p < .05$, †$p < .1$）

　これらの結果から，中高齢者層のタイヤパンク犯は，職業については無職が多く，犯行対象の車種は自転車・バイク，そして被害者との関係性は面識なし，という特徴があるといえるだろう。

4.　まとめ

(1)　高齢者による異物混入とタイヤパンクの共通点
　本章では，高齢者による社会的迷惑行為，特に「他者の心身の安全を脅か

す行為」(樫村，2017) に該当する，意図的な異物混入とタイヤパンク事件を取り上げて，高齢者犯の犯行特徴や犯行動機などを紹介した。

　高齢者による異物混入とタイヤパンクには，いくつかの共通点が見られる。まず一つは，どちらの高齢者も，欲求不満などの精神的緊張状態に置かれていたことが挙げられる。高齢者による犯行を個々に調べると，異物混入事件では，失業や多額の借金，あるいは家族の介護・看護などでの鬱憤，スーパー店員の態度が気に入らなかった，万引きで捕まったことへの逆恨み，などが犯行動機として述べられている。他方，タイヤパンク事件では，解雇・失業，生活苦，近所の住民との人間関係，違法駐車・交通マナー違反等への腹いせ，などが述べられている。このように，高齢者による異物混入とタイヤパンクは，どちらも日頃の鬱憤や不満を解消するための手段として行われることが多い犯行といえる。

　次に，高齢者による異物混入とタイヤパンクは，どちらも犯人と被害者との間に直接的な面識がない傾向にあることも共通している。同様の傾向は，都市型の放火においても報告されている。上野（2000）によると，都市型の放火では，犯行動機が不満の発散である場合，犯人とは直接関係のない第三者の財物に対して無差別的に犯行が行われる傾向があるという。すでに述べたとおり，高齢者による異物混入とタイヤパンクにおいても，不満や鬱憤の解消が犯行動機であることが多かった。日々の生活において，鬱積した不満や苛立ちは，特定の人物や組織に対する報復や復讐とは異なり，それを向けるべき対象や晴らす機会がない。したがって，放火や異物混入，タイヤパンクなどを無差別的に行うことで，不満の解消を代償的に図ろうとするのだろう。

　また，高齢者による異物混入とタイヤパンクでは，どちらも針や画鋲などが犯行に用いられている。これらは，拳銃や毒劇物などとは異なり，きわめて入手しやすいものである。また，その形態やサイズは細く短小であり，隠匿性も高いことから，途中で発覚することなく犯行を遂行しやすい。針や画鋲などのこのような性質は，「他者の心身の安全を脅かす行為」を行う意図を持つ高齢者には"魅力的"に映るのかもしれない。

　最後は，異物混入にしろ，タイヤパンクにしろ，どちらの迷惑行為も尖っ

た物を"刺す"犯罪行動が共通している。では、刺す行動にはどのような心理的意味があるのだろうか。

じつは、物を刺すという行動には、ストレス緩和の効果があることが報告されている（Dillon, 1992）。Dillon は、指先などに何らかの触感が伝わる行為、たとえば針仕事や彫刻、あるいは指先で気泡緩衝材を潰す行為などは、筋緊張を緩和させ、ストレスを解消すると述べている。この傍証として Dillon は、世界のさまざまな宗教において、祈りの際に用いられる数珠様の用具を挙げている。たとえば、仏教における数珠、キリスト教カトリック教会におけるロザリオ、またイスラム教におけるタスビーフ、これらはいずれも無数の珠が綴られており、指先で珠を繰りながら祈るスタイルが共通している。この珠を繰る行いにより指先が刺激されて、精神を落ち着かせることにつながるのだという。

一般的には理解しがたい行いではあるものの、犯人は食品やタイヤを刺すことによって、精神的緊張や欲求不満の解消を図っていたという見方もできるだろう。

⑵　高齢者による社会的迷惑行為の背景要因

前節では、高齢者による異物混入とタイヤパンクの共通点から、その犯行動機などを探った。ここではより広い視点から見た、高齢者による社会的迷惑行為全般の背景要因を紹介したい。

樫村（2017）は、高齢者による社会的迷惑行為の背景要因として、①「問題歴」、②「既往歴」、③「家族関係」の三つを取り上げている。「問題歴」とは、初発の迷惑行為以前に何かしらの問題行動が見られていたか、住み慣れた環境からの転居や近親者の死など、生活環境面で大きな変化が見られたことなどが相当する。「既往歴」とは、統合失調症や妄想状態などの精神疾患の疑い、また認知機能低下の疑いなどをいう。とりわけ、認知機能の低下は重要な要因であり、高齢者による社会的迷惑行為事例の半数以上はその疑いがあるという。最後に、「家族関係」とは、当事者が家族と疎遠になっていることであり、これも迷惑行為事例の半数以上を占めているという。加えて、社会的迷惑行為を行う高齢者の多くは、家族のみならず、近所付き合い

も少ないとしている。

　上に挙げた背景要因は，高齢受刑者にも見られるという（樫村，2017）。高齢受刑者に特徴的なプロフィールを明らかにするために，川西ら（2015）は次のような調査を行った。65 歳以上の高齢累犯受刑者 99 名に対し，学歴，知能指数，就労年数，入所回数，本件犯罪，刑期，引受先，身体疾患，精神疾患，および認知症のテストであるミニメンタルステート検査（Mini Mental State Examination：MMSE）の結果を調査したところ，高齢累犯受刑者は出所後の引き受け先がなく（つまり，社会的に孤立している），IQ 相当値が 70 以下と相対的に低く，また認知機能も低下している傾向が見られた。

　このように，高齢者による社会的迷惑行為は，生活環境の大きな変化，精神疾患や認知機能の低下，そして社会的な孤立が，その背景要因になっていると考えられる。

　異物混入に類する事例においても，これらの要因が重なっていると見られる事例がある。2016 年 5 月に中部地方において発生した事例では，無職の女性（当時 69 歳）が，数年前に賞味期限が切れたマーガリンや小麦粉を複数のスーパー内に持ち込んで商品棚に置き，業務妨害で逮捕された。逮捕された女性は年金生活を送る独居老人で，老後の生活不安からスーパーの特売日に食料品を大量購入して蓄えていたという（朝日新聞，2016；読売新聞，2016）。また犯行動機については，「自分では期限切れ商品を捨てられず，店に廃棄して欲しいと思った」（朝日新聞，2016）と，ただちには了解しがたい理由を述べている。

　この事例でも見られる，年金生活や独り暮らしのような生活環境の変化や社会的孤立，また日常生活における適切な問題対応能力の低下は，高齢者が社会的迷惑行為を行うに至るリスク要因であり，同時に彼らの行いを理解し，またそれらに対応するための糸口でもある。

　では，高齢者による社会的迷惑行為にはどのように対応すればよいのだろうか。迷惑行為の当事者である高齢者は，精神疾患や認知機能の状態から見て，自分自身が周囲に迷惑をかけているという認識に乏しく（樫村，2017），彼らに迷惑行為を行わないよう働きかけたとしても，その説得は困難なことが容易に予測される。また，社会的に孤立していることから，当該高齢者の

家族や友人，近隣者などによるサポートや介入も期待できないことが考えられる。したがって，社会的迷惑行為への対応には，当事者や家族，近隣者などの関係者による対応では限界があり，行政，福祉，医療，警察による多機関連携による早期発見・早期介入が最も望まれるだろう（樫村，2017）。

【文　献】

朝日新聞（2004）器物損壊罪などで，元県職員に有罪地裁判決．5月21日栃木中央朝刊，27.

朝日新聞（2013）「駐輪マナーに警告」，自転車パンクさせた疑いで逮捕 荒川区．2月25日朝刊，29.

朝日新聞（2016）大量に食品購入，捨てられず店に 期限切れ事件，初公判．8月27日朝刊，30.

Dillon, K. M.（1992）Popping sealed air-capsules to reduce stress. *Psychological Reports*, **71**, 243-246.

Gosling, S.（2008）*Snoop: What your stuff says about you*. New York: Basic Books（篠森ゆりこ訳〈2008〉スヌープ！　あの人の心ののぞき方．講談社）

Hawkins, J. & Blakeslee, S.（2004）*On intelligence: How a new understanding of the brain will lead to the creation of truly intelligent machines*. Times Books.（伊藤文英訳〈2005〉考える脳考えるコンピュータ．ランダムハウス講談社）

法務省法務総合研究所編（2008）平成20年版 犯罪白書．太平印刷社

法務省法務総合研究所編（2016）平成28年版 犯罪白書．日経印刷

伊丹十三（1985）タンポポ．東宝

樫村正美（2017）高齢者にみられる迷惑行為（特集 高齢者の反社会的行動）．精神医学雑誌，**28**(11)，1222-1228.

川西智也・野村俊明・原 祐子（2015）高齢累犯受刑者のプロフィールに関する研究．老年精神医学雑誌，**26**(9)，1028-1036.

桐生正幸（2015）自動車に対する器物損壊での犯行動機．日本心理学会第79回大会論文集　CD-ROM版，2PM-056.

松尾 豊・山川 宏（2006）ネットワーク−予測性−属性生成．人工知能学会第20回全国大会論文集

大上 渉（2017）意図的なタイヤパンク事件の犯行特徴及び犯人特徴に基づいた類型化．福岡大学人文論叢，**49**(3)，661-677.

大上 渉・内山朋美（2018）食品等に対する意図的な異物混入事件の類型化．心理学研究，**89**(3)，270-280.

玉木悠太（2017）統計的プロファイリング．越智啓太・桐生正幸編著　テキスト 司法・犯罪心理学．北大路書房，pp.296-313.

田中　敏（2006）実践心理データ解析改訂版——問題の発想・データ処理・論文の作成．

新曜社

上野 厚（2000）都市型放火犯罪——放火犯罪心理分析入門．立花書房

山本 都・神沼二眞（2000）過去の毒劇物事件等に関する調査と分析．国立医薬品食品衛生研究所報告，**118**，37-44．

横田賀英子（2005）捜査心理学．越智啓太編 犯罪心理学．朝倉書店，pp.53-72．

Yokota, K. & Canter, D.（2004）Burglars' specialisation: Development of a thematic approach in investigative psychology. *Behaviormetrika*, **31**, 153-167.

読売新聞（2001）タイヤに千枚通し刺す 湯浅の71歳男を逮捕 駐車違反に腹が立つ．4月21日大阪朝刊，31．

読売新聞（2004a）タイヤをパンクさせた器物損壊容疑，無職男を逮捕．7月28日西部朝刊，28．

読売新聞（2004b）タイヤパンク7600台 器物損壊罪で被告に懲役1年．12月11日西部朝刊，32．

読売新聞（2004c）宇都宮市で車パンクさせた栃木県職員を逮捕 同僚女性が被害．12月11日東京朝刊，19．

読売新聞（2004d）車パンクさせた疑い，県職員を逮捕同僚女性が被害 県警と宇都宮中央署．12月12日東京朝刊栃木北，36．

読売新聞（2007）パンに釘刺す，宇和島署，容疑で72歳逮捕．5月29日大阪朝刊，33．

読売新聞（2009）「修理代ほしさ，40台をパンク」自転車店主，容疑で逮捕．2月11日大阪朝刊，25．

読売新聞（2016）期限切れ食品陳列 起訴事実を認める 愛知の女，初公判．8月27日中部朝刊，30．

吉田俊和・安藤直樹・元吉忠寛・藤田達雄・廣岡秀一・斎藤和志・森久美子・石田靖彦・北折充隆（1999）社会的迷惑に関する研究(1)．名古屋大学教育学部紀要（心理学），**46**，53-73．

第6章 高齢者による性犯罪

[田口真二]

1. はじめに

　性犯罪には，強制性交，強制わいせつ，公然わいせつ，および都道府県の条例で取り締まり対象となる痴漢，盗撮などが含まれる。また，性的目的を伴った犯罪として，色情盗，児童ポルノに関連する犯罪などがある。これらの犯罪にはそれぞれの刑罰法規が適用されるが，「14歳に満たない者の行為は罰しない」という年齢による制限があるのに対して，高齢者は刑事責任を問わない，という規定はない。ただし，認知症などによって犯行時に心神喪失の状態であったことが認められれば，高齢者に限らず刑事責任は問われないことになっている。

　高齢者の性犯罪を取り上げる前に，性犯罪の発生メカニズムのうち，個人要因について概観しておこう。

2. 性犯罪の要因

　性犯罪の発生に関わる個人要因を説明するうえで，最も有力な説明モデルの一つが，Malamuth ら（1995）の「合流モデル」である。合流モデルは，乱婚性（人間的ではない性的関係を不特定多数の人に求める傾向）と，敵対的男性性（女性に対する敵意や支配欲など）という二つの経路が，女性に対する性的強制につながると仮定している。この合流モデルは，フェミニスト

と社会科学の枠組みを組み合わせたもので（Ward et al., 2006），性犯罪を理解するには，社会的あるいは文化的要因も重要であることを示している。

　日本でも Malamuth らの合流モデルを支持する研究がある。田口と荘島（2010）は，男性の高い性的欲求と女性に対する誤った態度という二つの要因が，性的加害に関わっていることを示した。男性の高い性的欲求は，身体的な性的加害を促進するだけでなく，性的盗撮や女児に対する性的興味にもネガティブな影響を与える。一方で，男女平等を志向する性役割感（態度）が低いほど，たとえば結婚生活の重要事項は夫が決めるべきだという態度が，性的加害を促進する方向に影響する。日本においても生物学的要因と文化的・社会学習的要因の二つが，性犯罪の発生に関わっているようである。

　高齢者の性犯罪を理解しようとする場合においても，この二つの要因を踏まえた検討を行う必要がある。加害者である男性の性機能の衰えや性的欲求が低下することを考慮すると，高齢の性犯罪者は減少するようにも思えるが，一方で文化的あるいは社会学習的要因は，高齢者の性犯罪にどのように関わっているのであろうか。この点については第4節で検討する。

3.　高齢者による性犯罪の実態

　日本全体が高齢社会に進むなか，2003 年までの犯罪統計をもとにした分析において，すでに高齢者による性犯罪が増加しており，その増加率は高齢者の人口増加率より大きく上回っていることが指摘されている（山上・渡邉，2005）。その後の性犯罪の高齢化が進んでいるかの検討をするために，まず，65 歳以上の高齢者（以下，高齢者と示す）による性犯罪の実態を概観しよう。なお，ここで扱う統計データは，検挙した被疑者のデータであること，および性犯罪は暗数が多い犯罪であること（田口，2010）から，性犯罪に関わった犯罪者全体を対象としたデータではないことを踏まえておく必要がある。

(1)　性犯罪と他の刑法犯の比較

　警察統計（警察庁，2016）によると，2014 年中に強姦罪で検挙されたのは919 人で，うち高齢者率（65 歳以上の人が占める割合）は 2.5%（23 人）で

94　　第Ⅱ部　高齢者が関わる各種加害・被害

あった。また，強制わいせつ罪で検挙されたのは 2,602 人で，高齢者率は 8.3%（215 人），公然わいせつ罪で検挙された人は 1,554 人で，高齢者率は 8.2%（128 人）であった。強姦の高齢者率は，強制わいせつや公然わいせつより 6 ポイント程度低い。これらの性犯罪の高齢者率は，刑法犯全体の高齢者率（23.3%）よりも低く，凶悪犯全体（10.1%），粗暴犯全体（12.1%），窃盗犯（33.5%）の高齢者率よりも低い。また，細江ら（2008）の研究でも，「性的欲求」が犯行の動機である者は 1.7% と報告されている。

　以上のように，他の刑法犯に比べれば，高齢者が占める割合は低いのがわかる。しかしながら，日本が高齢社会に進んできたなかで，性犯罪の高年齢化は進んでいるのか，進んでいるのであればその原因は何かについては，これからの超高齢社会において性犯罪対策を講ずるうえで検討しておく問題である。

(2)　性犯罪者数の推移

　図 6-1 は，強姦と強制わいせつで検挙された検挙人員のうち，犯行時の年齢層別構成比の推移を示したものである（法務総合研究所，2016）。強姦と強制わいせつでの検挙人員のうち，20 代および 30 代の割合が，この 30 年間一貫して半数以上を占めている。他方，強姦と強制わいせつでの検挙人員のうち，少年の割合は減少傾向にある一方で，検挙人員における高齢者の増加が認められ，平成 26（2014）年の高齢者の検挙人員は，昭和 61（1986）年と比べて，強姦では約 7.7 倍（3 人から 23 人），強制わいせつでは約 19.5 倍（11 人から 215 人）に増加したと指摘されている（法務総合研究所，2016, p.8）。このように，高齢者の検挙人員は実数として増加しているが，それは高齢者の人口自体が増えた影響も考えられる。そこで，犯罪率（人口 10 万人あたりの検挙者数）という指標で比較してみよう。

(3)　性犯罪率の推移

　強姦と強制わいせつで検挙された高齢者の検挙人員と犯罪率の推移を，図 6-2 と図 6-3 に示した。強姦の検挙人員（棒グラフ）は，2001 年から急激に増加して，2002 年に最初のピークを迎えた後，増減を繰り返しながらも増

第 6 章　高齢者による性犯罪　　95

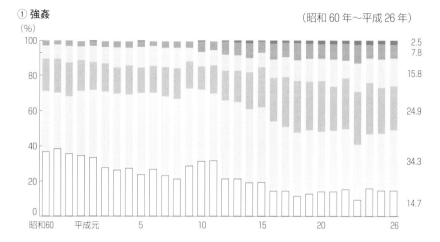
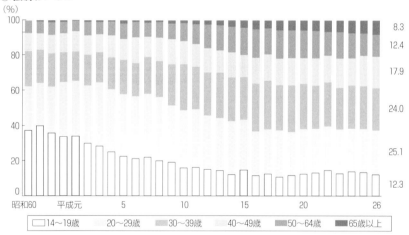

注1：警察庁の統計による。
2：犯行時の年齢による。
3：昭和60年は，「60～64歳」と「65～69歳」を区分した統計データがないため，「50～69歳」の人員を「50～64歳」の人員として，「70歳以上」の人員を「65歳以上」の人員として，それぞれ計上している。

図6-1　強姦と強制わいせつで検挙された人員の年齢層別構成比の推移（法務省，2016）

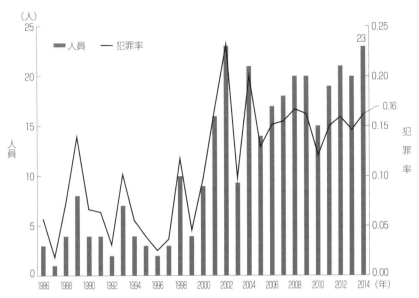

図 6-2　強姦で検挙された高齢者の検挙人員と犯罪率の推移

(警察庁，2016をもとに著者作成)

加傾向が見てとれる。一方，強姦の犯罪率（折れ線グラフ）は，2002年に最も高くなるが，その後は0.15前後で推移している。しかし，2000年以前とそれ以降を比較すると，犯罪率が上昇しているのがわかる。強姦で検挙された高齢者の犯罪率は，数年単位では上昇傾向にはないものの，長期的に見ると増加したといえよう。少なくともここ10年間は，高齢者人口の増加以上に高齢者の検挙人員が増加しているとはいえないが，高齢者人口の増加に伴って強姦の検挙者も増加していることは間違いなく，今後も注意深く見ていく必要がある。

　強制わいせつで検挙された高齢者の検挙人員（棒グラフ）と犯罪率の推移（折れ線グラフ）を見ると，ほぼ一貫して上昇しているのがわかる。強制わいせつは，検挙人員だけでなく犯罪率も上昇し続けていることから，高齢者人口の増加以上に高齢者の検挙人員が増加しているといえる。つまり，高齢者に占める強制わいせつの検挙者が増え続けており，その原因と対策を検討する必要がある。

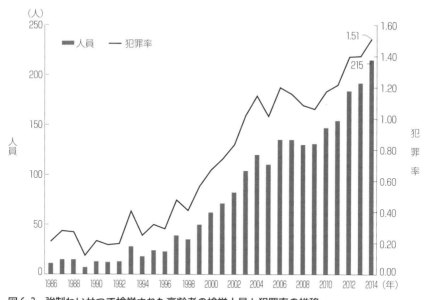

図 6-3　強制わいせつで検挙された高齢者の検挙人員と犯罪率の推移

(警察庁，2016 をもとに著者作成)

　ここで，高齢者の犯罪率は，他の年齢層に比べてどうなのだろうか。平成26 (2014) 年の年齢層別の犯罪率を比較すると，強姦，強制わいせつともに20歳代と20歳未満が逆転して，最も高いのが20歳代であるが，30歳以上の年代になると，高齢になるほど犯罪率が低くなっているのがわかる（図6-4，図6-5）。高齢者の犯罪率は，強姦では，20歳代に比べれば30分の1程度，強制わいせつは7分の1しかない。性犯罪に関わる高齢者は，実数においても犯罪率においても，他の年齢層に比べて低い（少ない）といえる。次に犯罪率の変化率を検討する。

　図6-6と図6-7は，強姦と強制わいせつの，年齢層別の犯罪率の変化率の推移である。昭和61 (1986) 年の各年齢層の犯罪率を100とした場合の犯罪率の変化率は，年齢層が高くなるほど高くなっているのがわかる。特に，強姦では，65歳以上が281%，50~65歳が176%で，他の年代を大きく引き離して高くなっている。高齢者に近い50~65歳の年齢層の犯罪率の変化率が2番目に高いことから，高齢者の強姦の犯罪率が今後もしばらくは高いま

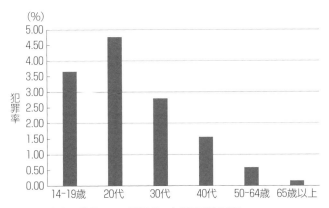

図 6-4　強姦で検挙された被疑者の年齢層別犯罪率
（警察庁，2016 をもとに著者作成）

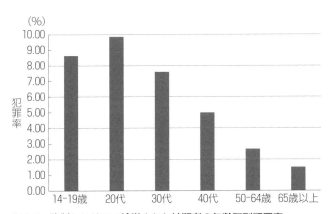

図 6-5　強制わいせつで検挙された被疑者の年齢層別犯罪率
（警察庁，2016 をもとに著者作成）

ま推移すると予想させる。

　以上から，近年の検挙人員の動向から見た高齢犯罪者は，高齢者の人口が増加している以上に増えており，その犯罪率の上昇は他の年齢層よりも大きく，高齢の性犯罪者は今後しばらくは増加していくと考えられる。

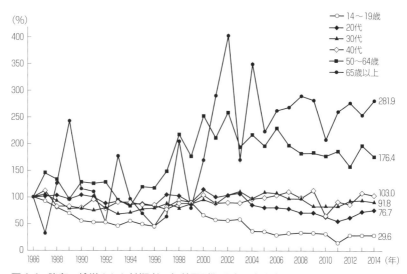

図 6-6　強姦で検挙された被疑者の年齢層別犯罪率の変化率の推移
(警察庁, 2016 をもとに著者作成)

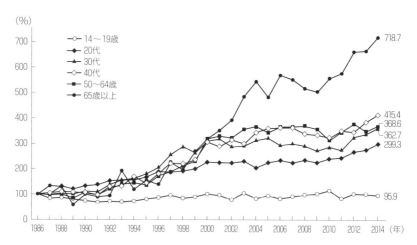

図 6-7　強制わいせつで検挙された被疑者の年齢層別犯罪率の変化率の推移
(警察庁, 2016 をもとに著者作成)

4. 高齢者の性犯罪者がなぜ増加するのか

　男性が高齢になると性機能が衰えるため，性犯罪に関わる高齢者は減少すると一般には思われるのではなかろうか。たしかに，男性の性機能に大きく関与しているテストステロンは，20〜30歳をピークにしてその後加齢に伴って減少し，勃起能力も衰えていく（熊本，1999）。また，過去1年間のマスターベーションの頻度を調査した結果（NHK「日本人の性」プロジェクト，2002）によれば，その頻度は加齢に伴って減少し，たとえば16〜19歳の最頻値が週2，3回であるのが，60代では月2，3回に減少する（p.233）。しかし，性的活動が減少するとはいえ，高い性機能を維持している高齢者も存在する。また，性的欲求尺度により測定された性的欲求は加齢とともに減少するが（図6-8），減少の程度はわずかで（田口ら，2007，pp.9-10），個人差が大きいことがわかる。

　高齢者の性犯罪の犯罪率が，他の年齢層よりも大きく上昇している原因の一つとして，健康な社会生活が送れる健康高齢者の増加の影響があるかもしれない。厚生労働省（2018）によれば，健康寿命は2001年の69.4歳から2013年には71.2歳に延びており，高齢者の入院率（人口10万人対）も1990年を境に，外来患者は1996年を境に減少している。このことからも，いわゆる元気な高齢者の占める割合が増えていると考えられ，このことが性犯罪の犯罪率を高めているのかもしれない。

　一方，前述したように，文化的・社会学習的要因も，性犯罪に影響を及ぼす要因として重要な役割を果たしており，特に男女平等を志向する態度は，年齢が高くなるほど弱くなる（鈴木，1994）。ここで注意しなければいけないのは，男女平等を志向する態度は，年齢を重ねていくにしたがって，つまり個人内で経時的に弱くなるのではなく，調査時点でより高齢である被調査者の態度が弱い，と考えるべきであろう。そうすると，数十年後の高齢者の男女平等を志向する態度は次第に強くなる，すなわち性犯罪を低める方向に変化する可能性がある。今後さらに，男女共同参画社会が成熟して，男女平等を志向する態度を持つ男性の割合が増えるほどに，高齢者のみならず性犯罪

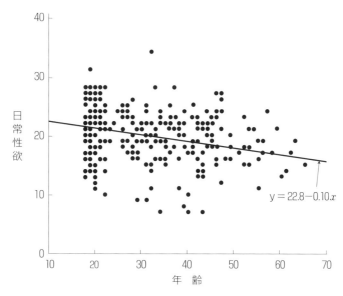

図 6-8　加齢に伴う日常性欲の尺度得点の変化（田口ら，2007，p.10をもとに著者作成）

全体の発生が減少していくと期待される。

5. 高齢者の性犯罪に潜む問題

(1) 看護・介護職員に対する高齢者の性的加害

　看護や介護現場において，要介護高齢者による性的行動のうち，職員に対する性的行動が問題視されている（水戸ら，1997；荒木，2005）。

　水戸ら（1997）の看護・介護職員を対象とした高齢者の性に関する質問紙調査によれば，臨床場面で「性的欲求を表現している場面に出会ったことがある」人は全体の62%で，このときの気持ちとして，「驚いた」が34%（複数回答，以下同じ），同じく「戸惑った」が27%，「嫌悪した」が20%，「怒りを感じた」が9%であった（p.34）。つまり，全体の12%の職員が「嫌悪」を感じた性的場面に遭遇し，5.6%の職員が「怒りを感じた」性的場面に遭遇したことになる。この状況に対して，「個人的に自分の判断で対応」した

人が多く，「カンファレンスで取り上げ，チームとして対応」した人は 4 分の 1 であった。

　高齢者の場合，認知機能の低下に伴って脱抑制が生じると，それに付随して性的加害を行うリスクが高まると考えられる。性的加害の抑止要因には，罪や恥の意識と社会的立場を失うというリスク認知があり，これらの抑止要因によって抑えられている欲求を持つ人が認知機能の低下をきたすと，性的加害を実行するおそれが高まる。

　精神医学的見地からのレビュー（針間，2005）によると，認知症をはじめとする各種疾患の一症状として，視床下部や大脳辺縁系の障害により性欲が亢進する場合や，人物誤認により妻以外の女性に性行為を迫る場合などが指摘されている。また，特殊な病態として，側頭葉の異常により性行動の増強が見られる，クリューバー・ビューシー症候群の存在が取り上げられている。薬物の影響も指摘されており，アルツハイマーの症例では，塩酸ドネペジルを使用した期間だけ，性欲が亢進したことが報告されている。

　細江ら（2008）による高齢者犯罪の類型では，認知機能の低下に伴って十分な判断力がなく，犯意が稀薄な状態で及ぶ事犯を，「過失群」のなかの「文化葛藤型」とし，今後増加する類型と位置づけ，この類型を加味した対策の立案や施策の必要性を主張している。針間（2005）も主張しているように，安易に「異常だ」というレッテルを貼るのではなく，性行動の原因を慎重に検討して，問題への対処や必要な支援を行う必要があると考える。

　一方で，場合によっては犯罪として警察に届けるなどの措置も，検討すべき選択肢として考えておく必要があろう。たとえば，状況次第であるが，介護中に自分の意に反して尻や胸を触られる行為は，迷惑防止条例違反に該当する犯罪である。性的被害は心理的被害が大きいため，看護・介護職員だからという理由で被害報告を逡巡する必要はないと考える。再発防止の観点からも性的被害事案が発生した場合には，情報の共有を行い，組織としての対策を講じる必要がある。

　一方，介護現場において，高齢の入所女性が男性職員から性的虐待を継続的に受けていた事例を，筆者は私信として関知したことがある。また，全国的に行われた調査でも，養・介護現場において，778 名中 19 人（2.4％）が，

性的虐待を受けていたことを明らかにしている（認知症介護研究・研修仙台センター，2017）。潜在的に性的被害を受けている高齢者が暗数として存在する可能性があり，今後，高齢者の被害防止対策や被害者対策にも取り組んでいく必要がある。

(2) 聖職者による小児わいせつは高齢者が多いという誤解

聖職者による小児わいせつが，欧米において社会の関心事の一つとなっており，北米の大学の犯罪心理学の授業で使われている教科書のなかでも取り上げられている（Bartol & Bartol, 2005, p.425）。加害者が聖職者という立場であることと，被害者の多くが男児を含む子どもであることが，社会の関心を高めているのであろう。

さらに，高齢の聖職者による加害行為は際立って耳目を集めるが，聖職者による小児に対する性的加害は，高齢者が多いという印象を持ちがちである。最近の調査研究でわかっている範囲では，そのような印象が正しくないことを，聖職者を対象とした研究（Langevin et al., 2000 ; Firestone et. al., 2009）は示している。しかし，「聖職者たちの小児わいせつ犯のプロフィールがメディアによってかなり報道されているが，彼らについてはほとんどわかっていない」（Bartol & Bartol, 2005, p.425）と述べられているように，聖職者の性犯罪に関する研究はきわめて少なく，加害者の年齢層についてのデータも少ない。

【文　献】

荒木乳根子（2005）高齢者の性行動と介護――実態とその対応．精神医学雑誌，16，1254-1260.

Bartol, C. R. & Bartol, A. M. (2005) *Criminal behavior: Psychosocial approach*. 7th ed. NJ : Prentice Hall.（羽生和紀監訳〈2006〉犯罪心理学――行動科学のアプローチ．北大路書房）

Firestone, P. & Moulden, H. M. (2009) Clerics who commit sexual offences: Offender, offence and victim characteristics. *Journal of Child Sexual Abuse*, 18, 442-454.

針間克己（2005）老年期にみられる多様な性行動．老年精神医学雑誌，16，1269-1273.

法務総合研究所編（2016）性犯罪に関する総合的研究．法務総合研究部報告，55.

細江達郎・熊谷渉・山崎剛信・佐々木薫・下橋場幸子（2008）高齢化に対応する保健福祉の向上に資する事業報告書．犯罪の加害者となる高齢者に関する調査・研究 いわて

地域犯罪防止研究調査会（ICPR）

警察庁（2015）犯罪統計書 平成 27 年の犯罪．［https://www.npa.go.jp/toukei/soubunk-an/h27/pdf/H27_ALL.pdf］

警察庁（2016）犯罪統計書 平成 28 年の犯罪．［https://www.npa.go.jp/toukei/soubunk-an/h28/pdf/H28_ALL.pdf］

厚生労働省（2018）平成 26 年版 厚生労働白書——健康・予防元年．［http://www.mhlw.go.jp/wp/hakusyo/kousei/14/backdata/］

熊本悦明（1999）男はいつまで男たりうるか．産婦人科の世界，51，93-110.

Langevin, R., Curnoe, S., & Bain, J. (2000) A study of clerics who commit sexual offenses: Are they different from other sex offenders? *Child Abuse Neglect*, 24, 535-545.

Malamuth, N. M., Linz, D., Heavey, C. L., Barnes, G., & Acker, M. (1995) Using the confluence model of sexual aggression to predict men's conflict with women: A 10-year follow-up study. *Journal of Personality and Social Psychology*, 69(2), 353-369.

水戸美津子・西脇洋子・渡邊典子・渡部尚子（1997）「高齢者の性」に関する研究(3)——看護・介護職員の高齢者の性に関する意識調査の分析．新潟県立看護短期大学紀要，3，27-40.

NHK「日本人の性」プロジェクト編（2002）データブック NHK 日本人の性行動・性意識．日本放送出版協会

認知症介護研究・研修仙台センター（2017）高齢者虐待の要因分析及び調査結果の継続的な活用・還元方法の確立に関する調査研究事業報告書

島村澄江・秋山啓子・水戸美津子・桑原洋子・渡邊典子（1997）「高齢者の性」に関する研究(2)——高齢者の性に関する研究の動向と課題．新潟県立看護短期大学紀要，2，3-18.

鈴木淳子（1994）平等主義的性役割態度スケール短縮版（SESRA-S）の作成．心理学研究，65，34-41.

田口真二（2010）性犯罪研究の現状と問題点．田口真二・平 伸二・池田 稔・桐生正幸編 性犯罪の行動科学——発生と再発の抑止に向けた学際的アプローチ．北大路書房，pp.9-18.

田口真二・桐生正幸・伊藤可奈子・池田 稔・平 伸二（2007）男性用性的欲求尺度（SDS-M）の作成と信頼性・妥当性の検討．犯罪心理学研究，45，1-13.

田口真二・荘島宏二郎（2010）性犯罪にかかわる要因——個人要因．田口真二・平 伸二・池田 稔・桐生正幸編 性犯罪の行動科学——発生と再発の抑止に向けた学際的アプローチ．北大路書房，pp.41-58.

高橋良彰・渡邉和美（2004）新犯罪社会心理学〔第 2 版〕．学文社

Ward, T., Polaschek, D. L. L., & Beech, A. R. (2006) Malamuth's confluence model of sexual aggression. *Theories of Sex offending*. London : Wiley.

山上 晧・渡邉和美（2005）高齢者にみられる性犯罪．老年精神医学雑誌，16，1274-1280.

高齢者による窃盗

[萩野谷俊平]

　高齢者による窃盗は，空き巣や出店荒らしといった侵入盗よりも，万引きや置き引きなどの比較的軽微な非侵入窃盗が多くを占める犯罪である。なかでも万引きについては，高齢化が進む現代社会の抱える問題として，マスコミなどで取り上げられることも少なくない。しかしながら，そうした注目度の高さにもかかわらず，高齢者の窃盗や万引きに関する研究はあまり見られないのが現状である。そこで本章では，高齢者による窃盗に関する統計的な傾向を概観した後，その大部分を占める万引きについて，過去の調査と研究を解説するとともに，過去の事件データから見出した類型の特徴について述べる。

1. 高齢者による窃盗の概要

　統計的な観点から高齢者の窃盗を見た場合，その検挙人員や処遇，再犯については，それぞれ他の年齢層とは異なる傾向が見えてくる。また，冒頭で述べた万引きの多さも，高齢者の窃盗における特徴の一つといえるだろう。

(1) 高齢者窃盗犯の検挙人員

　窃盗の検挙人員に占める高齢者の割合および総人口に占める高齢者の人口比率について，平成 19（2007）～28（2016）年間の推移を図 7-1 に示す。日本の総人口に占める高齢者（65 歳以上）の割合は増加しており，平成

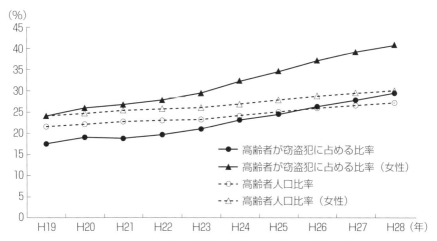

図7-1 平成19～28年における窃盗の検挙人員に占める高齢者の割合と総人口に占める高齢者の人口比率

19～28年の10年間で約6％増加している。また，警察庁（2017）による平成28年の犯罪統計によれば，窃盗の検挙人員に占める高齢者の増加傾向はより顕著であり，同年間に約12％の増加を示し，平成26（2014）年以降は人口比率を上回る割合を占めるようになっている。さらに女性について見ると，高齢者の窃盗の検挙人員の増加は17％となり，平成28年には女性の高齢者の人口比率に対して10％高い水準に達している。したがって，高齢者による窃盗は，高齢者の人口比率の上昇を考慮しても増加しており，その傾向は女性についてより明確に表れている。

一方で，刑法犯の検挙人員に占める窃盗犯の割合を見ると，全刑法犯，高齢者ともに平成19～28年の間はほぼ横ばいに推移している（図7-2）。しかしながら，高齢者の窃盗犯の割合は全刑法犯の割合に比べて一貫して高い水準を維持しており，全刑法犯における窃盗犯が全体の50％前後，女性の70％前後を占めているのに対して，高齢者の窃盗犯は全体の70％前後，女性の90％前後となっている。したがって，高齢者の犯罪における窃盗は他の年代に比べてより大きい割合を占める罪種であり，女性においてその傾向はより顕著であるといえる。

第7章　高齢者による窃盗

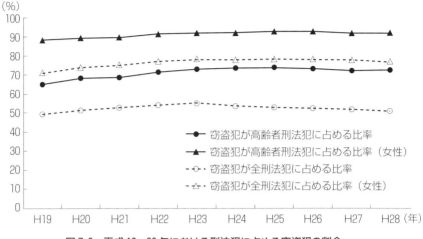

図7-2 平成19〜28年における刑法犯に占める窃盗犯の割合

(2) 高齢者窃盗犯の処遇と再犯

　法務省法務総合研究所 (2017) の『犯罪白書 平成29年版』によれば，検挙された高齢者窃盗犯の処遇について特徴的な点としては，起訴猶予率の高さが挙げられる。平成28 (2016) 年の窃盗の起訴猶予率は，他の年齢層が50%前後であるのに対して，65歳以上では63.1%と，10%以上高い水準となっている (表7-1)。

　また，刑務所の収容者について見た場合，高齢者の受刑者に占める窃盗犯の割合は他の罪種に比べて最も高く，約56%を占めている (図7-3)。さらに，女性については窃盗犯が88%を占めており，女性の高齢犯罪者のほとんどが，窃盗で刑務所に服役していることがわかる。

　さらに，窃盗事犯者と再犯について特集を組んだ『犯罪白書 平成26年版』(法務省法務総合研究所，2014) によれば，高齢者万引き犯の再犯率は27.6%であり，64歳以下の再犯率 (27.0%) と大きな差は見られないが，女性のみについて見ると，高齢者 (37.5%) は64歳以下 (24.3%) に比べて顕著に再犯率が高い。また，万引きの前歴がある者のうち，65歳以上になって初めて検挙された者は，男性が7.4%であるのに対して女性が12.3%

表7-1 高齢者窃盗犯の起訴猶予率

総数	20〜29歳	30〜39歳	40〜49歳	50〜64歳	65歳以上
52.5%	50.3%	47.9%	47.5%	51.2%	63.1%

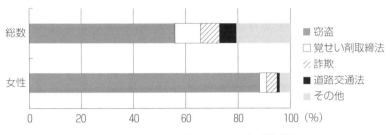

図7-3 高齢者の受刑者における罪名別構成比

とやや高い。したがって，女性の高齢者は他の万引き犯に比べて65歳以上になって初めて検挙される割合が高い一方で，再犯率は高い傾向が認められる。

(3) 高齢者窃盗犯の大部分を占める万引き

年齢ごとの窃盗犯の検挙人員に占める万引きの割合を，図7-4に示す。20歳未満に40％程度であった万引きの割合は，20代で15％近く減少し，50代以降では年齢の上昇とともに増加する傾向が見られる（警察庁，2017）。特に高齢者については，万引きが窃盗犯全体の半数以上を占めており，他の年齢層に比べて万引きがより大きな割合を占める犯罪であることを示している。

2. 高齢者による万引きの原因と対策

これまでのところ，高齢者の窃盗に関する実証的な研究はあまり見られない。そうした状況において，東京都は平成28（2016）年6月に「万引きに関する有識者研究会」を設置し，国内において初めて，万引き被疑者（微罪

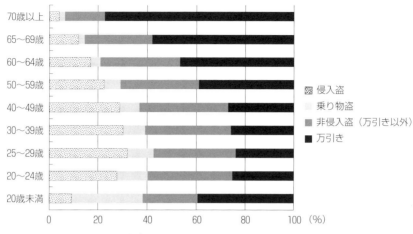

図7-4 年齢ごとの窃盗犯の検挙人員における罪種別構成比

処分となった者）を対象とした実態調査を行っている（東京都, 2017）。また，欧米においても，高齢者における万引きの原因や対策について述べたいくつかの研究がある。そこで以下では，東京都の報告書について要点を解説するとともに，欧米の研究についても日本の調査結果と対比しながら解説する。

(1) 高齢者による万引きに関する報告書（東京都）

東京都が行った調査では，高齢者の万引きの背景や要因などを探るため，質問紙調査と聞き取り調査の二つの方法で実施された。以下では，万引きで検挙された高齢者と一般高齢者を比較した結果，調査結果をもとに見出した万引き被疑者の分類の結果，および万引き経験者に対する聞き取り調査について概要を述べる。

① 万引きで検挙された高齢者と一般高齢者の比較

万引きで検挙された65歳以上の微罪処分者（以下，高齢万引き犯）を一般高齢者と比較したところ，高齢万引き犯は一般高齢者と比べて世帯収入は低いものの，半数が持ち家所有者であり，生活保護受給なしが約9割，借金なしも9割以上であった。したがって，客観的に生活困窮レベルにある者は少ないといえる。その一方で，本人の意識では，自らの生活が「苦し

い」と感じる人は約半数，日本社会でも "下" の層に位置すると思う人も約半数を占めており，いずれも2割以下であった一般高齢者に比べて，「自分の生活レベルが低い」と感じている。

　また，高齢万引き犯については，「同世代の人と比べて体力の衰えを感じる」に6割が「よくある」と回答しており（一般高齢者では4割），一般の同年代と比べて身体の衰えを実感している割合が高く，「周りの人から『いつも同じことを聞く』などの物忘れがあると言われる」と回答した割合が，一般高齢者（11.2％）に比べて2割以上高い（35.2％）ことなどから，認知機能の低下が疑われる割合が多い。

　さらに，高齢万引き犯は他者との関係性が希薄で，6割が配偶者を持たず（未婚，離婚，死別等），半数以上が独居，家族とのコミュニケーションも少ない（「家族との会話がほとんどない」および「家族はいない」で約4割）。また，家族などによる経済的・情緒的サポートも少なく，4分の1が近所付き合いを「ほとんどしていない」，半数以上が「一日中誰とも話さないことがある」，相談に乗ったり病気や介護などの世話を頼んだりできる人が「誰もいない」割合が一般高齢者と比べて高い，といった傾向が見られる。

　加えて万引きをするときの意識としては，高齢万引き犯と一般高齢者の間に規範意識（万引きは「出来心でしてしまうものだ」「気づいたらしていたということがあるものだ」と回答する割合）について大きな差が見られない一方で，6割以上が「捕まると思わなかった」，9割以上が「カメラの位置や向きを確認しない」と答えるなど捕まることへのリスク認識が低く，自身の万引き行為がもたらす結果を過小評価する傾向が認められた。

② 万引き被疑者群の分析

　報告書では，生活や万引きに関する意識，認知機能，心理特性などの調査結果をもとに分析を行い，高齢万引き犯を分類した結果，「人生不幸群」と「他に転嫁群」の2群を得ている。「人生不幸群」は，生活はそれほど困窮しているわけではないが自己の暮らしぶりに対する評価が低く，体力の衰えを感じており，万引きの原因を他者に転嫁しないのが特徴である。それに対し「他に転嫁群」では，生活への評価や規範意識は低くない一方で，万引きの原因が店や社会にもあると考え，責任を転嫁したり自己を正当化したりする

意識が高く，お金を払えば許されると考える傾向がある。

　こうした結果から，高齢万引き犯への対策として，問題や不満を抱えている高齢者は自分だけではないということを知り，自己に対する認識を変えること，また，万引き行為がもたらす結果を過小評価している可能性があることから，最初に万引きで捕まった時点で自分の行為の結果についてより説得的に指導すること，万引きが習慣化した者への治療プログラムの義務づけや，治療機関を拡充することが指摘されている。

　しかしながら，二つの群には異なる背景が推測されており，「人生不幸群」が自分の暮らしに対する評価が万引き行動につながっている可能性がある一方で，「他に転嫁群」では責任の転嫁や自己を正当化する意識が高いと考えられる。そのため，「人生不幸群」について本人の認知を変えるサポートが勧められる一方で，「他に転嫁群」では当初から言い訳を許さない態度で接するなど，万引きに対して一律の対応策をとることの限界が指摘されている。

③ 万引き経験者に対する聞き取り調査

　上記の質問紙調査に加えて実施された，万引きによる複数回の逮捕や前科歴を持つ者（3名）に対する聞き取り調査では，万引きが習慣化する過程について，罪悪感を抱きながらも初期の成功体験から犯行を繰り返すうちに捕まっているという共通点が見出されており，動機についても，人間関係によるストレスとする一方で，犯罪行為をする自分への嫌悪感や情けない気持ちを持っているといった特徴が指摘されている。

　調査では，万引きが習慣化する具体的な流れとして，ストレスなどで初回の万引きに及んだ後，次第に「お金を払うことが馬鹿らしい」と感じるようになり万引きを繰り返している，という共通のパターンが見出されている。また，3名はいずれも自分の意思では万引きを止められず，これ以上行うと刑務所に入るという段階になり，家族や弁護士の支援で治療が始められていた。

④ 高齢者による万引き防止に向けた提言

　報告書の最後では，高齢者による万引き防止に向けた施策が提案されている。たとえば，店舗において事前に犯行を防ぐ施策としては，防犯カメラの稼働表示を強調したり，従業員による声かけを，見守りの視点も踏まえて実

施したりするなどの取り組みの必要性に言及している。

　また，現在は釈放後の高齢万引き犯をサポートする制度的な保障がないことから，万引き被疑者に対する教育プログラムやメンタルトレーニング，微罪処分者や起訴猶予処分となった者への支援体制の検討が提案されている。

⑵　高齢者による万引きに関する欧米の研究
① 高齢者による万引きの原因

　欧米ではこれまでに，高齢者による万引きの原因論について言及したいくつかの研究が見られる。たとえば Kratcoski と Edelbacher（2016）は，社会学の見地から，Merton が提唱した社会的緊張理論*1 を高齢者の窃盗行為に適用できる可能性を指摘し，固定的に低い所得と，それに対して増え続ける生活コストの結果として説明される可能性を指摘している。

　その一方で，高齢万引き犯が貧困や一時的な記憶喪失のために窃盗に及ぶことはほとんどないという指摘（Adams Jr. 2000）もあることを考慮すれば，上記の東京都の調査において認められた，高齢万引き犯が生活はそれほど困窮していない一方で「自分の生活レベルが低い」と感じている傾向は，国外においても観察されるかもしれない。

　また，Lindesay（1996）は，高齢者による窃盗の原因が貧困にある場合に，精神医学的な説明が難しいことを指摘するとともに，生活に最低限必要な所得があるにもかかわらず行われる万引きについて，認知症が一つの要因となっている可能性を指摘している。高齢万引き犯の認知機能については，東京都の調査においても，一般高齢者に比べて低下が疑われる割合が高いことが示されており，Lindesay（1996）の指摘を部分的に支持する結果といえるだろう。

② 高齢万引き犯への支援

　裁判所や法執行機関では，食品等の万引きを含む多くの高齢者による犯罪について，被疑者に必要な処遇が刑罰ではなく支援であることを認識しているとされ（Kratcoski & Edelbacher, 2016），支援的な立場から高齢者による万引

＊1　Social strain theory。社会で共有されている文化的目標に至る制度化された手段，言い換えれば合法的な手段が利用できない場合に，犯罪行為に至ると考える理論。

第 7 章　高齢者による窃盗　*113*

きへの対応策に言及した例も見られる（Cavan, 1987）。

Cavan（1987）は，高齢者が労働環境から離脱し，次の新たな役割を獲得するというルールも助言もない移行過程にあるという仮定のもと，万引き行為の原因と対策について述べている。この研究では，新たな役割への移行過程において，高齢者の個人的・社会的コントロールが弱体化する傾向にあり，特に万引きのような逸脱行為が日常的な活動のなかで可能なケースにおいて，実際に逸脱行為に及ぶ可能性が生まれると述べている。また，こうした考察を踏まえて，万引き犯がカウンセリングを含めたプログラムへ参加する重要性と，個々の必要に応じた特別なサービスへの委託や，社会・文化・教育的活動への参加（図書館，小学校，病院などでのボランティア活動など）を提案している。

東京都の報告書においても，高齢万引き犯に対するサポート体制の確立は，重要な課題として指摘されている。したがって，今後は，高齢者が社会で孤立しないための地域社会における支援の枠組みを構築し，万引きを高齢者が抱える問題の一つとして理解し，支援をしていく必要があるだろう。

3. 高齢者による万引きの類型

これまでに述べたとおり，万引きは高齢者による窃盗において，特に注目度の高い犯罪である。それにもかかわらず，高齢者による万引きに関する実証的な研究は，国内外においてこれまでにほとんど報告されていない。そこで以下では，高齢者が行った過去の万引き事件データに基づいて，犯人像を分類した結果を報告する。

⑴ 方法
① データ
2008〜2017年の間に，某県において1件以上の万引きをして検挙された高齢者（65歳以上）100名のデータを使用した。収集したデータは，犯人属性（性別，年齢層）および犯行手口（現場施設，窃取対象物，被害総額）に関する39変数である。性別，年齢層のデータが得られた99名は，男性が

114 第Ⅱ部 高齢者が関わる各種加害・被害

62名，女性が37名であり，年齢層は60代後半が23名，70代前半が26名，70代後半が28名，80代前半が16名，80代後半が6名であった。

② 分析

本章では，犯人属性と犯行手口の情報から，高齢者における万引き犯の犯人像を見出すことを目的とした。犯人属性と犯行手口について作成したクロス集計表を，表7-2に示す。このクロス集計表をもとに，コレスポンデンス分析（Clausen, 1998）と，階層クラスタ分析（Aldenderfer & Blashfield, 1984）を用いて，高齢者における万引き犯の犯人像の類型を検討した。分析では，生起頻度が5％以上の変数のみを使用することとした。

（2）　結果

コレスポンデンス分析で得た第3次元（累積寄与率：82％）までの値を用いて，階層クラスタ分析により変数を分類した。分類の方法には，平方ユークリッド距離とWard法を用いた。分析の結果，四つのクラスタが得られた。犯人属性と犯行手口を，コレスポンデンス分析のスコアをもとに3次元空間上に布置したものを，図7-5に示す。

① タイプ1──少額・食品型

男性および女性，70代前半および後半，千円以下および1千円台，スーパー，生鮮，保存食品が同じクラスタに分類された。このタイプは，野菜や肉類，果物などの生鮮食品から，カップ麺や魚肉ソーセージといった比較的保存期間の長い食品まで，幅広い種類の食品を窃取する万引き犯である。その一方で，盗んだ物が総額としてそれほど高額にはならないことも特徴といえる。また，3次元空間のなかでも中心部分に位置しており，高齢者の万引きにおいて特に頻度の高い変数が集まった典型的なパターンといえる。

② タイプ2──若年・高額型

60代後半，3千円台および5千円以上，洗面用具・化粧品が同じクラスタに分類された。このタイプは，高齢者のなかでも比較的若い被疑者が中心であり，カミソリや歯磨き粉といった洗面用具などを含めて，やや被害総額の大きい手口が特徴といえる。

第7章　高齢者による窃盗　　*115*

表7-2 高齢者の万引きにおける犯人属性と犯行手口

	女	男	65-69	70-74	75-79	80-84	85-89	計
現場施設								
スーパー	26	35	12	18	19	10	3	61
ホームセンター	2	14	3	6	3	4	0	16
ショッピングセンター	7	5	3	1	6	0	2	12
コンビニ	1	3	2	1	0	1	0	4
ドラッグストア	1	1	1	0	0	0	1	2
道の駅	0	2	1	1	0	0	0	2
書店	0	1	1	0	0	0	0	1
窃取対象物								
米	2	0	1	1	0	0	0	2
酒類	1	7	1	3	3	1	0	8
栄養ドリンク	1	3	2	0	2	0	0	4
ジュース類	0	3	1	0	1	1	0	3
コーヒー	2	0	0	1	1	0	0	2
その他飲料	2	2	1	3	0	0	0	4
発酵食品	1	4	1	1	1	2	0	5
生鮮	9	7	4	6	5	1	1	16
保存食品	11	8	3	6	4	4	2	19
弁当・惣菜	5	9	3	2	5	1	3	14
菓子類	4	6	1	2	3	4	0	10
調味料	3	5	1	3	4	0	0	8
キッチン用品	0	1	0	1	0	0	0	1
工具類	1	4	0	2	2	1	0	5
AV周辺機器	0	1	1	0	0	0	0	1
農業用品	0	1	0	0	0	1	0	1
洗面用具・化粧品	2	7	5	2	1	1	0	9
本・雑誌類	0	1	1	0	0	0	0	1
衣料品	0	1	1	0	0	0	0	1
被害総額								
999円以下	24	34	12	15	19	9	3	58
1000円～1999円	7	11	4	4	6	3	2	18
2000円～2999円	2	2	1	2	1	0	0	4
3000円～3999円	1	4	2	2	1	0	0	5
4000円～4999円	1	3	1	1	0	2	0	4
5000円以上	2	8	3	3	1	2	1	10

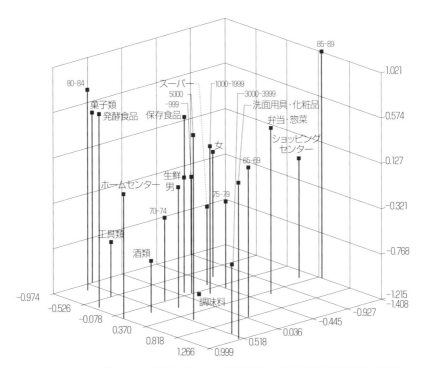

図 7-5　コレスポンデンス分析に基づく 3 次元空間上の犯人属性と犯行手口の分布

③ **タイプ 3 ―― 工具・酒類型**

　ホームセンター，工具類，酒類，調味料が同じクラスタに分類された。このタイプは，ホームセンターなどの場所で，少額のカッターナイフやボンドといった工具類を盗む，また，焼酎や日本酒などの酒類，調味料を盗む手口が特徴の万引き犯である。

④ **タイプ 4 ―― 嗜好品型**

　80 代前半，菓子類，発酵食品が同じクラスタに分類された。このタイプは，チーズなどの発酵食品のほか，ようかんやチョコレートといった菓子類も盗むのが特徴である。

⑤ **タイプ 5 ―― 弁当・惣菜型**

　80 代後半，弁当・惣菜，ショッピングセンターが同じクラスタに分類さ

れた。このタイプは，おにぎりやおかずといった総菜や弁当類を，ショッピングセンターなどを含めた場所で盗む者である。

⑶　**考察**

　本分析の結果からは，類型ごとに異なる窃取対象物や現場となった施設のパターンが見出された。特に窃取対象物については，いずれのタイプにおいても，生鮮食品や弁当，酒類，洗面用具といった食品や日用品が大部分を占めていた。このことは，高齢者による万引きが，被疑者の日常生活において行く場所，買うものを対象とした犯行であることを示唆する結果と考えられる。

　また，少額・食品型の結果からは，男女ともにスーパーにおける少額の食品の窃取が，最も典型的なパターンであることが示された。前述の東京都の調査では，高齢万引き犯は自己の暮らしぶりに対する評価が低いことが指摘されていることから，高齢者が万引きを行うケースでは，生活必需品を無料で手に入れる手段として万引きに及んでいることが考えられる。加えて同調査では，万引きがもたらす結果について過小評価する傾向が認められており，比較的少額の食品等を盗む行為の選択が，「お金を払えば許してもらえるだろう」といった甘い認識につながっている可能性があるといえるだろう。

　本分析で見出した類型は，他の研究成果と組み合わせることで，万引き防止の現場でも利用される可能性のある知見である。たとえば，東京都が行った高齢万引き犯の意識調査で見出された二つの類型については，異なる対応策をとる必要性が指摘されているが，捕まえた被疑者に自己の生活や万引き行為に関する意識調査を毎回実施することは，現実的とはいえない。しかしながら，本章で紹介したような手口に関する類型と，対策が異なる被疑者の類型との関連を見出すことで，捕まえた万引き犯の手口から，より効果的な対策の見通しを立てることが可能となるかもしれない。

4.　まとめ

　本章では，高齢者による窃盗の統計的な傾向と，高齢者の万引きに関する

大規模な調査結果と海外の関連研究を解説し，最後に万引き犯の犯人像について分析した結果を述べた。なかでも，東京都の調査は，高齢者の窃盗について体系的な調査研究を実施した希少な例といえる。

　しかしながら，この分野における知見は，研究すべき点が多く残されている。たとえば本章では，東京都の調査結果と海外の関連研究を踏まえた考察から，高齢者の万引き犯のなかでも，被疑者が抱える問題には異なるパターンのあることが示唆されるとともに，被疑者に対しては刑罰よりも地域社会における体系的な支援の重要性が示唆された。その一方で，現状の調査研究では，高齢者の窃盗に関する被疑者や犯行の特性が包括的に把握されたとはいえず，異なる問題や背景を抱える被疑者の支援についても，具体的な施策が提案できる段階にあるとは言い難い。

　高齢者による窃盗は，今後の日本における刑法犯のなかで，一層大きな比率を占めることが見込まれる犯罪である。したがって，こうした被疑者の特性やその処遇，支援について実証的な研究が増加し，高齢者による窃盗の予防に資する経験的な知見が充実することが望まれる。

【文　献】

Adams Jr, W. E.（2000）The intersection of elder law and criminal law: More traffic than one might assume. *Stetson Law Review*, **30**, 1331-1352.

Aldenderfer, M. S. & Blashfield, R. K.（1984）*Cluster analysis*（*Sage University Paper Series on Quantitative Applications in the Social Sciences No.44*）. Thousand Oaks, CA: Sage Publications.

Cavan, R. S.（1987）Is special treatment needed for elderly offenders? *Criminal Justice Policy Review*, **2**（3）, 213-224.

Clausen, S.-E.（1998）*Applied correspondence analysis: An introduction*（*Sage University Paper Series on Quantitative Applications in the Social Sciences No.121*）. Thousand Oaks, CA: Sage Publications.

法務省法務総合研究所編（2014）犯罪白書 平成 26 年版．日経印刷

法務省法務総合研究所編（2017）犯罪白書 平成 29 年版．昭和情報プロセス

警察庁（2017）犯罪統計書 平成 28 年の犯罪．［https://www.npa.go.jp/toukei/soubunk-an/h28/pdf/H28_ALL.pdf］（2018 年 4 月 13 日取得）

Kratcoski, P. C. & Edelbacher, M.（2016）Trends in the criminality and victimization of the elderly. *Federal Probation*, **80**(1), 58-63.

Lindesay, J.（1996）Elderly people and crime. *Reviews in Clinical Gerontology*, **6**(2),

199-204.

Sugie, N. F.(2017) When the elderly turn to petty crime: Increasing elderly arrest rates in an aging population. *International Criminal Justice Review*, 27(1), 19-39.

東京都（2017）.「高齢者による万引きに関する報告書」の策定について——高齢者の万引きの実態と要因を探る.〔http://www.metro.tokyo.jp/tosei/hodohappyo/press/2017/03/23/20.html〕

高齢者による
交通事故

[重森雅嘉]

1. 本章で扱う交通事故犯罪の範囲

　紙幅の都合，そして何よりも筆者の知識の限界から，本章で取り扱う交通事故はかなり狭い範囲に限定せざるを得ない。まず，交通事故というと，広くは陸海空の運輸に関連した事故をすべて含むものであるが，本章では一般的な道路交通事故に限定して議論する。また，道路交通への主な人の関わりは，四輪自動車のドライバー，二輪自動車のライダー，自転車運転者，歩行者であるが，交通事故犯罪の加害者としては自動車のドライバーが多く，事故データなどの情報量も多い。したがって，本章では加害者としての自動車ドライバーに焦点を絞る。さらにもう一点，交通事故犯罪には，故意性の低い過失運転によるものと，故意性の高い危険運転によるものがある。しかし，交通心理学の知見としては，前者のものがほとんどである。したがって本章でも，過失運転に関連する交通事故犯罪に焦点を絞る。
　以上より，本章では，一般道路交通における加害者としてのドライバーの過失運転に関連した事故を扱う。この範囲での交通事故における，高齢ドライバーの心理学的な問題を検討する。

2. 高齢者だから交通事故を起こすのか

　近年，高齢ドライバーの交通事故の問題が注目されている。しかし，高齢

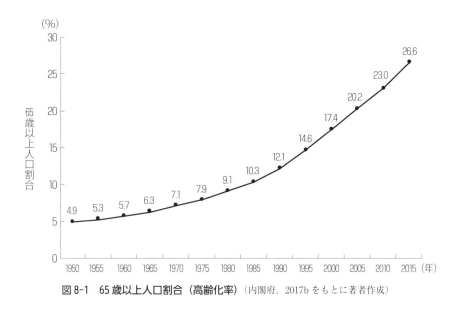

図 8-1　65歳以上人口割合（高齢化率）（内閣府，2017b をもとに著者作成）

ドライバーの事故が増えたからというだけで，高齢ドライバーが問題であると考えるのは，問題の本質を見誤る可能性がある。たしかに，高齢者の人口割合（高齢化率）は高くなっている（図 8-1）。高齢化率は 2016 年の調査では 27.3% であり，4 人に 1 人以上が 65 歳以上となっている（内閣府，2017b）。これに伴い，高齢者の運転免許保有者数も増えている。国民全体の運転免許保有者数は約 8,221 万人（平成 28〈2016〉年末）で，昨年に比べ約 6 万人（0.1%）の増加にとどまっているのに対し，75 歳以上の高齢者の運転免許保有者数は昨年に比べ約 35 万人（7.3%）増加し，約 513 万人となっている（内閣府，2017a）。

　このため，交通事故に限らず，高齢者のさまざまな問題が顕著になってきている。しかし，人数が増えれば問題が生じる可能性も高まるのは当然のことである。高齢層の割合が高まれば，他の年齢層と比べてその層の問題発生数も増える。したがって，高齢者のさまざまな問題が顕著になっているのは，高齢者の問題というよりも，高齢者の人数が増えたということにすぎないのかもしれない。

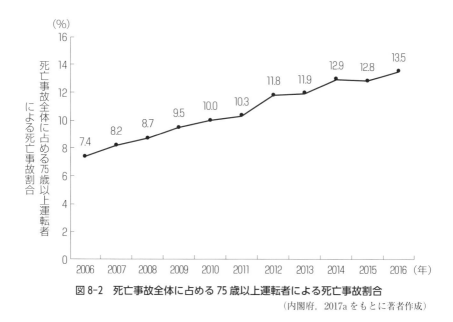

図 8-2　死亡事故全体に占める 75 歳以上運転者による死亡事故割合
（内閣府，2017a をもとに著者作成）

　実際，高齢ドライバーの交通事故は，年齢層の増加割合以上に顕著には増えていない。たしかに，死亡事故全体に占める 75 歳以上ドライバーによる死亡事故割合は，この 10 年で増加はしている（図 8-2）（内閣府，2017a）。しかし，この増加傾向は，この 10 年の社会の高齢化率の増加以上のものと断言するのは難しい。また，高齢者は事故に遭遇したときに，重症化または死亡に至る可能性が高い。これは，同じ規模の事故であっても，他の年齢層ではそれほど大きな事故にならなくても，高齢者が関係すると重症や死亡事故になりやすいということである。これらのことを考えると，他の年齢層と比べて，同様の事故が特に高齢ドライバーに多いとは言い難い。

3.　高齢ドライバーに特有の交通事故

　それでは，他の年齢層と比べて，高齢者層に顕著な事故種別はあるのだろうか。年齢層における人数に対する事故数の比が各年齢層で変わらないとしても，他の年齢層よりも顕著な，高齢ドライバー固有の事故があるのであれ

ば，それらの事故に関しては年齢の問題と考えられるかもしれない。

⑴　欧米圏での高齢ドライバーによる事故

　欧米の研究では，高齢者は交差点で事故を起こす割合が，他の年齢層に比べて多いことが指摘されている（Braitman et al., 2007; Langford & Koppel, 2006; Mayhew et al., 2006; Staplin et al., 2012; Stutts et al., 2009）。アメリカの衝突事故データベース（2002〜2006 年）を分析した研究によると，高齢ドライバーによく見られた事故は以下の五つであった（Staplin et al., 2012）。

> ⑴　一時停止交差点の左折時（日本では右折時に相当する）では，80歳以上の高齢ドライバーに多い。
> ⑵　青信号の交差点左折時（日本では右折時に相当する）では，70 歳以上の高齢ドライバーのリスクが最も高い。
> ⑶　優先道路に侵入する交差点での右折時（日本では左折時に相当する）では，80 歳以上の高齢ドライバーに多い。
> ⑷　高速道路の合流時では，80 歳以上の高齢ドライバーに多い。
> ⑸　多車線道路での車線変更時では，60 歳以上のドライバーに多い。

　このうち特に，日本でいうところの右折時の衝突事故が高齢者に多いことは，上述のほとんどの研究が指摘している。

⑵　日本での高齢ドライバーによる事故

　このような事故傾向は，日本の高齢ドライバーの交通事故にも当てはまるのだろうか。じつは，日本の高齢ドライバーの事故傾向は，これとは異なっている。

　警視庁の資料をもとにまとめられた平成 28（2016）年度の原付以上第 1当事者の類型別死亡事故割合を，75 歳以上の高齢ドライバーとそれ以外のドライバーで比較した結果によると，交差点の特に右左折に関連した事故割合では 75 歳高齢ドライバーとその他のドライバーに違いはなく，車両単独事故での工作物への衝突が高齢ドライバーに多い事故であった（図 8-3）

124　　第Ⅱ部　高齢者が関わる各種加害・被害

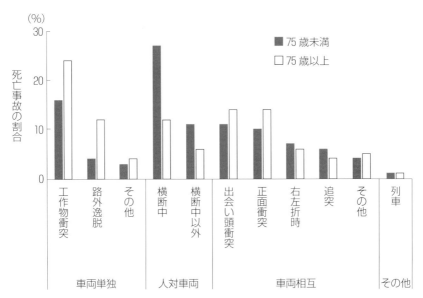

図 8-3 原付以上第 1 当事者の類型別死亡事故割合の 75 歳以上高齢ドライバーと，それ以外のドライバーの比較 　　　　　　　　　　　　　　　　　　　　（内閣府，2017a をもとに著者作成）

（内閣府，2017a）。

　また，同じく警視庁の資料をもとにまとめられた平成 28（2016）年度の原付以上第 1 当事者の死亡事故の人的要因の割合を，75 歳以上の高齢ドライバーとそれ以外のドライバーで比較した結果では，75 歳以上高齢ドライバーではブレーキとアクセルの踏み間違いやハンドル操作の不適が多く，いずれも交差点での右折時の事故には関係しないものであった（図 8-4）（内閣府，2017a）。

　高齢ドライバーにブレーキとアクセルの踏み間違い事故が多いことは，財団法人交通事故総合分析センターの交通事故データ（2005～2009 年）を分析した結果でも示されている。第 1 運転者の年齢層別・性別の免許保有者数当たりのブレーキとアクセルの踏み間違い事故発生率は，70 歳以上の高齢ドライバーに多かった（財団法人国際交通安全学会，2011）。ただし，このデータでは，同種の事故発生率は，24 歳以下の若年ドライバーにも多いことが示

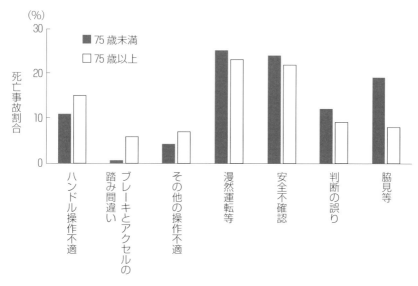

図 8-4 原付以上第 1 当事者の死亡事故の人的要因割合の 75 歳以上高齢ドライバーと，それ以外のドライバーの比較（平成 28 年度）　（内閣府, 2017a をもとに著者作成）

されている。

(3) 欧米と日本では違いがあるのか

しかし，上述の違いだけから単純に，欧米と日本の高齢ドライバーの交通事故が違うと結論づけることはできない。なぜなら，欧米の研究データと日本の統計データでは，年齢の層の区切り方も，また事故の分け方も異なっているため，単純に両者を比較することはできないからである。もちろん，欧米と日本では道路交通事情や文化，身体や認知能力に違いがあり，これらが高齢ドライバーの事故の違いを生み出している可能性もある。しかし，上述の違いがデータの取り扱い方の違いにより生じたものであり，実際には潜在的な高齢ドライバーの事故の種類は欧米と日本では違わない可能性もある。

事故データベースによっては，ブレーキとアクセルの踏み間違いではなく，事象としての衝突や一般的なミスとして整理されてしまうために，ブレーキとアクセルの踏み間違いによる事故として表面化しにくい可能性も指摘され

ている（Schmidt & Young, 2010）。したがって，以下では，欧米と日本のそれ
ぞれの高齢ドライバーの交通事故として特徴づけられた，交差点における右
折時の交通事故と，ブレーキとアクセルの踏み間違いによる交通事故の両方
の問題について検討する。

4. 交差点における右折時の事故

　交差点で右折する際には，対向車線を横切る必要があるため，危険要素
（ハザード）として二輪を含む対向車の存在，距離・速度の認知，および横
断歩道を渡る歩行者の認知が必要となる。しかも，後続車の交通の妨げにな
らないように，速やかに右折を終えたいというタイムプレッシャーもある。
このような状況に対応する能力が，高齢になると低下してくるという報告が
ある。高齢ドライバーにアンケートを行った結果によると，特に高速，夜間，
雨天，交通量が多い道路におけるラッシュアワーの右折時に，高齢ドライ
バーは視覚的な問題を感じるということである（McGwin Jr et al., 2000）。

(1) ハザード認知能力の問題
　交差点での右折に必要な能力として，まず，ハザードを認識する能力（ハ
ザード認知能力）について検討する。
　高齢ドライバーのハザード認知能力は，他の年齢層のドライバーより低い
ことがいくつかの研究で指摘されている（Horswill et al., 2008, 2013; Lacherez et
al., 2014; Renge et al., 2005; 蓮花ら，2014）。ハザード認知能力は，ハザード認知テ
ストを用いて測定されるものである。ドライバーのための典型的なハザード
認知テストでは，ドライバーに自動車運転場面のビデオを見せ，場面に存在
する危険箇所（ハザード）を指摘させる。テストでは，ドライバーが適切に
指摘できた数や指摘するまでにかかった時間などが指標とされる。このよう
なテストの成績は，高齢ドライバーの実際の行動での運転パフォーマンスと
概ね一致しているといわれる（Wood et al., 2013）。高齢ドライバーのハザード
認知能力が低いのは，認知，感覚，運動能力低下の相互作用によるものとい
う指摘がある（Horswill et al., 2008）。

第8章　高齢者による交通事故　*127*

また，対向車を認知する能力や，対向車との距離，対向車の速度の認知能力も，高齢ドライバーは他の年齢層のドライバーに比べて低い。右折時の対向車は，静止した視覚対象ではなく，ドライバーに向かって移動してくるものである。高齢者は，この移動する対象を発見する力（検出力）が劣っている（Andersen & Atchley, 1995; Atchley & Andersen, 1998; Gilmore et al., 1992）。

⑵　対向車との距離・速度の認知能力の問題

　さらに，検出力が低いだけでなく，検出した後の対向車との距離と速度の認知力も低く，高齢者は若年者と比べて近づいてくる移動物体の到着時間の判断が弱いことが，いくつかの実験で示されている（DeLucia et al., 2003; Schiff et al., 1992）。たとえば，コンピューターグラフィックを用い，自分が乗る車が現在の距離と速度で前方の停止した対象物に衝突するかどうかの判断を求めた実験課題において，特に速度が高い条件で，高齢者は若者よりも正解率が低かった（Andersen et al., 2000）。

⑶　有効視野範囲の問題

　さらに，ハザード認知能力との関連も指摘されているが視覚的な問題，特に有効視野（Useful Field of View：UFOV）範囲が高齢になると狭まることが指摘されている（Sekuler et al., 2000）。有効視野とは視線の中心（注視点）の周りにある領域であり，視覚課題の遂行中に情報を短時間蓄えたり，読み上げたりできる範囲である。情報が多いときには視覚システム全体が過負荷にならないように有効視野は狭まるため，有効視野は視覚的な情報量により刻一刻と変化するものである（Mackworth, 1965；詳しくは石松・三浦，2002）。この有効視野の大きさは，高齢ドライバーの交通事故の数に関連していることもわかっている（Ball et al., 1993; Myers et al., 2000; Owsley et al., 1991）。

5.　ブレーキとアクセルの踏み間違いによる事故

　日本の高齢ドライバーの事故では，ブレーキとアクセルの踏み間違いが原因とされるものが多いということであった。このブレーキとアクセルの踏み

128　　第Ⅱ部　高齢者が関わる各種加害・被害

間違いによる事故の特徴について，財団法人交通事故総合分析センターの交通事故データを分析した結果では，駐車場などの道路以外の場所で，発進時に追突事故や車両単独事故を起こすのが典型的な事例であることがわかっている。さらに，高齢ドライバーでは，後退時に多く事故が見られることが明らかになっている（財団法人国際交通安全学会, 2011）。加減速中は，加減速感のフィードバックからブレーキとアクセルのどちらのペダルに足を置いているかの判断をしやすいが，惰行や停止状態では加減速感によるフィードバックが得られないため，ペダルの判断が難しい。実際，ブレーキとアクセルの踏み間違いは無意識になされ，ドライバーは正しく踏んでいるつもりで，踏み間違えていることに気づかないことが多いようである（Schmidt, 1989）。

　ブレーキとアクセルの踏み間違いに関しては，ドライビング・シミュレーターを用いた実験室実験も多く行われている（Doshi et al., 2012; Rogers & Wierwille, 1988; Wu et al., 2014, 2015）。これらのシミュレーター実験では，踏み間違いのパターンとして，①ブレーキペダルを踏むべきときにアクセルペダルを踏む，②アクセルペダルを踏むべきときにブレーキペダルを踏む，③両方のペダルを踏む／踏まない，④一方のペダルから足がスリップして違うほうのペダルを踏む，⑤床や一方のペダルからもう一方のペダルに足を移動させるときに，床やペダルに引っかかって踏めない（catch errors），⑥同様の場面で足を床やペダルにこすって遅れる（scuff errors），などが見られた。

　また，踏み間違いの原因として，シートの位置，突発事象の発生，認知機能の低下などが挙げられている。さらに，若年者と比べて高齢者は，提示される刺激の色により，ペダルを踏み分ける足を使った選択反応課題の成績が悪いことが示されている。たとえば，赤の刺激に対しては右のペダル，緑の刺激に対しては左のペダルを踏み分ける課題では，反応時間も踏み間違い率も，若年者より高齢者のほうが多かった（Doshi et al., 2012; Wu et al., 2014）。しかし，これらの実験の多くはドライビング・シミュレーターは用いているが，主たるものは信号の色に対応してペダルを踏み分ける単純な選択反応を繰り返す課題であり，これらの結果から，たとえば駐車場でのブレーキとアクセルの踏み間違いの理解を深めるには限界がある。

　警察の交通事故調書データベースを独自のキーワードで詳細に分析した結

果，ペダルの踏み間違いは，停止状態からの出発時（7.5%）よりも，運転中（92.5%）のほうが圧倒的に多いという報告もある。なかでも，誤ったペダルを間違えて踏むもの（821件）よりも，ブレーキを踏もうとしてスリップしてアクセルペダルを踏んでしまったもの（2,640件）が多く，また急いでいるとき（268件）よりも，急いでいないとき（2,938件）のほうが多いという結果であった（Schmidt & Young, 2010）。

　この結果は，私たちが耳にする踏み間違いによる事故のニュースとは異なるように思える。私たちが踏み間違いによる事故として想定するのは，コンビニエンスストアなどの駐車場で停止していたところから発車しようとしたときに，急いでいて，ブレーキとアクセルを踏み間違えたというものではないだろうか。

　ブレーキペダルとアクセルペダルの踏み間違いに関しては，このようにまだわからないことが多い。今後もさらに事故時の状況分析や，それに基づいた仮説の構築，実験による検討などが必要とされる。

6. 高齢ドライバー事故の防止対策

　高齢ドライバーに多いとされる右折事故と，ブレーキとアクセルの踏み間違い事故について考察してきた。これら事故の原因としては，ハザード認知力の低下，有効視野の縮小，対向車の距離や速度の認知力の低下，選択反応エラーの増加，などが関係することが明らかになってきている。それでは，これらの事故を防ぐためには，どのような対策を行えばよいのだろうか。

(1) 洗練されたメンタルモデルの取得

　右折時の事故防止対策としては，高齢ドライバーのハザード認知能力を高めるための訓練が有効とされている（Horswill et al., 2010, 2015）。運転中の交通環境のなかで，いつ，どこに，どういうハザードが存在し，いつ，どこに，どんなふうに注意を向けるべきかについて，洗練されたメンタルモデルを持つことができれば，早くからハザードを予測できるようになるはずである（Endsley, 1995; Wetton et al., 2013）。洗練されたメンタルモデルを持つには，そ

れを持った人がどのようなところに気を配って運転しているかを知ることが，一つの方法である。

　洗練されたメンタルモデルを形成するための訓練として，コメンタリー・ドライビングという方法がある。これは，ベテランのドライバーに，運転しながら注意を向けているところやハザード検出のポイントなどを口述してもらい（コメンタリー），このようなコメンタリー付きのビデオを見ながら，ハザード認知訓練を行うものである。コメンタリー・ドライビング・ビデオを見ながら訓練を受けたドライバーは，単にビデオを見せられただけのドライバーと比べると，ハザード認知速度が向上するという結果が得られている。この訓練結果は，高齢ドライバーにおいても効果が確かめられている（Horswill et al., 2010）。さらに，訓練を受けた高齢ドライバーは，3カ月後であってもこの効果が維持されることが示されている（Horswill et al., 2015）。

⑵　先進安全自動車（ASV）の推進
① 各種にわたる ASV

　このような，能力向上による高齢ドライバーのヒューマンエラーそのものを防ぐ対策ではなく，ヒューマンエラーを事故につなげない機器やシステムによる支援対策も，さまざまに工夫されている。たとえば，前方の障害物との衝突を予測して警報し，衝突被害を軽減するために制動制御する，前方障害物衝突被害軽減制動制御装置（衝突被害軽減ブレーキ）や，低速度域前方障害物衝突被害軽減制動制御装置（低速域衝突被害軽減ブレーキ），後方障害物衝突被害軽減制動制御装置（後退時衝突被害軽減ブレーキ），低速度域車両周辺障害物衝突被害軽減制動制御装置（ブレーキ付周辺ソナー），発進時や低速走行時にシフトレバーやアクセルペダルの誤操作によって障害物などに衝突する恐れがある場合に，急発進や急加速を抑制するペダル踏み間違い時加速抑制装置などがある。これらは，国土交通省自動車交通局が事務局を務める，先進安全自動車（Advanced Safety Vehicle：ASV）推進検討委員会が進める先進安全自動車推進計画の第5期（2011〜2015年度）において，推進されてきたものである（国土交通省自動車局先進安全自動車推進検討会, 2016）。

② 自律検出型から通信利用型へ

　現在実用化されている上述のような ASV 技術の多くは，ハザードの検出装置が車載されているものであり，自動車が自律的にハザードを検知するという意味で，自律検出型といえる。自律検出型の ASV 技術は，車載された検出装置が検出できる範囲のハザードに関してはカバーできるが，物陰から急に子どもが飛び出してくるなどのハザードには対応できない。このため，道路や環境，自動車同士でハザード情報を検出，発信し，相互に情報交換できるようなシステムの開発などが進められている（通信利用型）。

③ 機器やシステムの問題点

　しかし，これらの機器やシステムによる支援対策もいくつかの問題を抱えている。一つはハザードかどうかの判断基準が難しいことである。できるだけハザードを見逃さないように，疑わしいものもできるだけハザードとして検出し，警報や回避制御を行えば，安全度は高くなる。しかし反面，実際にはハザードとはいえないほどの軽微な事象をも，ハザードと検出する間違い（false alarm）が多くなる。このような間違いに対して警報や回避制御が多くなると，運転効率が大きく阻害される。逆に，確実なハザードのみを検出することにすれば，いくつかのハザードは検出されずに見逃されることになる（miss）。確実にハザードのみを検出する検出力の高いセンサーを開発することは，現実の複雑な運転環境のなかでは難しい。

　また，ドライバーのハザード検出能力や危機回避能力にも個人差があるため，すべてのドライバーにとって適切な情報提供や制御を行うことは難しい。ハザード検出力の高いドライバーにとっては，自分が気づいているハザードに対していちいち警報を出されたり，自分が行う危機回避制御に干渉したりされるのは，煩わしく感じるかもしれない（このような運転支援の難しさに関しては，本間〈2016〉が詳しい）。

(3)　行政処分による対策

　訓練や機器による対策以外にも，運転能力などの低下により十分な安全運転能力を欠いたドライバーには運転をさせないことも，事故防止の一つの方法である。これについては，道路交通法に基づいた日本の運転免許に関する

行政処分がある。具体的な処分としては，免許取消処分，免許停止処分，免許拒否処分，免許保留処分，運転禁止処分などがある。これには，速度超過や駐車違反などの一般行為違反や，麻薬，覚せい剤などの使用，暴走行為などの違反に関するものと，統合失調症，てんかん，再発性の失神，無自覚性の低血糖症，躁鬱病，睡眠障害，脳卒中，認知症などの疾病に関するものが含まれる。

⑷　認知症への対策

　以上の行政処分のほとんどは，高齢ドライバーのみを対象としたものではない。しかし，認知症に関しては，高齢ドライバーに対して特に配慮がなされるようになってきている。具体的には，2017 年 3 月 12 日の道路交通法の改正により，75 歳以上のドライバーは，運転免許の更新時や一定の違反行為があった場合の臨時講習の際に，認知機能検査と高齢者講習が義務づけられた。この認知機能検査で，認知症のおそれがある（第 1 分類）と判断された場合には，医師の診断書の提出などが求められる。

　認知症（dementia）は，「通常は慢性あるいは進行性で，記憶，思考，見当識，理解，計算，学習能力，言語，判断を含む，多数の高次皮質機能障害を示す脳疾患による症候群」と定義される病気である（World Health Organization, 1992）。これは高齢者に多く見られ，有病率は年齢を経るにしたがって高まり，75 歳で約 10%，85 歳以上で約 50% といわれる（図 8-5）（二宮，2015）。

　認知症の特徴は，記憶と思考の働きが，日常生活を損なうくらいに顕著に低下していることである。このうち，記憶障害は，新しいことを覚えること（記銘），覚えたことを記憶に留め続けること（保持），覚えたことを思い出すこと（想起）のいずれの段階においても生じ，末期には習熟した事柄を忘却することもある。思考と判断障害は，思考や判断の流れが滞ってしまうことである。その他の特徴としては，二つ以上の事柄に注意を向けること（注意分割）が難しくなったり，ある事柄から別の事柄に焦点化された注意を切り替えることが難しくなったりすることが問題とされる（World Health Organization, 1992）。

　また，アメリカ精神医学会の DSM-5（American Psychiatric Association, 2013）

第 8 章　高齢者による交通事故　　*133*

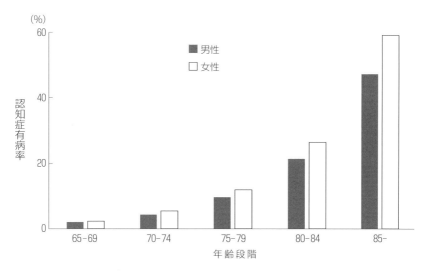

図 8-5　数学モデルらより算出された 2012 年の性・年齢段階別認知症有病率
(二宮，2015 をもとに著者作成)

の診断基準では，複雑性注意，遂行機能，学習および記憶，言語，知覚-運動，社会的認知の六つの認知領域に一つ以上の低下が見られることを認知症の特徴としている。

(5) 認知機能に関する対策

　このような認知機能障害や認知機能の低下が，安全運転に影響することは十分に考えられる。しかし，実際には，認知症患者が交通事故を起こす率が特に高いかどうかはわかっていない。また，認知症によるどの認知機能の低下が，どのような交通事故にどのように関係しているかということもわかっていない。

　したがって，高齢ドライバーの事故防止を図るのであれば，認知症であるかどうかにかかわらず，高齢ドライバーの安全運転に必要な認知機能の診断を行うことが望ましい。このためには，年齢層の人口比率を考慮したうえで，特に高齢ドライバーに顕著に見られる事故やその原因となるヒューマンエラーについて検討し，そのようなヒューマンエラーを引き起こす認知機能を

同定する必要がある。もちろん，現行の認知症の診断に基づいた高齢ドライバーに対する対策も，結局は類似の効果を示すものかもしれない。しかし，より効果的な高齢ドライバーの交通安全を検討するためには，科学的に妥当な方向性で研究を進めていく必要がある。

【文　献】

American Psychiatric Association（2013）*Diagnostic and statistical manual of mental disorders, fifth edition: DSM-5*. Arlington, VA: American Psychiatric Association．（高橋三郎・大野裕監訳〈2014〉DSM-5 精神疾患の診断・統計マニュアル．医学書院）

Andersen, G. J. & Atchley, P.（1995）Age-related differences in the detection of three-dimensional surfaces from optic flow. *Psychology and Aging,* **10**, 650-658．

Andersen, G. J., Cisneros, J., Saidpour, A., & Atchley, P.（2000）Age-related differences in collision detection during deceleration. *Psychology and Aging,* **15**, 241-252．

Atchley, P. & Andersen, G. J.（1998）The effect of age, retinal eccentricity, and speed on the detection of optic flow components. *Psychology and Aging,* **13**, 297-308．

Ball, K., Owsley, C., Sloane, M. E., Roenker, D. L., & Bruni, J. R.（1993）Visual attention problems as a predictor of vehicle crashes in older drivers. *Invest Ophthalmol & Visual Science,* **34**, 3110-3123．

Braitman, K. A., Kirley, B. B., Ferguson, S., & Chaudhary, N. K.（2007）Factors leading to older drivers' intersection crashes. *Traffic Injury Prevention,* **8**, 267-274．

DeLucia, P. R., Bleckley, M. K., Meyer, L. E., & Bush, J. M.（2003）Judgments about collision in younger and older drivers. *Transportation Research Part F: Traffic Psychology and Behaviour,* **6**, 63-80．

Doshi, A., Tran, C., Wilder, M. H., Mozer, M. C., & Trivedi, M. M.（2012）Sequential dependencies in driving. *Cognitive Science,* **36**, 948-963．

Endsley, M. R.（1995）Toward a theory of situation awareness in dynamic systems. *Human Factors,* **37**, 32-64．

Gilmore, G. C., Wenk, H. E., Naylor, L. A., & Stuve, T. A.（1992）Motion perception and aging. *Psychology and Aging,* **7**, 654-660．

本間亮平（2016）ドライバー特性に基づく運転支援システムの評価と支援方策．早稲田大学博士論文．

Horswill, M. S., Falconer, E. K., Pachana, N. A., Wetton, M., & Hill, A.（2015）The longer-term effects of a brief hazard perception training intervention in older drivers. *Psychology and Aging,* **30**, 62-67．

Horswill, M. S., Kemala, C. N., Wetton, M., Scialfa, C. T., & Pachana, N. A.（2010）Improving older drivers' hazard perception ability. *Psychology and Aging,* **25**, 464-469．

Horswill, M. S., Marrington, S. A., McCullough, C. M., Wood, J., Pachana, N. A., McWilliam, J.,

& Raikos, M. K.（2008）The hazard perception ability of older drivers. *The Journals of Gerontology: Series B: Psychological Sciences and Social Sciences*, **63**, 212-218.

Horswill, M. S., Sullivan, K., Lurie-Beck, J. K., & Smith, S.（2013）How realistic are older drivers' ratings of their driving ability? *Accident Analysis and Prevention*, **50**, 130-137.

石松一真・三浦利章（2002）有効視野における加齢の影響——交通安全性を中心として. 大阪大学大学院人間科学研究科紀要, **28**, 15-36.

国土交通省自動車局先進安全自動車推進検討会（2016）先進安全自動車（ASV）推進計画報告書——第5期ASV推進計画における活動成果について.

Lacherez, P., Turner, L., Lester, R., Burns, Z., & Wood, J. M.（2014）Age-related changes in perception of movement in driving scenes. *Ophthalmic and Physiological Optics*, **34**, 445-451.

Langford, J. & Koppel, S.（2006）Epidemiology of older driver crashes: Identifying older driver risk factors and exposure patterns. *Transportation Research Part F: Traffic Psychology and Behaviour*, **9**, 309-321.

Mackworth, N. H.（1965）Visual noise causes tunnel vision. *Psychonomic Science*, **3**, 67-68.

Mayhew, D. R., Simpson, H. M., & Ferguson, S. A.（2006）Collisions involving senior drivers: High-risk conditions and locations. *Traffic Injury Prevention*, **7**, 117-124.

McGwin Jr, G., Chapman, V., & Owsley, C.（2000）Visual risk factors for driving difficulty among older drivers. *Accident Analysis and Prevention*, **32**, 735-744.

Myers, R. S., Ball, K. K., Kalina, T. D., Roth, D. L., & Goode, K. T.（2000）Relation of useful field of view and other screening tests to on-road driving performance. *Percept Mot Skills*, **91**, 279-290.

内閣府編集（2017a）平成29年版 交通安全白書. 勝美印刷

内閣府編集（2017b）平成29年版 高齢社会白書. 日経印刷

二宮利治（2015）厚生労働科学研究費補助金（厚生労働科学特別研究事業）日本における認知症の高齢者人口の将来推計に関する研究総括研究報告書.

Owsley, C., Ball, K., Sloane, M. E., Roenker, D. L., & Bruni, J. R.（1991）Visual/cognitive correlates of vehicle accidents in older drivers. *Psychology and Aging*, **6**, 403-415.

Renge, K., Ishibashi, T., Oiri, M., Ota, H., Tsunenari, S., & Mukai, M.（2005）Elderly drivers' hazard perception and driving performance. In G. Underwood（Ed.）, *Traffic and transport psychology: Theory and application.* London: Elsevier, pp. 91-99.

蓮花一己・多田昌裕・向井希宏（2014）高齢ドライバーと中年ドライバーのリスクテイキング行動に関する実証的研究. 応用心理学研究, **39**, 182-196.

Rogers, S. B. & Wierwille, W. W.（1988）The occurrence of accelerator and brake pedal actuation errors during simulated driving. *Human Factors*, **30**, 71-81.

Schiff, W., Oldak, R., & Shah, V.（1992）Aging persons' estimates of vehicular motion. *Psychology and Aging*, **7**, 518-525.

Schmidt, R. A.（1989）Unintended acceleration: A review of human factors contributions. *Human Factors*, **31**, 345-364.

Schmidt, R. A. & Young, D. E. (2010) Cars gone wild: The major contributor to unintended acceleration in automobiles is pedal error. *Frontiers in Psychology*, **1**, 209.

Sekuler, A. B., Bennett, P. J., & Mamelak, M. (2000) Effects of aging on the useful field of view. *Experimental Aging Research*, **26**, 103-120.

Staplin, L., Lococo, K. H., Martell, C., & Stutts, J. (2012) *Taxonomy of older driver behaviors and crash risk.* Vol. DOT HS 811 468A. National Highway Traffic Safety Administration.

Stutts, J., Martell, C., & Staplin, L. (2009) *Identifying behaviors and situations associated with increased crash risk for older drivers.* Vol. DOT HS 811 093. National Highway Traffic Safety Administration.

Wetton, M. A., Hill, A., & Horswill, M. S. (2013) Are what happens next exercises and self-generated commentaries useful additions to hazard perception training for novice drivers? *Accident Analysis & Prevention*, **54**, 57-66.

Wood, J. M., Horswill, M. S., Lacherez, P. F., & Anstey, K. J. (2013) Evaluation of screening tests for predicting older driver performance and safety assessed by an on-road test. *Accid Anal Prev*, **50**, 1161-1168.

World Health Organization (1992) *The ICD-10 classification of mental and behavioural disorders: Clinical descriptions and diagnostic guidelines.* Geneva: World Health Organization. (融 道男・中根允文・小深山実・岡崎祐士・大久保善朗監訳〈1993〉ICD-10 精神および行動の障害――臨床記述と診断ガイドライン新訂版. 医学書院)

Wu, Y., Boyle, L. N., McGehee, D., Roe, C. A., Ebe, K., & Foley, J. (2015) Modeling types of pedal applications using a driving simulator. *Human Factors*, **57**, 1276-1288.

Wu, J., Yang, J., & Yoshitake, M. (2014) Pedal errors among younger and older individuals during different pedal operating conditions. *Human Factors*, **56**, 621-630.

財団法人国際交通安全学会（2011）アクセルとブレーキの踏み違えエラーの原因分析と心理学的・工学的対策の提案. 平成 22 年度研究調査報告書. 財団法人国際交通安全学会

高齢者のなりすまし電話詐欺の被害心理

[西田公昭]

1. はじめに

「特殊詐欺」と呼ばれる詐欺被害が後を絶たない。これは，面識のない不特定の者に対し，電話その他の通信手段を用いて，預貯金口座への振り込みその他の方法により現金等を騙し取る詐欺をいい，振り込め詐欺（オレオレ詐欺，架空請求詐欺，融資保証金詐欺および還付金等詐欺），および振り込め詐欺以外の特殊詐欺（金融商品等取引名目の特殊詐欺，ギャンブル必勝情報提供名目の特殊詐欺，異性との交際あっせん名目の特殊詐欺，およびその他の特殊詐欺）を総称したものを指す（警察庁，2018）。前者は電話や葉書などの文書などで相手を騙し，金銭の振り込みを要求する犯罪行為であり，2004年に警察庁が命名した。

さらにこの詐欺は，息子などの身内を装って電話をかけ，急に金が必要になったなどの口実で金銭を騙し取ろうとする「オレオレ詐欺」と呼ばれるタイプや，契約した覚えのない商品やサービスをあたかもどこかで契約したかのように見せかけたり，架空の株券や社債などを投資目的で買わせるように持ちかけ，請求したりすることによって金品を騙し取る「架空請求詐欺」，実際には融資をしないにもかかわらず保証金を振り込ませて騙し取る「融資保証金詐欺」，さらに，社会保険事務所の職員や，自治体職員，税務署員を装って電話をかけ，医療費，保険料金，税金の過払いが返還されるかのように偽って ATM 機械の自動送金機能を悪用して騙し取る「還付金等詐欺」

の，4類型に細分類される。

　いずれにしても，メディアの非対面コミュニケーションを利用して，犯人が何者かになりすますことで欺罔（ぎもう）するのであるが，高齢者が最も多く被害に遭っているのは，オレオレ詐欺である。続いて，架空請求詐欺や還付金等詐欺も高齢者の被害が多発している。警察庁（2018）の統計によれば，被害状況はこの10年を振り返ると年間の認知件数は2万件を前後し，各事件の平均被害額は約300万円を推移しており，深刻である。このような特殊詐欺の部類のなかでも高齢者を対象にすると，偽の電話を用いた詐欺が特に多いので，ここでは「なりすまし電話詐欺」と呼ぶことにして検討する。

2.　なりすまし電話詐欺の巧妙化

　特殊詐欺と分類されるなかで最も古いと思われるのが，オレオレ詐欺である。起源は定かではないが2000年代初頭であると思われ，最初の頃は電話を用いて「俺，俺」と呼びかけ，息子だと誤認知させるだけの単純なものであった。しかし，それが進化を遂げていった。

　犯人が仕掛けに使うシナリオが増えてきており，会社の金を使い込んだ，交通事故の加害者になった，友人の借金の連帯保証人になって請求が来ている，結婚するつもりのない女性を妊娠させた，痴漢行為で逮捕された，などである。対象者の電話名簿によっては，医療ミスや生徒に怪我をさせたといった，特定の職業従事者を狙ったものも見られる。また，それらのシナリオに合わせて登場する人物を増やし，警察官，保険会社員，弁護士などにもなりすますようになった。この際，場面に合わせた効果音も用意している。

　さらに，犯人からの呼びかけ方も，下調べによって被害者の個人情報を獲得するようになり，実名で呼びかけたり，家庭の事情を考慮して辻褄（つじつま）の合う話を展開するなど巧妙に仕掛けてくるようになったため，なりすましに気づきにくくなった。また，多段階に分けて仕掛けるパターンが出てきた。つまり，最初の電話では息子などになりすまして，トラブルに遭ったため電話番号を変えたので番号登録をし直すことだけを要請し，幾日か間隔を空けてから再度電話をかけて仕掛けるのである。よって，被害者は息子だと確信して

第9章　高齢者のなりすまし電話詐欺の被害心理　　*139*

しまいやすい。そのうえ金の奪い方も，初期はATMによる振り込みだったのが，そこに制限を設ける金融機関の協力による防御対策が功を奏すると，郵送や宅配サービスで送金させたり，直接手渡しさせたりして騙し取るパターンが増えた。

　犯人らはこうした“亜種”ともいうべきオレオレ詐欺を発展させた一方で，新たに架空請求や還付金詐欺などの声を似せなくてもよいパターンも考案した。また，このような詐欺が横行している状況を逆手にとって，被害者の預金口座が悪用されているからキャッシュカードを預かって凍結しようなどとうそぶき，警察官や銀行協会員になりすました犯人が接触してきて，パスワードを聞き出して奪ってしまうのである。そのようななか，二次被害も生じるようになった。つまり，一度被害に遭うとその情報が広がり，同じ犯人だけでなく別の犯人も仕掛けてくる。被害を受けた人を救済すると偽って，弁護士などになりすまして電話をかけ，騙し取る手口も生まれた。

3. 詐欺被害後の心理状態

　各地の警察によると，被害者の約半数は70歳代であり，女性が多く被害に遭っていると報告されている。また，被害者の多くが夫婦二人または独り暮らしで居住している。犯人がなりすました家族（息子など）は，被害者と離れて暮らしていて，そのほとんどが首都圏に居住している。判断能力・記憶力に問題のなかった被害者と，何らかの不安が感じられた被害者とを比較するも大きな差異は認められず，判断能力・記憶力に不安があるとなしとにかかわらず，被害に遭っていると報告されてきた。

　このような現状が理由なのかは明らかではないが，高齢者は騙されやすいとする通説がある。しかし，それは一概にはいえず，この点を明瞭に示した心理学研究は見当たらない。なりすまし電話詐欺は，働き盛りの息子に扮する犯人が緊急の窮状を訴えて金品を奪う。つまり，高齢者をターゲットとするなりすまし電話詐欺においては，犯人も高齢者の詐欺脆弱説を抱いているのかもしれないし，若者より多額の要求も承諾する可能性が高いから，高齢者をターゲットに選ぶのかもしれない。しかし，高齢者の知的能力は，特に

認知症などの病気を抱えていない限り若者とは変わらないことは，老年心理学的知見に多く見られる（権藤，2008 など）。ただし，認知心理学的知見から見ると，社会経験が豊富なだけ，高齢者の思考はヒューリスティックに働きやすいと考えられ，電話などで説明される息子などの窮状の精査を無意識的に怠る可能性や，高額支払いの意思決定などには，若者と差があるかもしれない。今後の研究で扱うべきことと考える。

　さて，被害に遭ってしまうと，被害者はどのような心理状態を経験するのであろうか。西田（2015）の報告によると，質問紙調査に回答した 95 名の被害者は，金銭的被害のほかにも心理的被害を受けていることが明らかとなった。この研究では調査対象者の平均年齢が 65 歳であり，すべての対象者が高齢者ではないことには留意すべきであるが，その被害者としての心理的苦悩を調査し，因子分析法によって検討した結果，金銭的被害を受けたことによる経済的な心配や気分の落ち込みといった「無力感」の心理，被害に遭った自分が情けなく恥ずかしいと思う「自責・羞恥」の心理，さらに，被害者は詐欺に遭った原因は自分にあると非を認めつつも，まさか自分が被害に遭うとは思っていなかったという「現実逃避」の心理を抱いていた。それらに加えて，今後の被害対策として積極的で適切な対処行動を取るべきにもかかわらず，そうではない行動の傾向を示す「対処行動への消極性」の四つの心理構造を持つことが示された。なお，男性よりも女性の被害者が無力感に陥りやすいことが明らかになった。

　このようなネガティブな感情から考察すると，犯人は被害者の弱点や個人情報を手に入れているし，被害者は防衛体制を積極的に高めないので，再び被害に遭う可能性が高まると推測できる。また，被害者の認知件数においても，羞恥心や無力感から推察すると，警察などに被害届を出さない被害者も多いかもしれない。

4.　詐欺被害に遭う心理過程の研究

　詐欺の心理過程を検討した研究は数少ない現状にある。「なぜ，人はこうやすやすと詐欺被害に遭うのか」「たいていの手口を知っていてもなお，騙

されるのはなぜなのか」といった素朴な疑問が，一般からも専門的な関係者からも出されてはいる。しかし，高齢者対象かどうかにかかわらず，心理学研究において，その実態や苦悩，被害心理のメカニズムはほとんど明らかにされてこなかった。

　最近になってようやく，心理学的検討が見られるようになった。永岑ら（2009）や，渡部と渋谷（2011），辰野（2013）は，振り込め詐欺について認知心理学や被害者学の視点から理論的に検討し，この分野の研究成果をあげる意義を強調した。また西田（2009）も，被害実態の事例を検討しながら，詐欺被害の心理過程には，社会心理学における承諾誘導の 6 原理（Cialdini, 2009）や，欺瞞的説得（Boush et al., 2009）のテクニックが駆使されていると報告するとともに，心理学的要因を整理している。

　そのようななかで，西田と秋山（2009）は質問紙法による自記式無記名の調査を 2008 年に実施し，実証研究が始まった。対象者は，全国の振り込め詐欺被害者 61 名であった。振り込め詐欺は，当時の認知度は 90％であったが，自分が被害に遭うリスク認知をしていた者はまったくいなかった。被害者は，十分に対策を取っていたと思っていたのは 24％であるのに，6 割程度の被害者が自分が狙われるとは思っていなかったし，ほとんどの被害者が，音声の判断を間違えないし相談相手もいるから被害には遭わない，と思っていたことがわかった。つまり，自分が詐欺被害に遭う危険性を過小評価してしまう，正常性バイアスの心理が働いていたと思われる。また，十分な対策を取っていないにもかかわらず，自分ならば防ぐことができると思い込む，根拠の乏しい非現実的楽観主義に陥っていると思われる。

　また，その実験研究では，振り込め詐欺の被害者は，不意に仕掛けられ，なりすまし電話の声を本人と錯誤し，そのうえ情緒的に動揺させられるといった心理操作を受けた。そして，疑いをあまり持たないまま急いで指示に従ってしまったとする心理的過程が，仮説モデルとして示された（図 9-1）。

　この成果を受けて，筆者の研究グループでは，かかってきた電話がなりすましなのか本人の電話なのかの音声判断が簡単に失敗することを実証する，一連の実験研究を行ってきた。実験対象者に複数の電話の声を聞かせてそのなかから知人の声を探し出す課題を与え，実際には選択肢のなかには知人の

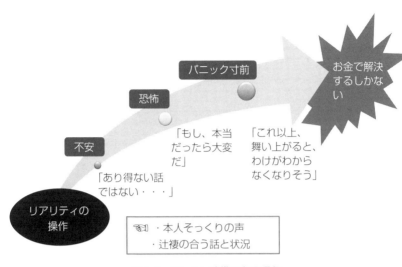

図 9-1　オレオレ詐欺の心理過程

声を含めないでおく方法や，電話をかける約束をメールで交わした後，その時間に別人物が電話をかけてなりすましに気づくかどうかの課題を与える実験，もっとシンプルに，見知らぬ人に親しい知人を名乗って電話をかけさせると気づけるかという課題を与える実験などを試してきている。その結果は予測どおりであり，年齢にかかわらず，なりすまされた電話の声を多くの実験対象者が誤って判断することが確認できた（一部は TV 放送などで公表）。

また，西田（2016）では，詐欺被害者がどのような詐欺師の心理的戦術によって騙されるに至ったのかを検討し，欺瞞的説得の要因を見出した。この研究は，すべてが高齢者ではないことや，なりすまし電話詐欺のすべてには該当しない点もあろうが，現実的な詐欺被害において社会心理学的な分析検討を行った希少な研究である。その研究では，詐欺被害者 95 名に質問紙調査を行い，因子分析を用いて分析したところ，5 因子を抽出した。すなわち，低い「コミットメント」状態にあって，「不審性」を低く認知する一方で，「返報性と権威性による依存性」「リアリティ」「執拗性」を高く認知していたことを示し，欺瞞的コミュニケーションは，Cialdini（2009）の示した承諾誘導の 6 原理が複合的に作用していたことを報告している。

つまり被害者は，相手（詐欺師）との接触中，あまり強いコミットメントを感じておらず，拒否可能な心理にあったと認知している。被害に遭う心理過程は，不意に電話を受けて始まるといったなりすまし電話詐欺においても，欺瞞的コミュニケーションでは熟慮可能性モデルでいう周辺的ルートにあるといえよう（Petty & Cacioppo, 1986）。すなわち最初，被害者はあまり相手に不審を抱いてなかったが，話の内容に専門性が高いと認知した。それに続いて被害者は，いかにも納得可能なリアリティの高い話で希少性が煽られて，相手の親切行為を受けとめたのをベースに，自分（被害者）では商品などの良し悪しの判断がつかないのだから相手に判断を委ねるようにと，執拗に誘導されることを示唆しているのである。

　最近ではいわゆる"水際対策"として，金融機関の窓口において，職員が高額を引き下ろそうとする高齢者には，詐欺の可能性について再考をうながす声かけを行っている。その成果はかなり上がっていると見られるが，その可能性を否定した高齢者が被害に遭っているケースも少なくない。そこで木村ら（2017）や廣瀬ら（2017）は，銀行員の声かけ業務において，対応困難に感じる顧客反応がどのようなものかを探ったうえで，職員の負担軽減やスムーズな対応のためには何が必要とされるかを検討する調査研究を行っている。

　ある大手銀行において，声かけ業務経験のある全国の行員 305 人を対象に質問紙調査を実施した結果，対応に困難を覚える高齢者は，因子分析法によって「沈静反応」「回避反応」「焦燥反応」「怒り反応」に 4 分類された。その結果，声掛けにおいて対応しづらいと感じる顧客はおよそ半数存在し，同順に困難度が上がることが明らかになった。

　また，行員からの高齢者への声かけの有効なコミュニケーション方法も因子分析した結果，顧客に振り込み詐欺の被害者である可能性を想起させる声かけ方法として「自己内省推奨」，顧客に振り込み詐欺の手口を説明する「手がかり伝達」，第三者の介入によって顧客の安全を確保する声かけの「代行推奨」，そして，声かけが犯罪阻止を目的としており，銀行業務内での声かけ実施の適切さを顧客に伝える声かけの「正当性の主張」の 4 因子が見出された。

被害に遭う可能性のある高齢者とのコミュニケーション，つまり行員の交渉術は，これらの因子に基づいた現状の理解をもとに，今後，コミュニケーション内容の順序や過不足を再検討することで，より効果的な技法を検討するべきであろう。

5. なりすまし電話による高齢者詐欺被害の心理過程

以下は，高齢者が被害に遭いやすい各詐欺別に，メディアでの被害者自身の報告などから推測された心理過程を，これまでのさまざまな心理学的知見を応用して分析を試みた。いわば仮説モデルであり，今後の実証が望まれるものであるが，実証研究の少ない現状を鑑み提示しておく。

(1) オレオレ詐欺
① 手口の概要

最近，最も巧妙といわれている「オレオレ詐欺」のシナリオは，息子が電車に会社の小切手が入った鞄などを置き忘れたというものであり，何段階にも電話を分けて複数犯が仕掛けてくる。

最初は，駅や警察から遺失物拾得の連絡がないかと告げる，息子のなりすまし電話で始まる。この方法で，いつもと異なる未登録の番号からの電話に対する不審を拭い去る。次の電話では，駅員になりすまして電話し，遺失物を預かっていると告げ，本人確認と称して氏名，会社名などの個人情報を聞き出し，取りに来るように告げるのである。そして，犯人が再び息子になりすました電話をかけると，被害者は鞄が見つかった旨を伝えて，一件落着したかに見せる。しかし犯人は，再びしばらく合間をとって電話し，鞄は戻ったが会社の小切手だけが抜き取られていた，損金を補填しなければならないのだが，自分の預金口座やクレジットカードが悪用されないように停止しているから間に合わない，代わりに用立ててほしい，明日には返せる，他の人には言わないで，と説明するのである。

続けて犯人は，銀行での詐欺対策の介入を見込んで，用立てを承諾した被害者に合理的な嘘の使用目的を言うように提案し，工面した金銭は自分で自

宅に戻って受け取ると告げるのである。よって被害者にしてみれば，息子に直接手渡すのだから詐欺の疑いはないと確信する。しかし実際には，犯人はまたなりすましの電話をかけて，帰宅できなくなったから持ってきてほしいと，被害者を会社近くに呼び寄せて待ち合わせるが，さらに緊急会議などで席を外せなくなったからと嘘の説明をして，代理の者を遣わすので手渡すよう要請するのである。

② 心理過程の分析

　被害者が息子などのなりすまし電話に気づかず，当人からの電話だと誤認することから始まる。確証バイアスが働き，「俺，俺」などと馴れ馴れしく呼びかけられると，「息子かな」と想像し，あるいは相手が息子を名乗れば，そのままそうだと思い込む。被害者は，電話の声や内容から息子の特徴に合致する情報を探り，少しでも当てはまれば疑いを持たない。犯人が息子を騙った際の声がそっくりだったし，生活の事情も辻褄が合っていたから信じてしまう。

　ここで，日本の文化的な特徴が負の影響をもたらす可能性にも注目すべきだ。「以心伝心」「寡黙な男が良い」などと言われて，日本の男性は特別な用事がない場合，家族に電話する習慣がない者が多いし，親のほうも「便りがないのは元気な証拠」とそれを気に留めない。遠く離れて暮らす事情が当たり前の現代の日本社会で，まめに家族と電話で連絡し合う男性は少ないのである。この事情が，声が息子に少し似ている気がすれば，なりすましに気づかなくさせているのかもしれない。しかも犯人は，被害者家族の名前や職業などの個人情報を事前につかんだうえで仕掛けてくる場合も多くなったため，話す内容は辻褄が合っているのだ。

　なりすましに気づかれないと，息子を騙る犯人は，まさに今，緊急事態に陥っていて，金銭援助が必要であることを説明してくる。そして，もし用意できないと他者に迷惑をかける，会社を解雇される，警察に捕まる，などと窮状を訴えて恐怖感を煽ってくるのである。それを信じた被害者は，急ぎお金を用立てる準備を始めてしまう。このときの親の心理は，とにかく息子を助けたい一心で，最初の電話で本当に息子なのかどうか小さな疑念を抱いても，相手の言葉に耳を傾けているうちに，その疑惑はすでに頭から消えてし

まっているのである。

このときさらに，日本文化の負の心理的な影響が働く。その一つは“家族一体主義”とでもいうべきもので，息子の不祥事は親にも責任があると考えて，親はその要求を突き放すことができない傾向にある。「冷淡な親」であるとか「無責任な親」といった世間からのそしりを免れるためにも，日本の親は真摯に対応しようとするのである。

もう一つは，“お目こぼし”に見られる情状酌量の文化規範である。個人の責任論で考えれば，事故や不祥事を起こしてしまった限りは，親ではなく息子自身が謝罪して，弁済するなり刑に服するなりが当然のことである。しかし，家族が深い反省の情を示せば，その気持ちに免じて相手は許してくれたりするかもしれないと，考える傾向があると思われる。

しかも詐欺の手口は進化して，被害者には金銭を息子に直接手渡しするつもりで準備させる。この手口では，金銭準備を終えた被害者は，息子と会う約束をしているのである。実際には，被害者は会う約束の場で長い時間待たされたあげく，外せない急用ができたと土壇場でキャンセル電話が入り，託された代理人に金銭を渡せと指示してくる。そこにはコミットメント効果が働くと考えられ，今さら代理人を疑って渡さずに帰り，息子をさらに窮地に追い込むことになるのも困るから，信じて託すしかない，という心理が働いてしまう。

(2) 架空請求詐欺
① 手口の概要

このタイプの詐欺では，犯人は偽の販売業者のみならず，公的機関の職員やマスコミの記者など，いろいろな立場の人になりすます。

最も巧みだと思われる手口では，まず犯人は消費者センターなどの職員になりすまし電話をかけて，悪質な投資勧誘の業者のパンフレットがあちこちに送られているから注意してほしいと話し，また，もしそんな郵便物が届いたら連絡してほしいと告げる。間もなく被害者宅に，商品購入の特別機会に当選したとされるパンフレットの郵便が届く。そこで，先に知らされていた偽の消費者センターの連絡先に電話すると，その会社はセンターが懸念し

ている会社ではなく優良企業である，と嘘を告げるのだ。

　その後犯人は，有名なマスコミの記者になりすました電話をかけて，特別な機会を引き当てた好運の人への取材電話であると告げるのである。そして，しばらく日数が経ってから，犯人はその偽のパンフレットのセールスマンになりすました電話をかける。被害者が関心を持つと，契約させてお金を支払わせる。関心がない場合は，好運な人だけが買える商品なので，代理で買って自分に譲ってほしいと持ちかけるのである。被害者がそれに応じると，犯人は買い取りしないまま逃げたり，譲渡が違法なので逮捕されたくなければ示談金を支払え，といった無茶な要求を突きつけたりしてくる。

② 心理過程の分析

　消費者センターだと名乗る不意の電話がかかってきても，たいていは不審には思わない。一般に電話の相手を確かめるという習慣はなく，人は相手の言われるままに名乗りを信じるのである。そして犯人からの電話の内容は，悪質業者に気をつけるように警告するといった親切な内容であり，返報性の心理だけが生じる。そのために，間もなくして届いたパンフレットに対応して，偽の消費者センターに電話をしてしまうのだ。

　そのパンフレットは装丁が綺麗であり，いかにもしっかりとした会社のように感じられ，勧誘内容には儲かる良い商品のリアリティが感じられる。このときすでに，偽の消費者センターからの電話が，その会社に権威性を与えていることも影響すると考えられる。また，大手メディアの権威をも悪用して，記者になりすました取材電話を入れていることもあり，さらに“チャンス到来”のリアリティが高まってしまう。

　犯人は電話での交渉の機会を得ると，被害者に自分だけが特別に購入できる機会を得ているという希少性，投資などの勧誘メッセージにリアリティを織り込みながら，自分の専門性を誇示し，確実な儲けや収入をアピールする。その利得を信じた被害者は偽の契約に応じてしまうが，利得に興味がない場合も，犯人は，「欲しくても買う権利がない人がいるので，代理に買ってくれたら謝礼を乗せてすぐに買い取る」という話を持ち出し，それなら援助するという心理，つまり返報性が作用して承諾するのである。また，代理購入後に，犯人は代理購入が違法な行為であるので，逮捕されないように交渉す

るための示談金が必要になったなどの電話をかけてきて，被害者に強い恐怖感を与えて依存性を高めるのである。

(3) 還付金等の詐欺
① 手口の概要
　このタイプの詐欺は，やはり突然のなりすまし電話で始まる。

　犯人は自治体や税務署の職員を偽って，過払い金を戻したいのだけれど，今日が払戻期限で手続きをとっていないから連絡した，と親切を装うのである。そして，被害者を特別の ATM がある場所に誘導すると，操作方法が当然ながらわからない被害者に，携帯電話で連絡を入れさせる。このとき犯人は，嘘の ATM 操作法を説明し，ワンステップごとにボタン操作を誘導する。被害者は，振り込んでもらう操作をしているつもりが逆に振り込んでしまうことによって，預金が騙し取られるのである。

② 心理過程の分析
　被害者はやはり，犯人のなりすまし電話を疑えず，公的機関の職員だと錯覚してしまうことから始まる。この詐欺被害に遭う高齢者は，ATM 機械に慣れていないこと，還付金などを受け取るといった経験の少なさが影響していると考えられる。しかも犯人は，期限切れを強調することで焦燥感を誘導して，批判思考を抑制させている。

　実際には振り込みを受けるにあたり，被害者側の手続きは一切不要であるにもかかわらず，被害者は還付されるという状況に慣れておらず，しかも非常に急いでいるゆえに，具体的な手続き行為を指示どおりに遂行することだけしか考えていない。つまり，その従う心理は，公的機関の職員という権威に対する服従であり，指示者の代理状態に陥ってしまうからだと思われる（Milgram, 1974）。よって，ATM 機械の前では，犯人の指示や機械の画面上のメッセージに対して疑問があっても，行為が誤りであることに気づくまでに至らない。

　犯人による指示が，近くの金融機関ではなく，第三者に阻止されることを意識して無人の場所に設置されている機械に誘導するものであっても，特別な操作だから場所を選ぶのだろうと思わせ，振り込みを受けるには不適切な

画面表示も，何か一般には知られていない特別な操作なのだろう，専門の係の人の指示なのだから間違いはありえない，と推測させて，偽の公務員の指示に盲目的に従わせるのである。

6. 対策の現状と効果性

　このように心理過程から見ると，被害者は高齢化で判断力が落ちたからではなく，詐欺のことは注意していても，そのときばかりはつい錯覚し，扇動されて感情が高揚して，騙されてしまっている可能性が高いことに気づく。となると，心理的な知見をさらに収集して詐欺予防の対策を検討することは，根本的な解決に向けてとても重要である。

　この領域は，被害者を対象にした調査を丁寧に行い，それに基づいた仮説を実験的に検証し，効果的な対策を立案して適応し，その成果を調査で確認する，といったアクションリサーチが有効な研究法だと考えられる。しかしながら，そのような心理学的な研究がまだ緒についたばかりであることも，強調しておいたほうがよいだろう。いずれの内容も，科学的証拠が十分に獲得された知見とは言い難い現状にある。

【文　献】

Boush, D. M., Frisetad, M., & Wright, P.（2009）*Deception in the marketplace: The psychology of deceptive persuasion and consumer self-protection.* Taylor and Francis Group.（安藤清志・今井芳昭監訳〈2011〉市場における欺瞞的説得——消費者保護の心理学．誠信書房）

Cialdini, R. B.（2009）*Influence: Science and practice.* 5th ed. Pearson Education, Inc.（社会行動研究会訳〈2014〉影響力の武器——なぜ，人は動かされるのか［第3版］．誠信書房）

権藤恭之編（2008）高齢者心理学．朝倉書店

廣瀬竜太郎・木村真利子・西田公昭（2017）金融機関における特殊詐欺対策に関する心理学的検討（1）——顧客に対する有効な声掛け方法の検討．日本応用心理学会第84回大会発表論文集，119.

警察庁（2018）警察庁特殊詐欺対策．［https://www.npa.go.jp/safetylife/seianki31/1_hurikome.htm］（2018年4月2日取得）

木村真利子・廣瀬竜太郎・西田公昭（2017）金融機関における特殊詐欺対策に関する心理

学的検討（2）：声掛けに対する顧客反応への金融機関職員の意見分析 応用心理学会第
84回大会発表論文集．120．

Milgram, S.（1974）*Obedience to authority: An experimental view*. Harpercdlins Publishers.
（山形浩生訳〈2008〉服従の心理．河出書房新社）

永岑光恵・原　塑・信原幸弘（2009）振り込め詐欺への脳神経科学からのアプローチ．社
会技術研究論文集，**6**，177-186．

西田公昭（2009）だましの手口——知らないと損する心の法則．PHP研究所．

西田公昭（2015）詐欺・悪質商法被害者の心理（1）——詐欺被害後の心理についての検
討．日本社会心理学会第56回大会発表論文集，38．

西田公昭（2016）詐欺・悪質商法被害者の心理（2）——詐欺被害者が受けた欺瞞的説得
方略についての検討．日本社会心理学会第57回大会発表論文集，44．

西田公昭・秋山　学（2009）振り込め詐欺の社会心理学——一時的マインド・コントロー
ルの検討．日本応用心理学会第76回大会発表論文集，105．

Petty, R. E. & Cacioppo, J. T.（1986）The elaboration likelihood model of persuasion. In L.
Berkowitz（Ed.）, *Advances in experimental social psychology. Vol. 19.* NY: Academic
Press, pp.123-205．

辰野文理（2013）振り込め詐欺被害の心理学的分析．被害者研究，**23**，120-128．

渡部　論・渋谷泰秀（2011）犯罪被害に遭いやすい高齢者の認知バイアス——高齢者はな
ぜ犯罪に狙われやすいか．秋田県立大学総合科学教育センター 一般研究助成最終報告
書

第Ⅲ部
高齢者の
心身機能と犯罪

第 10 章　高齢者の衝動性・攻撃性

第 11 章　高齢者の脳機能，認知機能

第10章 高齢者の衝動性・攻撃性

[市川玲子]

1. はじめに

　人間は、受胎から死に至るまでに、さまざまな発達的変化を遂げる。身体能力や身体機能のいわゆる「成長」や「老化」はもちろん、心理的な諸特徴・諸機能も、発達とともに大きく変化していく。高齢者による犯罪、あるいは高齢者が犯罪に巻き込まれることの背景に、高齢者特有の心理的特徴が関与していることは大いに考えられる。そこで第Ⅲ部では、高齢者の犯罪に関わる高齢者特有の心理的特徴について概説する。第10章では、衝動性・攻撃性を中心としたパーソナリティ（性格）の側面を取り上げ、続く第11章では、脳機能や認知機能の側面を取り上げる。

2. パーソナリティとは

　一般に、「年寄りは気が短い」「年をとると丸くなる」と言われることがあるが、はたして本当なのだろうか。「あの人は気が短い」といった表現は、その人の性格を表したものである。近年の心理学では、性格のことを、英語の personality のカタカナ表記である「パーソナリティ」と表記することが多いため、本稿でも一貫して「パーソナリティ」という表記を用いる。
　パーソナリティはきわめて曖昧な概念である。現在までに、研究者の間では、「ある程度時間的に安定し、個人内で一貫した、その個人に特徴的な行

動・思考を決定づける心理学的または生物学的な体制」といったものとしてとらえられている。要するに，パーソナリティとは，「ある個人のさまざまな行動に対して，一貫したパターンや方向性を与える要因」であると言い換えることができる。

　パーソナリティ心理学の分野では，人の行動を決定づけるのはパーソナリティか，あるいは状況（環境）の力か，という議論（いわゆる「人か状況か論争」）が長年行われてきた。現在では，パーソナリティと状況の両方が人の行動に影響を及ぼし，また，これらが互いに影響を及ぼし合うと考えられている。

　たとえば，犯罪行為は誰もが行うわけではなく，パーソナリティの違いによって犯罪行為に走りやすい人とそうでない人がいる。すなわち，“人による”側面がある。しかし，いくら累犯者であっても，いついかなるときでも犯罪行為を繰り返すわけではない。つまり，同じ人物であっても，その場の状況や他者との関係性，あるいは他者との相互作用によって，犯罪行為や攻撃行動が生起したりしなかったりする。すなわち，“時と場合による”側面もある。このように，人の行動を決定づけるのは，個人のパーソナリティだけではなく，状況や他者の影響も多分に受けるといえる。

　そして，ある個人のパーソナリティや状況および他者がその人の行動に影響を及ぼすだけでなく，ある個人の行動が状況や他者の反応，ときにはその人自身のパーソナリティにも影響を及ぼすことで，複雑な円環的相互作用が発生する。つまり，人の行動は，その個人の内的あるいは外的要因による一方向的な影響を受けるだけでなく，それらの要因に対して新たな影響を与え，互いに影響を及ぼし合うことがある。

　以上のことから，犯罪行為の発生要因が多岐にわたることは間違いない。しかしここでは，心理的な個人差であるパーソナリティに主眼を置き，さらにパーソナリティと密接に関わる他の要因についても触れることで，高齢者の犯罪加害（および犯罪被害）の生起に影響を及ぼす要因を整理していく。

⑴　パーソナリティの発達的変化──高齢者のパーソナリティの特徴

　「年寄りは気が短い」「年をとると丸くなる」と言われる一方で，「三つ子

の魂百まで」ということわざもある。はたして，パーソナリティは"年をとる"ことで変化するのか。それとも，幼少期の時点で決定され，そのまま"百まで"変わらないのか。

この疑問に答える研究が，世界中で蓄積されてきた。大規模サンプルを対象とした縦断調査による知見は主に海外で蓄積されてきたが，近年では日本国内でも大規模 Web 調査が行われるようになった。

結論から述べると，私たちのパーソナリティは，加齢に伴って直線的あるいは曲線的な変化をたどる。Roberts ら（2006）は，92 の先行研究を用いたメタ分析を行い，それまでに示されていたパーソナリティの年齢による変化に関する知見を統合した。その結果から，「知的好奇心」（Big Five 理論における「経験への開放性」）と「社会的活力」が老年期に低下し，「協調性」と「勤勉性」が老年期にかけて上昇することが示された。一方で，ドイツ語圏における調査（Specht et al., 2011）では，「情緒不安定性」「外向性」「知的好奇心」「協調性」が若年期から中年期にかけて上昇し，40〜60 歳の間にピークに達した後，老年期に低下していくことと，「勤勉性」が青年期から老年期にかけて一貫して上昇することが示された。日本においては，川本ら（2015）が，日本人 4,588 名を対象とした大規模社会調査で得られたデータを分析し，同様の検討を行った。その結果，「協調性」と「勤勉性」が年齢に伴って上昇し，老年期において高くなることが示された[*1]。

研究ごとに，すなわち国や研究対象ごとに多少結果が異なるが，これらの知見の相違は，文化的な背景やパーソナリティの測定手法の違いによって生じた可能性がある。しかし，おおよその傾向として，老年期は「社会的活力」や「知的好奇心」が他の年代と比較して低く，「協調性」と「勤勉性」が他の年代と比較して高い傾向が見られている。

⑵　パーソナリティはなぜ変化するのか

パーソナリティが年齢に伴って変化する要因として，さまざまな視点に立った主張がなされてきたが，ここでは主要な 3 点の説明を挙げる。

[*1]　川本ら（2015）は性差（男女差）についても検討しているが，本稿では紙幅の都合で割愛する。

① 遺伝的素因

McCrae ら（2000）は，遺伝的素因による内因性の変化を挙げている。つまり，パーソナリティは，環境などの外的要因とは無関連な，遺伝的に規定された成熟によって変化するという視点である。近年では，遺伝的な心理的個人差について検証することができる行動遺伝学の研究手法が発展したことによって，あらゆるパーソナリティと遺伝的素因との部分的な関連が明らかにされつつある（たとえば，Bouchard & Loehlin, 2001）。

② 役割

Sarbin（1964）は，社会的に期待される役割の変化に伴って，パーソナリティが変化すると主張している。幼少期から青年期にかけては子どもや学生としての役割が求められ，成人期や中年期には仕事，結婚，家族に関する役割が期待される。そして，老年期になると，それまで求められていた労働力としての役割が解消されることで，新たな変化が生じるとされている。これらの役割に対する期待に反することは，社会的承認や仕事の喪失につながりうるため，役割に対する期待に添ったパーソナリティの変化は，社会的適応のうえで必要な変化であるといえる（Roberts et al., 2006）。

③ 家族関係

家族経験や，新たな家庭を築くこと（あるいは家族関係を解消すること）もまた，パーソナリティの変化に影響を及ぼす。たとえば，女性における性役割の変化や離婚経験が，女性性の変化と関連すること（Roberts et al., 2002）や，より満足した人間関係を経験することが，感情の安定性の上昇と関連すること（Roberts & Chapman, 2000; Robins et al., 2002）が示されている。

以上のことから，パーソナリティの変化には，内因に関わる遺伝的な素因に加え，社会的経験や対人関係の質が強く関連しているといえる。そして，本節の冒頭で述べたように，人の行動とその個人のパーソナリティ，そして環境や経験や他者との相互作用は，相互に密接に関与し合っているといえる。

(3) 高齢者のパーソナリティの特徴とその背景

本節（1）で述べた高齢者に特徴的なパーソナリティを言い換えると，「知

的好奇心」や「社会的活力」が低いことは，すなわち，新たな経験や幅広い人間関係に対する接近希求が抑制されることにつながりうる。また，「協調性」と「勤勉性」が高いことは，利他性や共感性および責任感が強く，真面目で，自分や他者のための目標を達成することに忠実であることにつながりうる。

これらの特徴について，Sarbin（1964）の役割期待の視点から考察すると，老年期は世界を広げることや自己研鑽といった役割が解消され，社会的には新たな変化を求められなくなるため，「知的好奇心」や「社会的活力」が低下すると考えられる。また，労働者としての役割が解消されることによって，自分自身やより身近な他者に対して個人的かつ利他的に心理的コストを払うようになるため，「協調性」や「勤勉性」が上昇すると考えることもできる。

本節で述べてきたように，ある個人の行動パターンを形成するパーソナリティは，ある程度時間的に安定しているものの，ライフスパンで見ると一定の方向に変化する。そして，パーソナリティの形成や変化には，遺伝的素因だけでなく，さまざまな社会経験や対人関係，および社会文化的に期待される役割も影響を及ぼしている。したがって，高齢者の犯罪加害あるいは犯罪被害について考えるうえでも，高齢者特有のパーソナリティの特徴そのものだけでなく，それらのパーソナリティを形成している背景要因や，社会的あるいは状況（環境）的要因についても考える必要があるといえる。

3. 犯罪加害と関連が強いパーソナリティの側面

前節では，高齢者の全般的なパーソナリティの特徴についてとらえた。それでは，特に犯罪加害と関連するパーソナリティの発達的変化についてはどうだろうか。本節では，犯罪加害と関連が強いパーソナリティの側面について紹介し，それらの年代間比較についても併せて述べる。

Jones ら（2011）は，パーソナリティと反社会的行動および攻撃行動との関連について検討した先行研究の結果のメタ分析を行った。その結果，「協調性」と「勤勉性」の低さと，「情緒不安定性」の高さが，一貫してこれらの行動と関連することが明らかとなった。すなわち，利他性や共感性，責任

感が低いことや，環境刺激やストレッサーに対して敏感であること，不安や緊張が強いことが，反社会的行動や攻撃行動と密接に関連しているといえる。

また，Fazel と Danesh（2002）は，受刑者の精神障害の特徴に関する62の調査の結果に対してメタ分析を行った。その結果，男性受刑者の47%と女性受刑者の21%が，反社会性パーソナリティ障害を有していた。この割合は，一般人口のおよそ10倍ともされている。大うつ病性障害や統合失調症，他の類型のパーソナリティ障害と比較しても，反社会性パーソナリティ障害を有する受刑者の割合が非常に高かったことから，反社会性パーソナリティ障害は犯罪加害と強く関わるパーソナリティ群であるといえる。

反社会性パーソナリティ障害とは，「他人の権利を無視する，そして侵害する様式」とされており，自己の利益のために人を騙す，衝動的で計画性がない，攻撃的で暴力をふるいやすい，責任感がない，良心の呵責がない，といった特徴を含む精神障害である（American Psychiatric Association, 2013）。このようなパーソナリティの傾向は受刑者にのみ特異的に見られるわけではなく，一般人口においても程度の差こそあれ，誰にでも見られるものである。特にこれらの傾向が強く，反社会的行動や攻撃行動を繰り返すことで社会生活に支障をきたしている場合に，反社会性パーソナリティ障害の診断が下され，治療（矯正）の対象となりうる。

(1) 犯罪加害と関連が強いパーソナリティの発達的変化

すでに述べたように，反社会的行動および攻撃行動と負の関連がある「協調性」と「勤勉性」（Jones et al., 2011）は，一般に老年期に高くなる（Roberts et al., 2006）。「協調性」と「勤勉性」の高さは，反社会性パーソナリティ障害における，自己の利益のために人を騙す，責任感がない，良心の呵責がない，といった特徴と相反するものである。そして，反社会性パーソナリティ障害は，一般に40歳までに症状が軽くなったり，寛解したりすることが多いとされている（American Psychiatric Association, 2013）。

しかし，反社会性パーソナリティ障害の特徴を細かく見ると，そこに含まれる衝動性の高さや攻撃性の高さについては，老年期に必ずしも低下しない。内閣府（2017）が発行している『高齢社会白書　平成29年版』によると，高

齢者による犯罪のうち，窃盗犯（72.3%）と粗暴犯（12.7%）が大多数を占めている。窃盗犯はあらゆる年代および時代において最も大きな割合を占めてきたが，高齢者の粗暴犯（殺人・強盗・傷害・暴行）は，ここ10年ほどで大幅に増加している（2004年の検挙人員1,714名〈4.7%〉が，2015年には検挙人員6,060名となった）。以上のことから，次項以降では，窃盗や暴力との関連が強い，衝動性と攻撃性に焦点を当てて論じていく。

(2) 高齢者の衝動性

衝動性（impulsivity）とは，「ある行動をとる前に，平等な能力を持つほとんどの人よりも熟慮しない傾向」（Dickman, 1990）や，「自分や他人に良くない結果を招く可能性を考慮せずに，内的あるいは外的な刺激に対して拙速で無計画な反応を行う特性」（Moeller et al., 2001）などと定義されている。一般に，衝動性が高いことは，ネガティブな傾向あるいは認知機能の欠如と関連づけて論じられることが多く，置かれている状況に対する不適切な行動や，望ましくない結果を導く行動を引き起こす概念（Evenden, 1999）としてとらえられてきた。

しかし，衝動性と認知機能との関連についての研究は，衝動的であることの結果が必ずしもネガティブではないことを示している。たとえば，実験課題が非常に単純な場合は，衝動性が高いほどエラーが少なく（Dickman, 1985），決定を下すまでに利用できる時間が非常に短い課題の場合も，衝動性が高いほど正確なパフォーマンスを示す（Dickman & Meyer, 1988）ことが明らかとなっている。

これらのことから，Dickman（1990）は，衝動性が単に不適応的な側面のみを含むわけではないと考え，衝動性を「機能的衝動性」（functional impulsivity）と「非機能的衝動性」（dysfunctional impulsivity）という二つの側面からとらえた。「機能的衝動性」は，迅速で，少ない思考プロセスのみを経て行動を起こすことが最適である場合に，そのような意思決定を行う傾向を表す。一方で，「非機能的衝動性」は，時間をかけた組織的な意思決定アプローチが必要とされる場面でそれを使用することができず，拙速な判断や情報処理を行って，結果的に望ましくない状況を引き起こしてしまう傾向を指す。従

来の衝動性の定義は，後者の非機能的衝動性に相当するといえよう。いずれの側面の衝動性も，向こう見ずな行動をとる傾向とは正の相関が見られたが，同時に機能的衝動性は，のんびりした傾向とも中程度の正の相関を示し，一方で非機能的衝動性は，規律性（秩序性）と中程度の負の相関を示した（Dickman, 1990）。すなわち，機能的衝動性が高い人は，焦って判断を急いでいるわけではなく，状況や課題に応じて必要最低限の認知資源のみを用いることができる。しかし，非機能的衝動性が高い人は，系統立った必要最低限の判断を経ずに行動を起こしてしまうため，望ましくない結果を招いてしまうといえる。

　Morales-Vives と Vigil-Colet（2012）は，高齢者（認知症の症状がない65〜94歳まで）と青年および成人のサンプルについて，機能的衝動性と非機能的衝動性の年代間比較を行った。その結果，機能的衝動性については年代間の差が見られなかったものの，非機能的衝動性については高齢者のほうが成人よりも得点が高かった。すなわち，高齢になるにつれて，機能的衝動性は低下しないものの，非機能的衝動性は上昇する傾向にあるといえる。この結果は，高齢者は，迅速な判断や意思決定が適切な場面においては他の年代と同等のパフォーマンスを発揮できるが，そうでない場合に，時間をかけて熟慮したうえでの判断や意思決定を行うことが困難であることを表している。

　高齢者の非機能的衝動性が高く，また非機能的衝動性は規律性（秩序性）と負の相関がある（Dickman, 1990）ことを踏まえると，高齢者は実生活で複雑な問題解決が必要な場面に直面したときに，規律や秩序を踏まえて熟慮を重ね，判断や意思決定を行うことが困難になると考えられる。このような特徴が，非合法的な問題解決手段をとることにつながり，窃盗や粗暴といった犯罪を引き起こす一因になりうると考えられる。

⑶　高齢者の攻撃性，攻撃行動とセルフ・コントロール

　攻撃性（aggression）とは，人や動物に攻撃行動をとらせるような内的状態を指す。すなわち，攻撃性が高まることで，攻撃行動が生起する。攻撃行動は，広く定義すれば「相手を傷つけることを意図した行動」といえるが，細

かく見ると，暴力などの身体的攻撃，言葉による心理的攻撃，仲間関係の操作によって相手に危害を加える間接性攻撃といった分類をすることができる。このうち，最も直接的に犯罪行動となりうるのは身体的攻撃であり，心理的攻撃や間接性攻撃は，虐待やいじめの手段として問題視されることが多い。

攻撃性と非行や犯罪との正の関連は，一貫して示されている（たとえば，Loeber & Stouthamer-Loeber, 1998）。しかし，攻撃性の年代間比較については，十分な知見が得られていない。攻撃行動は，幼少期や児童期には問題行動として認知されやすいが，高齢になるにつれて身体機能や社会的活力が低下する（Roberts et al., 2006）ため，目に見える攻撃行動（直接的・身体的攻撃）が抑制される傾向にある。しかし，高齢者の対人的戦略として，そのような直接的な攻撃行動に代わり，間接的な攻撃行動（心理的攻撃など）が選択される傾向にあることが示されている（Walker et al., 2000）。そして，高齢者における言語的攻撃には，認知機能の低下や日常生活における活動性の低下，および社会的な機能障害が関連していることが明らかにされている（Cohen-Mansfield & Libin, 2005）。

攻撃行動の発現に寄与する攻撃性は，セルフ・コントロール（自己制御）とも密接な関係がある。認知制御に関わる神経メカニズムについては第11章で詳述するが，パーソナリティ特性としてのセルフ・コントロールについては，その社会的適応との広範な関連が指摘されてきた。セルフ・コントロールとは，「直接的な外的強制力がない場面で，自発的に自己の行動を統制すること」（Thoresen & Mahoney, 1974）や，「複数の目標が互いの達成を阻害するような葛藤状態にあるとき，（中略）比較的に望ましい目標を追求し，比較的に望ましくない目標追求を抑制すること」（尾崎ら，2016）などと定義される概念である。私たちが日々行っているセルフ・コントロールの実態には，かなりの個人差が存在することが示されている（Bellack & Schwartz, 1976; De Ridder et al., 2012）。De Ridder ら（2012）は，メタ分析の結果から，セルフ・コントロールの個人差が，学校や職場，対人関係といった幅広い領域における適応と正の関連があることを示し，セルフ・コントロールがさまざまな社会的行動に対する制御変数としての役割を持つことを明らかにした。

セルフ・コントロールの失敗はしばしば攻撃性を予測し，かつセルフ・コ

ントロールを高めることで攻撃性が低下することが示されている（Denson et la., 2012）。また，感情調節および認知制御に関与する神経メカニズムが，セルフ・コントロールの不足と攻撃行動との間を媒介することや，不適応的な怒り感情の調節がセルフ・コントロールを阻害し，結果として攻撃性を増加させることも示唆されている（Denson et al., 2012）。さらに，Moffitt ら（2011）は，幼少期のセルフ・コントロールの低さが，成人後（およそ30年後）の犯罪加害を予測することを明らかにした。

　一般に，高齢者は若年成人と比較して，感情制御において優れていることが報告されている（Gross et al., 1997）。また，Green ら（1994）は，セルフ・コントロールの指標としてしばしば用いられる，遅延報酬の割引率（今すぐ得られる小さな報酬に対して，後に得られる大きな報酬に対する価値をどれだけ割り引かずに高く認知するか）における生涯発達について，実験的に検討した。その結果，子どもと成人と高齢者では，子どもが最も割引率が高く，高齢者が最も割引率が低いことが示された。すなわち，高齢になるにつれて，後に得られる大きな報酬に対する価値を高く認知するようになることが示され，高齢者はセルフ・コントロールの能力が高いことが示唆された。

　前項と本項で述べたことを踏まえると，高齢者における攻撃行動は，単なるセルフ・コントロールの失敗によるものではなく，複雑な問題解決に必要な熟慮の不足（非機能的衝動性の高さ）（Morales-Vives & Vigil-Colet, 2012）や，活動性の低下および社会的な機能障害（Cohen-Mansfield & Libin, 2005）に起因すると考えられる。

4.　高齢者による犯罪加害とパーソナリティをつなぐ要因

　前節では，犯罪加害に直接関わるパーソナリティの側面について述べた。本節ではさらに，前節で取り上げた衝動性や攻撃性，セルフ・コントロールと関連する，高齢者特有の心理的側面について考察する。

　高齢者に顕著な心理的特徴として，孤独感が挙げられることが多い。これは，日本において，65歳以上の独り暮らしの高齢者が，年々増加していることとも関連しているかもしれない。実際，ここ35年間で，独り暮らしの

高齢者は男女ともに大幅に増加しており，1980 年には，男性およそ 19 万人，女性およそ 69 万人，高齢者人口に占める割合は男性で 4.3%，女性で11.2%であったのが，2015 年には，男性およそ 192 万人，女性およそ 400万人，高齢者人口に占める割合は男性で 13.3%，女性で 21.1%となった（内閣府，2017）。

　その一方で Pinquart と Sorensen（2001）は，メタ分析の結果から，実際に強い孤独感を感じている高齢者は 5〜15%程度であることを報告した。とはいえ，年齢と孤独感との間には U 字型の関連がある（つまり，若年層と高齢層で孤独感が高く，中年期は孤独感が低い）ことも同時に示している。そして，高齢者における孤独感が青年や中年よりも高いことには，友人や近所の人といった家族以外の人物との接触が少なくなることや，社会的ネットワークの質が低下することが関連していた。日本においても，青木（2001）が，在宅高齢者の孤独感の高さには，家族（親戚）や友人からのソーシャルサポートの少なさが寄与していることを示している。すなわち，高齢者の社会的関係の量・質の（成人期と比較した相対的な）低下が，孤独感を高める要因であるといえる。

　そして，孤独感がセルフ・コントロールを弱めること（Cacioppo & Patrick, 2008）や，高齢者における孤独感が抑うつ症状と短期的・長期的に関連すること（Lim & Kua, 2011）といった，孤独感のネガティブな心理的側面に対する影響が繰り返し示されている。つまり，孤独感は，攻撃行動や犯罪加害とも関連するネガティブな行動結果や情動と結びつき，高齢者の社会的適応を阻害するだけでなく，犯罪加害を招く遠因ともなりうる。江崎（2017）は，高齢者の犯罪行為を説明するモデルを提案しており，高齢者は社会的孤立によってセルフ・コントロールの維持が困難になり，犯罪行為に加担するが，その一方で適切なソーシャルサポートを受容できれば，犯罪から離脱できる可能性があると主張している。

　すなわち，孤独感は高齢者の犯罪加害の遠因でもあり，孤独感を低減させることで犯罪加害を抑止させうることが考えられる。

5.　高齢者の犯罪被害に関わるパーソナリティの側面

　Reisig と Holtfreter（2018）は，アリゾナ州とフロリダ州に住む 60 歳以上
の者（2,000 人）に対する電話インタビュー調査を行い，犯罪の被害と加害
が相互に関連し合っていることを示した。すなわち，犯罪の加害者は，同時
に犯罪の被害者にもなりやすいことを示した。このことを踏まえると，犯罪
の加害と被害を結びつける何らかの要因が存在すると考えられる。

　第 9 章で述べられたように，近年では，高齢者をターゲットとした振り込
め詐欺事件の頻発が社会問題となっている。各所で注意が呼びかけられてい
るが，それでも被害が発生するケースは後を絶たない。本節では，これまで
に述べてきた高齢者の犯罪加害に関わるパーソナリティの側面と関連づけて，
高齢者の犯罪被害，特に詐欺被害について考察する。

(1)　衝動性と犯罪被害との関連

　衝動性や攻撃性の高さは，犯罪被害とも関連することが示されている。特
に衝動性が高い人は，長期的な影響を考慮せずに目の前の利益を追求する傾
向があるため，犯罪行為に手を染めやすいだけでなく，詐欺を中心とした犯
罪の被害に遭いやすくなるとされている（Schreck, 1999）。また，Reisig と
Holtfreter（2013）は，前述の Reisig と Holtfreter（2018）と同様の高齢者を
対象とした調査において，詐欺のターゲットや被害者となる可能性の高さに
は，セルフ・コントロールの低さが影響していることを示した。高齢者に限
らず，一般的にセルフ・コントロールの低さが詐欺被害につながることも示
されている（Holtfreter et al., 2008; Pratt et al., 2014）。しかし，特に高齢者におい
ては，非機能的衝動性の高さ（Morales-Vives & Vigil-Colet, 2012）や，協調性や
勤勉性の高さ（Roberts et al., 2006）によって，状況を十分に分析せずに拙速な
判断をしてしまったり，オレオレ詐欺の場合は利他性を発揮して「自分が助
けなければ」と強く思い込んでしまったり，より広範な意味での振り込め詐
欺の場合も，責任感の強さや柔軟性を欠いた状況判断をしてしまったりする
ことで，詐欺被害に遭いやすくなると考えられる。

第 10 章　高齢者の衝動性・攻撃性　　*165*

⑵　衝動性の高さと犯罪被害を結びつける高齢者の孤独感

　高齢者の孤独感の高さも，詐欺被害との関連性が指摘されてきた。McGhee（1983）は，高齢者の社会的孤立が詐欺被害に対する脆弱性と関連することを指摘し，Alves と Wilson（2008）は，高齢の詐欺被害者が離婚や死別を経験している傾向があり，そして婚姻状況が孤独感と関連していることを明らかにした。これらのことから，孤独感が高い高齢者は，詐欺被害の危険性が高いことがわかる。

　老年期になると，それまでの発達段階と比較して，他者との社会的接触が減少する。このことは，単に社会的活動性の低下を招くだけでなく，接触がある限られた人物に対するコミットメントを（良くも悪くも）強化する可能性がある。そこに，さらに非機能的衝動性の高さ（Morales-Vives & Vigil-Colet, 2012）や，協調性，勤勉性の高さ（Roberts et al., 2006）が関与することで，前項で述べたように詐欺被害に遭うリスクが高まると考えられる。

　このように，振り込め詐欺や特にオレオレ詐欺は，高齢者特有のパーソナリティの傾向が強いほど被害に遭いやすいと考えられる。被害防止の取り組みにおいても，高齢者が振り込め詐欺の被害に遭いやすい心理的要因を考慮した対策が必要であり，また振り込め詐欺の手口や経緯を分析する際にも，それらの要因を考慮すべきである。

6.　まとめ

　本章では，高齢者に特徴的なパーソナリティの視点から，高齢者による犯罪加害と高齢者の犯罪被害に関わる要因について論じた。高齢者の犯罪加害に関する心理学的な実証研究はまだ少なく，その要因は十分に解明されていない。また，振り込め詐欺の被害に遭う高齢者が後を絶たないことが社会問題となっているが，その根本的解決には至っていない。高齢者の犯罪加害についても，犯罪被害についても，その背景に高齢者特有の心理的要因が潜んでいる可能性は大いにある。今後，まずは高齢者の犯罪加害や犯罪被害に関する実証的知見を積み重ねることで，その要因やメカニズムを明らかにし，

そのうえで効果的な予防・介入・矯正方法を確立させることが急務である。攻撃性や衝動性に対する認知行動療法的介入（レビューとして，Moeller et al., 2001）や，高齢者の孤独感を低減させるための介入（レビューとして，Cattan et al., 2005）の試みはすでに行われているため，これらを応用して高齢者の犯罪加害／被害に対する介入方法が確立されることが期待される。

【文　献】

Alves, L. M. & Wilson, S. R.（2008）The effects of loneliness on telemarketing fraud vulnerability among older adults. *Journal of Elder Abuse & Neglect*, **20**, 63-85.

American Psychiatric Association（2013）*Diagnostic and statistical manual of mental disorders*. 5th ed. Washington, DC: American Psychiatric Association.（高橋三郎・大野裕監訳〈2014〉DSM-5 精神疾患の診断・統計マニュアル．医学書院）

青木邦男（2001）在宅高齢者の孤独感とそれに関連する要因——地方都市の調査研究から．社会福祉学，**42**, 125-136.

Bellack, A. S. & Schwartz, J. S.（1976）Assessment for self-control programs. In M. Hersen & A. Bellack（Eds.）, *Behavioral assessment: A practical handbook*. Oxford: Pergamon Press, pp. 111-142.

Bouchard, T. J. & Loehlin, J. C.（2001）Genes, evolution, and personality, *Behavior Genetics*, **31**, 243-273.

Cacioppo, J. T. & Patrick, W.（2008）*Loneliness: Human nature and the need for social connection*. New York: W. W. Norton & Company.

Cattan, M., White, M., Bond, J., & Learmouth, A.（2005）Preventing social isolation and loneliness among older people: A systematic review of health promotion interventions. *Ageing & Society*, **25**, 41-67.

Cohen-Mansfield, J. & Libin, A.（2005）Verbal and physical non-aggressive agitated behaviors in elderly persons with dementia: Robustness of syndromes. *Journal of Psychiatric Research*, **39**, 325-332.

Denson, T. F., DeWall, C. N., & Finkel, E. J.（2012）Self-control and aggression. *Current Directions in Psychological Science*, **21**, 20-25.

De Ridder, D. T. D., Lensvelt-Mulders, G., Finkenauer, C., Stok, F. M., & Baumeister, R. F.（2012）Taking stock of self-control: A meta-analysis of how trait self-control relates to a wide range of behaviors. *Personality and Social Psychology Review*, **16**, 76-99.

Dickman, S. J.（1985）Impulsivity and perception: Individual differences in the processing of the local and global dimensions of stimuli. *Journal of Personality and Social Psychology*, **48**, 133-149.

Dickman, S. J.（1990）Functional and dysfunctional impulsivity: Personality and cognitive correlates. *Journal of Personality and Social Psychology*, **58**, 95-102.

Dickman, S. & Meyer, D. E. (1988) Impulsivity and speed-accuracy tradeoffs in information processing. *Journal of Personality and Social Psychology*, **54**, 274-290.

Evenden, J. L. (1999) Varieties of impulsivity. *Psychopharmacology*, **146**, 348-361.

江﨑徹治（2017）万引きを繰り返す高齢者の行動を説明するためのモデル構築．国士舘大学大学院法学研究科・総合知的財産法学研究科　国士舘法研論集，**18**，123-150.

Fazel, S. & Danesh, J. (2002) Serious mental disorder in 23,000 prisoners: A systematic review of 62 surveys. *Lancet*, **359**, 545-550.

Green, L., Fry, A. F., & Myerson, J. (1994) Discounting of delayed rewards: A life-span comparison. *Psychological Science*, **5**, 33-36.

Gross, J. J., Carstensen, L. L., Pasupathi, M., Tsai, J., Skorpen, C. G., & Hsu, A. Y. C. (1997) Emotion and aging: Experience, expression, and control. *Psychology and Aging*, **12**, 590-599.

Holtfreter, K., Reisig, M. D., & Pratt, T. C. (2008) Low self-control, routine activities, and fraud victimization. *Criminology*, **46**, 189-220.

Jones, S. E., Miller, J. D., & Lynam, D. R. (2011) Personality, antisocial behavior, and aggression: A meta-analytic review. *Journal of Criminal Justice*, **39**, 329-337.

川本哲也・小塩真司・阿部晋吾・坪田祐基・平島太郎・伊藤大幸・谷　伊織（2015）ビッグ・ファイブ・パーソナリティ特性の年齢差と性差――大規模横断調査による検討．発達心理学研究，**26**，107-122.

Lim, L. L. & Kua, E. H. (2011) Living alone, loneliness, and psychological well-being of older persons in Singapore. *Current Gerontology and Geriatrics Research*, **2011**, 1-9.

Loeber, R. & Stouthamer-Loeber, M. (1998) Development of juvenile aggression and violence: Some common misconceptions and controversies. *American Psychologist*, **53**, 242-259.

McCrae, R. R., Costa, P. T., Jr., Ostendorf, F., Angleitner, A., Hrebickova, M., et al., & Avia, M. D., (2000) Nature over nurture: Temperament, personality, and life span development. *Journal of Personality and Social Psychology*, **78**, 173 — 186.

McGhee, J. L. (1983) The vulnerability of elderly consumers. *The International Journal of Aging and Human Development*, **17**, 223-246.

Moeller, F. G., Barratt, E. S., Dougherty, D. M., Schmitz, J. M., & Swann, A. C. (2001) Psychiatric aspects of impulsivity. *American Journal of Psychiatry*, **158**, 1783-1789.

Moffitt, T. E., Arseneault, L., Belsky, D., Dickson, N., Hancox, R. J., Harrington, H., et al., & Caspi, A. (2011) A gradient of childhood self-control predicts health, wealth, and public safety. *Proceedings of the National Academy of Sciences of the United States of America*, **108**, 2693- 2698.

Morales-Vives, F. & Vigil-Colet, A. (2012) Are old people so gentle?: Functional and dysfunctional impulsivity in the elderly. *International Psychogeriatrics*, **24**, 465-471.

内閣府（2017）平成 29 年版高齢社会白書（全体版）．〔http://www8.cao.go.jp/kourei/whitepaper/w-2017/zenbun/29pdf_index.html〕

尾崎由佳・後藤崇志・小林麻衣・沓澤　岳（2016）セルフコントロール尺度短縮版の邦訳および信頼性・妥当性の検討．心理学研究，**87**，144-154．

Pinquart, M. & Sorensen, S.（2001）Influences on loneliness in older adults: A meta-analysis. *Basic and Applied Social Psychology*, **23**, 245-266．

Pratt, T. C., Turanovic, J. J., Fox, K. A., & Wright, K. A.（2014）Self-control and victimization: A meta-analysis. *Criminology*, **52**, 87-116．

Reisig, M. D. & Holtfreter, K.（2013）Shopping fraud victimization among the elderly. *Journal of Financial Crime*, **20**, 324-337．

Reisig, M. D. & Holtfreter, K.（2018）The victim-offender overlap in late adulthood. *Journal of Elder Abuse & Neglect*, **2**, 1-23．

Roberts, B. W. & Chapman, C. N.（2000）Change in dispositional well-being and its relation to role quality: A 30-year longitudinal study. *Journal of Research in Personality*, **34**, 26-41．

Roberts, B. W., Helson, R., & Klohnen, E. C.（2002）Personality development and growth in women across 30 years: Three perspectives. *Journal of Personality*, **70**, 79-102．

Roberts, B. W., Walton, K. E., & Viechtbauer, W.（2006）Patterns of mean-level change in personality traits across the life course: A meta-analysis of longitudinal studies. *Psychological Bulletin*, **132**, 1-25．

Robins, R. W., Caspi, A., & Moffitt, T. E.（2002）It's not just who you're with, it's who you are: Personality and relationship experiences across multiple relationships. *Journal of Personality*, **70**, 925-964．

Sarbin, T. R.（1964）Role theoretical interpretation of psychological change. In P. Worchel & D. Byrne（Eds.）, *Personality change*. New York: Wiley, pp. 176-219．

Schreck, C. J.（1999）Criminal victimization and low self-control: An extension and test of a general theory of crime. *Justice Quarterly*, **16**, 633-654．

Specht, J., Egloff, B., & Schmukle, S. C.（2011）Stability and change of personality across the life course: The impact of age and major life events on mean-level and rank-order stability of the Big Five. *Journal of Personality and Social Psychology*, **101**, 862-882．

Thoresen, C. E. & Mahoney, M. J.（1974）*Behavioral self-control*. New York: Holt McDougal．

Walker, S., Richardson, D. S., & Green, L. R.（2000）Aggression among older adults: The relationship of interaction networks and gender role to direct and indirect responses. *Aggressive Behavior*, **26**, 145-154．

第11章 高齢者の脳機能，認知機能

[松本　昇]

1. はじめに

　超高齢化社会といわれるように，近年では全人口に占める高齢者の割合が増加しており，それに伴うように，高齢者の犯罪件数は増加の一途をたどっている（第1章を参照）。加齢に伴う脳機能および認知機能の変化は，高齢者の犯罪行動および犯罪被害と密接に結びついていると考えられる。そこで本章では，高齢者の脳機能，認知機能を取り上げて，加齢や認知症に伴う変化と犯罪の関連について考察する。

　はじめに，通常の加齢における脳機能と認知機能の変化について取り上げる。次に，認知症や軽度認知障害といった認知機能の変異について取り上げ，それらの認知機能の変化がどのように犯罪行動および犯罪被害へとつながる可能性があるのか，考えられる仮説を述べる。最後に，認知機能を維持したり，低下した認知機能を改善することは可能なのか，介入や環境要因へのアプローチについてまとめる。

2. 加齢による脳機能，認知機能の変化

　加齢は私たちの脳機能や認知機能にさまざまな影響を及ぼす。しばしば言及されるのは，記憶機能の低下と実行機能の低下であり，その背景には前頭葉や内側側頭葉といった領域の脳機能の変化が想定される。これらの機能低

表 11-1 代表的な認知機能検査

全般，知能検査	実行機能，注意	記憶	認知症
WAIS（ウェクスラー成人知能検査） コース立方体検査 レーヴン色彩マトリックス検査 COGNISTAT（認知機能検査）	FAB（前頭葉機能検査） BADS CAT（標準注意検査法） 言語流暢性課題 Stroop 課題 N-back 課題 WCST TMT	WMS-R（ウェクスラー記憶検査） ベントン視覚記銘力検査 三宅式記銘力検査 リバーミード行動記憶検査	MMSE 長谷川式

注 1：WAIS: Wechsler Adult Intelligence Scale
  2：BADS: Behavioural Assessment of the Dysexecutive Syndrome
  3：CAT: Clinical Assessment for Attention
  4：MMSE: Mini Mental State Examination

下をとらえる試みとして，さまざまな検査が開発されている（表 11-1）。本節では，実行機能と記憶機能に的を絞って，その測定と観察された結果について述べる。

(1) 実行機能

実行機能（または遂行機能：executive function）は，さまざまな課題を遂行するために必要とされる機能のことである。具体的には，課題目標の創造・保持・切り換え，一連の行動遂行・行動抑制，競合場面における選択，といった課題を担うのが実行機能である（Snyder, 2013）。実行機能の障害は日常生活に支障をもたらし，当人の社会性に大きな影響を及ぼす。たとえば，仕事や家事をするのが困難になったり，地域の人々との交流が困難になる。

実行機能全般を測定する検査として代表的なのは，FAB（Frontal Assessment Battery at Bedside）である。FAB は前頭葉機能検査と呼ばれているが，実行機能は前頭葉を基盤としており，FAB で用いられるのも実行機能を測定する課題群である。FAB は，物の類似性を問う設問や，ある頭文字から始まる単語の報告を求める設問（文字流暢性課題）など，いくつかの課題から構成されている。加齢とともに FAB の得点は，右肩下がりで低下する。

第 11 章　高齢者の脳機能，認知機能　171

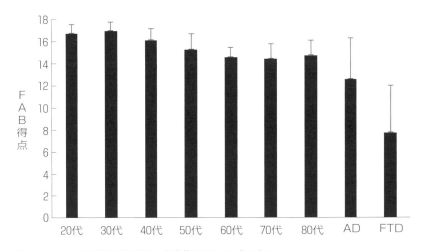

注：エラーバーは標準偏差を表す．得点範囲は0〜18点である．
AD（Alzheimer's disease：アルツハイマー型認知症）
FTD（Fronto-temporal dementia：前頭側頭葉型認知症）

図11-1　年齢別と認知症におけるFAB（前頭葉機能検査）の成績

認知症ではこの得点がさらに低下し，前頭側頭型認知症では顕著である（図11-1）。

　FABで測定されるのは全般的な実行機能であるが，前述したように実行機能はさまざまな課題をこなすための複合的な概念として位置づけられるため，その下位分類を行う試みがある。代表的なのはMiyakeら（2000）が提唱した，シフティング（Shifting），更新（Updating），抑制（Inhibition）の三つのコンポーネントからなるモデルである。シフティングとは，現在の課題の要求やルールに合わせて課題の切り換えを行う機能のことである。更新とは，入力された情報が現在の課題に関連するかどうかモニタリングし，不要になった情報を排除する機能のことである。抑制とは，課題遂行のために，それに反する自動的な反応を抑制する機能のことである。

　シフティングを測定する課題には，ウィスコンシンカード分類課題（WCST：Wisconsin card sorting task）や，トレイルメーキングテスト（TMT：Trail Making Test）のPart Bがある。WCSTでは，カードをある規則（図形の数，形，または色）にしたがって分類していく（図11-2の①）。この際，

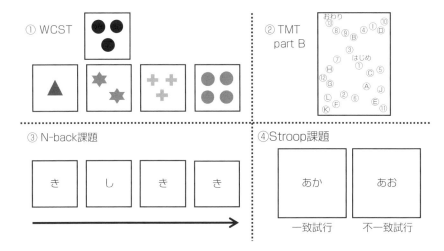

①ウィスコンシンカード分類課題。例示した上図の三つ丸は赤色，下図はそれぞれ，三角は赤色，星形は緑色，十字は黄色，四つ丸は青色で描かれている。上図に現れる図形（ここでは赤色の三つ丸）をある規則（色，数，形）にしたがって下図の四つのうちどれにあてはまるか選択していく。
②トレイルメーキングテストの Part B。数字とアルファベットが交互になるように順に線で結ぶ。
③言語 2-back 課題。二つ前の文字と今現れた文字が同じかどうかを判断する。
④ Color Stroop 課題。文字の意味は無視して，文字が何色で書かれているかを判断する。例図では，「あか」と「あお」のいずれも赤色のインクで描かれている。「あか」は文字の意味とインクの色が同じ「赤」であるので一致試行，「あお」は文字の意味は「青」だがインクの色は「赤」であるので不一致試行として扱われる。

図 11-2　さまざまな実行機能測定課題

規則の変更が行われると，被験者はその規則に合わせて構えを切り換えることを求められるわけである。TMT Part B は，用紙上に散りばめられた「1，2，3，……」と「A，B，C……」を，数字とアルファベット（日本語版では平仮名）が交互になるように線で結んでいく課題である。つまり，「1，A，2，B，3……」の順で線を引くこととなる（図 11-2 の②）。WCST において賦活が認められる領域として，VLPFC（腹外側前頭前野皮質），medial PFC（内側前頭前野皮質），ACC（前部帯状皮質）が挙げられる（Buchsbaum et al., 2005）。

更新を測定する課題としては，N-back 課題が挙げられる。N-back 課題では，画面に順番に刺激が呈示され，被験者はいま呈示されている刺激が，

n 個前と同一の刺激であるかどうかの Yes/ No 反応を各刺激について行っていく。たとえば，言語 2-back 課題で「き」「し」「き」「き」の順で刺激が呈示された場合，2 回目の「き」は 2 つ前の「き」と同一の刺激であるので Yes 反応を，3 回目の「き」は 2 つ前の「し」と異なる刺激であるので No 反応が求められる（図 11-2 の③）。このときに 1 回目の「き」はすでに不要な情報であるため，ワーキングメモリ内の情報を更新しておく必要がある。N-back 課題中に賦活が見られる脳領域として，VLPFC，DLPFC（背外側前頭前野皮質），anterior PFC（前部前頭前野皮質），ACC が挙げられる（McMillan et al., 2007; Owen et al., 2005）。

　抑制を測定する課題としては，ストループ課題が挙げられる。ストループ課題では，「あか」や「あお」といった文字が呈示され，その文字が何色で書かれているか反応を求める（図 11-2 の④）。これらの文字は赤色で書かれていたり青色で書かれていたりする。人は一般に，赤色で書かれた「あか」に対しては「赤」と正しく反応ができるが，青色で書かれた「あか」に対しては，文字の意味につられて「赤」と誤反応をしやすくなる。ある程度自動化されたこの反応をどのくらい抑制できるかというのが，ストループ課題が測定する抑制機能である。ストループ課題を反映する領域として，DLPFC，medial PFC，ACC が挙げられる（Nee et al., 2007）。

　以上のように，実行機能を測定する各課題から明らかとなっているのは，前頭葉の外側部（VLPFC や DLPFC）と，内側部およびその近傍領域（medialPFC や ACC）が，実行機能を担っているということである。むろん，上記のそれぞれの課題は，シフティング，更新，抑制のみを反映しているわけではなく，複数の側面にまたがって実行機能を反映している可能性もある。たとえば，N-back 課題は更新だけではなく，課題目標の維持，抑制，意思決定といったさまざまな認知活動を反映していることが指摘されている（Jaeggi et al., 2010）。

　加齢の影響は，抑制機能を例外として，これらの課題にそれぞれ反映される。先述したように，FAB では，加齢とともに成績が低下していくことが知られている（図 11-1）。加えて，シフティングを測定する WCST のパフォーマンス低下や（Rhodes, 2004），更新を測定する N-back 課題における

174　第Ⅲ部　高齢者の心身機能と犯罪

反応時間の増加あるいはエラー率の上昇も認められている（Daffner et al., 2011;
Lubitz et al., 2017）。

　一方で，抑制能力を測定するストループ課題では，加齢の影響は認められ
ていない（Verhaeghen & De Meersman, 1998）。たしかに，抑制機能を測定する
他の課題，たとえば Hayling 課題や Go/No-go 課題では加齢の影響が認め
られているが（Bielak et al., 2006; Rey-Mermet & Gade, in press），抑制機能全般に
おける加齢の影響を検討したメタ分析では，抑制機能の低下はあまり見出さ
れていない（Rey-Mermet & Gade, in press）。

　加齢は，実行機能の基盤となる前頭前野領域の萎縮をもたらす（Raz et al.,
2007）。さらに，加齢に伴って前頭前野の一部の領域では神経活動が低下し，
一部の領域では神経活動が増加することが示されている（Maillet & Rajah,
2013）。前頭前野の神経活動低下は，加齢による機能低下を表していると考
えられており（Rajah et al., 2010），一方で，前頭前野の神経活動増加は，残さ
れた領域がその埋め合わせを行っているものと考えられている（Cabeza et al.,
2002）。

(2)　記憶

　加齢につれて，物忘れが激しくなったと感じる高齢者は多い。あるいは，
当事者に自覚がなくとも，第三者視点から物忘れが増加したことが明確とな
るケースもある。これらは加齢あるいは認知症（dementia）によって，日常
記憶に支障をきたしている例である。

　加齢と記憶能力の低下についてはいくつかの議論があり，これらは二つの
説に集約される。一つは，加齢と認知症の発症などを一つの軸としてとらえ
る見方であり，この説に従うと，加齢とともに記憶能力が徐々に低下してい
き，その程度が重くなると，後述する軽度認知障害（mild Cognitive Impair-
ment）や認知症と診断される。もう一つは，加齢による記憶能力への影響と，
認知症の発症に伴う記憶能力の低下を，別々の軸としてとらえる見方である
（Buckner, 2004）。この説では，加齢による記憶の減衰はほとんどなく，記憶
の減衰は認知症の発症によるものであると考える。

　以下では，加齢により記憶が減衰するという一般に観察される現象にした

がって説明を進めるが，これらは潜在的な認知症の発症によるものである可能性を付記しておく。

　記憶には，宣言的記憶（declarative memory）や手続き記憶（nondeclarative memory）など，さまざまな分類がある（松本・越智，2015; Schacter, 1987; Squire, 1987 を参照）。宣言的記憶は言葉にして表すことができるのが特徴で，エピソード記憶（episodic memory）および意味記憶（semantic memory）が含まれる。エピソード記憶とは出来事に関する記憶のことであり，「いつ」「どこで」起きたのか，どのような順序でその一連の出来事が起きたのかといった側面が含まれる。また，エピソード記憶のなかでも特に個人的に関連する出来事の記憶を，自伝的記憶（autobiographical memory）と呼ぶ。意味記憶は「自動車は乗り物である」のように，物や物事についての意味情報に関する記憶である。手続き記憶には，技能やプライミング（priming），古典的条件づけ（classical conditioning）などが含まれる。たとえば，「自転車の乗り方」は自然と身についている技能であり，言語として表現可能な宣言的記憶とは，質的に異なるものである。

　加齢によって特に低下が見られるのは，エピソード記憶および自伝的記憶である。「昨日やったことを思い出せない」や「朝ご飯を食べたかどうかわからない」といった症状は，まさにエピソード記憶や自伝的記憶の障害から生じてくるものである。エピソード記憶の検査として代表的なのは，ウェクスラー式記憶検査（Wechsler Memory Scale-Revised：WMS-R）の下位検査である，論理性記憶テスト（logical memory test）である。WMS-R では，検査者が読み上げる数行の短いエピソードをそのまま報告するように求められる（直後再生）。さらに，30 分後に再び内容を報告するように求められる（遅延再生）。遅延再生は特にエピソード記憶の障害を反映すると考えられている。

　図 11-3 に示したのは，論理性記憶テストの遅延再生の年齢別の成績である。図から，加齢にしたがってエピソード記憶に低下が見られることが読み取れる。さらに，縦断的なコホート研究によってエピソード記憶の変化を検討した研究では（Rönnlund et al., 2005），60 歳以降にエピソード記憶の大きな低下が見られることが示されている。

　自伝的記憶の検査として代表的なのは，自伝的記憶インタビュー（Auto-

176　　第Ⅲ部　高齢者の心身機能と犯罪

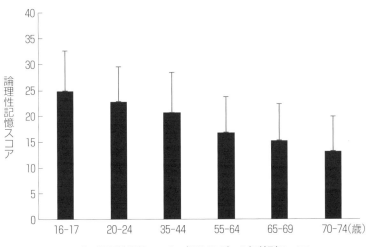

図 11-3　論理性記憶テスト（WMS-R）の年齢別スコア

biographical Memory Interview：AMI; Kopelman et al., 1989) である。AMI では，「幼少期」「成人前期」「最近」の三つの人生の時期について，それぞれ具体的な出来事の想起を求め，いつどこで起きたものなのか併せて報告してもらう。その出来事の詳細の豊富さと，時間，場所の具体性をもとに評定を行っていく。AMI は主に認知症のスクリーニングツールとして用いられているが，この方法を改良した自伝的インタビュー（Autobiographical Interview：AI; Levine et al., 2002) は，高齢者を対象とした研究目的で用いられている。AI では，五つの人生の時期における出来事についてそれぞれ報告してもらった後，各エピソードを意味的まとまりのある文節ごとに区切り，文節ごとにエピソード記憶を表す Internal detail と，意味記憶を表す External detail という二つのスコアを測定していく。図 11-4 に示したのは，若者と高齢者を対象に AI を実施した結果である（Levine et al., 2002)。Internal detail（エピソード記憶）では，高齢者の成績が低下していることがわかる。このように，自伝的記憶においてもエピソード記憶と同様に，加齢の影響が見られる。

　エピソード記憶や自伝的記憶の低下は，主に海馬機能と実行機能の低下を反映していると考えられている。海馬（Hippocampus)，その近傍領域である

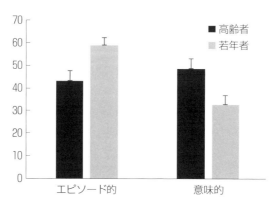

図 11-4 高齢者と若年者における自伝的記憶課題
(Autobiographical Interview) の成績 (Levine et al., 2002)

　海馬傍回 (Hippocampal gyrus), 嗅内皮質 (Entorinal cortex) は, エピソード記憶の中枢であると考えられている。高齢者においては海馬の萎縮が見られることが明らかとなっている (Fjell et al., 2009; Lupien et al., 2007)。さらに, 前頭葉機能／実行機能が担う, 情報処理速度や情報保持 (Salthouse, 1994), 競合する表象の抑制 (Hasher & Zacks, 1988) に困難が見られることも, エピソード記憶低下の一因となっている (Park & Gutchess, 2004)。
　一方で, 意味記憶は 55 歳程度までは緩やかな上昇を続け, その後もエピソード記憶に比べて減衰するのが遅い (Rönnlund et al., 2005)。これは, 人生経験を重ねるにつれて知識が増加していくプロセスを表している。先述したAIでは, 健常高齢者において意味記憶の指標 (External detail) が増加することが示されている (図 11-4)。意味記憶は vmPFC (腹内側前頭前野皮質) などの前頭葉内側部に, その中枢があると考えられている (Gilboa & Marlatte, 2017)。
　プライミングに代表される潜在記憶は, 加齢の影響を受けにくく, 比較的保たれると考えられている (Fleischman & Gabrieli, 1998; Mitchell & Bruss, 2003)。

⑶　意思決定

　高齢者は意思決定の能力が低下すると考えられている（McGillivray et al.,
2012）。意思決定は，前節で述べたような作業的な実行機能課題と異なり，
日常生活に直接的な影響を及ぼすため，より犯罪行動と結びついていると考
えられる。意思決定は実行機能の一部であるとする見方もあり，意思決定能
力の低下は実行機能の低下と結びついている（Chan et al., 2008）。加齢に伴う
実行機能の低下によって意図的な思考・行動の制御が困難になると，高齢者
は実行機能系の介在しない自動的・情動的な処理に依存をするようになり，
結果として意思決定に支障をきたすようになる（Hess, 2015）。

　意思決定に関する研究は主に，遅延割引課題に代表される異時点間選択
（intertemporal choice）の研究と，アイオワギャンブリング課題（Bechara et al.,
1994）に代表される，リスキー選択（risky choice / probabilistic choice）の研究か
らなる。

　遅延割引課題は，今すぐに 500 円をもらうか 2 週間後に 1,000 円をもらう
かといったように，直後に報酬を受け取るか，一定期間の遅延後に報酬を受
け取るかの選択を求められる課題である。

　アイオワギャンブリング課題では，四つのデッキが与えられ，参加者は好
きなデッキから 1 枚ずつカードをめくっていく。カードには賞金あるいは罰
金が記されており，多くの賞金を獲得することを求められる。四つのうち二
つのデッキは賞金は少ないが罰金も少なく，トータルでは収支がプラスにな
るような設計である（つまり，良いデッキ）。残りの二つのデッキは賞金は
多いが罰金も多く，トータルでは収支が大幅にマイナスになるように設計さ
れている（つまり，悪いデッキ）。通常の参加者は，カードを引くにつれて
良いデッキからカードを引くことを学習していく。この課題では，良いデッ
キを選択した回数から悪いデッキを選択した回数を除したものが，リスキー
選択の指標となる。

　異時点間選択課題とリスキー選択課題の最大の違いは，異時点間選択の研
究における代替選択肢が，ポジティブな結果を招くものであるのに対して，
リスキー選択の研究における代替選択肢が，ネガティブな結果を招くもので

あるという点である。ただし，異時点間選択課題とリスキー選択課題の成績には，一定の関連が認められる（Halfmann et al., 2013）。

異時点間選択の研究では，高齢者ほど遅延割引率が低い，すなわち将来の報酬を待つことができるという一貫した結果が得られている（Löckenhoff, 2011）。これには，二つの可能性が考えられる。一つは，高齢者が即時の報酬に対して，若年者ほど興味を示さなくなる可能性である。遅延割引課題において，若年者は即時の報酬条件では腹側線条体の活動が増加するのに対して，高齢者は活動が増加しないことが報告されている（Eppinger et al., 2012）。腹側線条体は報酬系と呼ばれ，金銭的報酬や社会的報酬に反応して活動する領域である。もう一つは，高齢者の持つポジティビティバイアスの影響である。Kassam ら（2008）によれば，将来に対するポジティブな予測が困難になると遅延割引率が増加するが，将来をポジティブにとらえることができれば遅延割引率は低下する。健常高齢者は将来に対するポジティブ予測を多く行うため，将来の報酬を待つ選択ができる可能性がある。

また，異時点間選択は，記憶の影響を受けると考えられている（Beas et al., 2015）。これは，エピソード記憶（自伝的記憶）が将来の想像の基盤となっているという知見と一致している（Schacter et al., 2017）。つまり，エピソード記憶を具体的かつ詳細に思い出せる個人は，将来の想像も具体的かつ詳細に思い描くことができる。未来に受ける報酬を詳細に思い描くことができるとき，遅延割引率は低下すると考えられる（Peters & Büchel, 2010）。反対に，将来を詳細に思い描くことができなければ，遅延割引率は増加する。ただし，海馬損傷の患者では，遅延割引率の増加は認められていない（Kwan et al., 2013）。近年では，エピソード記憶のみならず意味記憶が将来の想像を担っている可能性が考えられており（Wang et al., 2016），エピソード記憶が損なわれたからといって，ただちに遅延割引率が増加するというわけではないようである。

加齢がリスキー選択に与える影響については，いささか複雑な知見が得られている。明確なのは，高齢者は若年者と同等程度にリスクを冒すのを嫌がる傾向にあるということである（Samanez-Larkin et al., 2010）。しかしながら，高齢者は実行機能の低下によって新奇な場面に対応することができず，結果

としてリスキーな選択をしてしまうようである（Samanez-Larkin, 2015）。特に，アイオワギャンブリング課題においては，高齢者でリスキー選択が増加するという知見がある（Denburg et al., 2007）。海馬を中心としたエピソード記憶は，リスキー選択には大きくは関わらないと考えられている。

意思決定の異常の神経基盤として想定されているのは，実行機能系に加え，眼窩前頭前野皮質（orbitofrontal cortex：OFC）と前部帯状皮質（anterior cingulate cortex：ACC），腹側線条体（ventral striatum）を中心とする報酬系，そして扁桃体（amygdala）や島（insula）などの情動処理系である（たとえば，Frost & McNaughton, 2017）。OFC は衝動制御やセルフコントロールに関わる領域である。リスキー選択においては，OFC や vmPFC の活動あるいは損傷とアイオワギャンブリング課題成績の悪化に関連が認められている（Denburg & Hedgcock, 2015）。また，加齢がリスキー選択に与える影響を，腹側線条体の活動が媒介していることも示されている（Samanez-Larkin et al., 2010）。

以上から推察されるのは，加齢が意思決定に及ぼす影響は，文脈依存的であるということである。遅延割引では，加齢によるポジティビティバイアスや即時の報酬に対する反応の低下が，適応的に働く場合もある。一方で，ポジティビティバイアスは後述する詐欺被害を招く原因にもなりうる。リスキー選択では，瞬時の判断を求められるような意思決定場面においては，加齢に伴う実行機能の低下が誤った意思決定を導く可能性がある。ただし，これも文脈依存的である。手続き記憶や意味記憶のように，比較的保たれる機能によって適切な意思決定を行える場合ももちろんある。現実場面においては，高齢者が適応的な意思決定をできるかどうかは状況次第である。

⑷　本節のまとめ

本節では，実行機能，エピソード記憶が加齢によって減衰することを説明した。実行機能は前頭前野皮質が，エピソード記憶は海馬がその最たる神経基盤であり，これらもまた，加齢によって萎縮することを説明した。意思決定能力も加齢による影響を受け，高齢者は自動的・情動的な処理に依存するようになることを述べたが，それが日常場面でどのような障害を引き起こすのかは状況次第であるとの結論を示した。

第 11 章　高齢者の脳機能，認知機能　　*181*

3. 認知症

　認知症（dementia）とは，一度正常に達した認知機能が後天的な脳の障害によって持続的に低下し，日常生活や社会生活に支障をきたすようになった状態と定義される（日本神経学会，2010）。高齢者数の増加と比例するように，認知症患者の数は年々増え続けている。内閣府（2016）の統計調査によれば，65歳以上の高齢者のうち，15% が認知症であるという。認知症にはいくつかのサブタイプがあり，アルツハイマー型認知症，血管性認知症，レビー小体型認知症，前頭側頭型認知症（ピック病）の順で多いとされている（他にも類型があるが，ここでは省略する）。また，認知症の病前の症状として位置づけられる軽度認知障害（Mild cognitive impairment：MCI）がある。これらのサブタイプによって呈する症状はいささか異なり，その鑑別を行うことが適切な対応をするためには重要である。本節では各々の症状の特徴を概説する。

　認知症は認知機能障害を中心とした神経症状と，周辺症状である BPSD（Behavioral and psychological symptoms of dementia）に特徴づけられる。BPSD とは，抑うつ，無気力，妄想，幻覚，易刺激性，興奮，不眠，暴力，異常行動など，認知症の主要な神経症状を除く，心理・行動的な異常を幅広く含む概念である。およそ 8 割の認知症患者に BPSD が認められている（日本神経学会，2010）。

(1) アルツハイマー型認知症

　アルツハイマー型認知症（Alzheimer's disease：AD）は最も患者数が多く，よく知られた認知症の類型である。アルツハイマー型認知症の最大の特徴は記憶障害であり，特に近時的なエピソード記憶の障害が初期から見られる。また，記憶障害と対応するように，その神経基盤である海馬の萎縮が見られる（Jack et al., 1992; Raz, 2004）。症状が進行するにつれて認知機能の低下が認められ，失語，失行，実行機能の低下が現れる。BPSD も多く見られ，初期では抑うつ症状，中期以降は妄想や興奮などが見られる。

182　　第Ⅲ部　高齢者の心身機能と犯罪

⑵ 血管性認知症

血管性認知症（Vascular dementia：VaD）は，脳内出血や脳梗塞が原因となって発症する認知症である。血管性認知症で障害されるのは，破壊された脳領域によって異なるが，基本的には実行機能の障害が目立つ。記憶機能はその対応領域が損傷を受けて生じるが，初期では軽微な症状であることが多く，次第に進行していく。脳内の血管の梗塞あるいは血管が破裂する発作が生じると，それによって認知機能が悪化していく。ただし，小発作の場合は自覚がないこともある。小発作では認知機能障害は長期間続かないが，小発作が頻発すると徐々に認知機能が悪化していく例もある。血管性認知症は，アルツハイマー型やレビー小体型との合併例も，相当数あると考えられている。

⑶ レビー小体型認知症

レビー小体型認知症（Dementia of Levy bodies：DLB）は，レビー小体と呼ばれるたんぱく質（アルファ・シヌクレイン）が，脳神経細胞内に溜まることで生じる認知症である。レビー小体型認知症は初期症状として幻視や妄想，パーキンソニズム，うつ病様の症状，道徳判断がつかなくなるといった特徴が見られる。特に，道徳判断能力の低下は，ときに幻視や妄想と重なって不適切な意思決定を招き，暴力行為へとつながることもある。うつ病様の症状についても，高齢者のうつ病と誤診されて見過ごされるケースがある。また，パーキンソン病様症状として，動作の緩慢さなども見られる。記憶障害は初期には見られないこともあり，症状の進行とともに現れてくる。

⑷ 前頭側頭型認知症

前頭側頭型認知症（別名：ピック病）（Fronto-temporal dementia：FTD）は，前頭葉内側部の障害が特徴的な認知症であり，若くして発症するケースも多い。発症初期には記憶などの認知機能が保たれていることが多いが，意思決定や課題の切り換え，道徳判断の障害が見られる（Neary et al., 1998; Rahman et al., 1999）。これらに起因して，非社会的行動が多く見られるのが，前頭側頭

第 11 章　高齢者の脳機能，認知機能　*183*

型認知症の特徴である。前頭側頭型認知症では VMPFC，OFC が器質的に障害されやすく，これらは道徳判断に関わるといわれる領域である（Mendez, 2009）。また，自発性の欠如や言語障害も初期から多く見られる。その一方で，幻覚や妄想などは生じにくい。

(5)　軽度認知障害

　軽度認知障害（mild cognitive impairment：MCI）は，健常者に比べて認知機能，特に記憶機能が低下しているが，認知症診断とまではいかない状態を表し，認知症の前駆的な状態として位置づけられる（Petersen et al., 1999）。MCI は数年を経て，アルツハイマー型などの認知症へと移行することが多い。認知症は現状では不可逆的な疾患であるため，MCI の段階で予防的治療を開始することが望まれる。また，MCI が示す症状は多岐にわたり，障害されている認知機能によって，予後や後に発症するサブタイプを予測することが重要である（Petersen et al., 2009）。

(6)　本節のまとめ

　上述のように，認知症は記憶障害や実行機能障害，失語，失行，失認，見当識障害といった中核的な神経症状と，BPSD と呼ばれる心理的，行動的異常の周辺症状に特徴づけられる。発症初期において，アルツハイマー型認知症では記憶障害が目立つのに対して，レビー小体型認知症や前頭側頭型認知症では記憶以外の認知機能の異常が目立つ。BPSD は各認知症にそれぞれ認められるが，アルツハイマー型認知症や血管性認知症では不眠が多く，レビー小体型認知症では幻視や抑うつが多い（水上，2011）。いずれの認知症も症状が進行するにつれて，記憶障害や実行機能障害が色濃くなる。

4.　加齢／認知症に伴う認知機能の変化と犯罪

　加齢や，認知症の発症は，どのように犯罪行動あるいは犯罪被害へと結びつくのであろうか。本節では，犯罪行動や犯罪被害に関連する認知機能の問題を取り上げる。加齢に伴う認知機能の変化と犯罪行動に関する直接的な関

184　　第Ⅲ部　高齢者の心身機能と犯罪

係は，明らかになっていない。しかしながら，犯罪行動の神経基盤に関する研究や，高齢者の認知機能，脳機能に関する研究から，いくつか示唆されることはある。

(1) 認知機能の低下と犯罪行動

ここまで見てきたように，加齢や認知症の発症に伴って，認知機能は低下する。これらの機能低下は，潜在的に犯罪行動へとつながっている可能性がある。

第一に，加齢や認知症に伴う抑制機能の減衰のため，高齢者は犯罪行動を抑制できなくなるのではないか，という仮説についてである。言い換えれば，行動を抑制しようとする意図は存在するにもかかわらず，それが抑制できないために犯罪行動が生じるという考えである。いわゆる実行機能課題で測定される認知的な抑制能力は，行動の抑制とも関連し，運動野や前頭前野の一部に共通の神経基盤を持つと考えられている（Rae et al., 2014）。抑制機能の低下が見られる者は，何らかのフラストレーションが生じたときに，その思考を抑制することが困難となると同時に，行動の抑制が困難になることが考えられる。この知見は，特に認知症によって抑制機能の低下が生じた個人に，適用されると考えられる（Mendez et al., 2011）。ただし，抑制機能の低下による犯罪行動の増加が，単なる加齢に適用できるかどうかは定かでない。前述したように，健常な高齢者においてシフティングや更新機能の低下は見られるが，抑制機能の低下はあまり観察されない（Rey-Mermet & Gade, in press）。したがって，認知症を伴わない加齢が抑制機能を低下させ，そのために犯罪行動が増加するという単純な図式を導出するのは早計である。

第二に，喚起されたネガティブ情動が，加齢や認知症に伴う実行機能や意思決定能力の低下と相まって，犯罪行動を導く可能性である。扁桃体（Amygdala）や島（Insula）を中心としたボトムアップ的なネガティブ情動の制御困難は，暴力犯罪に関わっていると考えられている（Cipriani et al., 2016）。ネガティブ情動，特に怒りを感じたときに，通常はそれを適切な方略で表出することができる。しかしながら，高齢者は実行機能や意思決定能力の減衰ゆえに，しばしば不適切な衝動的な方略に頼ってしまう（Mata et al., 2015）。

第 11 章　高齢者の脳機能，認知機能　　*185*

意思決定の神経基盤の一つと考えられる眼窩前頭前野皮質（orbitofrontal cortex：OFC）は，怒り感情の制御に関わっており，この領域の機能低下は衝動的な行動表出につながると考えられている（Davidson et al., 2000）。さらに，高齢者は OFC が萎縮するという知見や（Resnick et al., 2003），FTD に伴う OFCの萎縮が意思決定や社会的認知に悪影響を及ぼすという知見がある（Viskontas et al., 2007）。

　以上から，高齢者はネガティブ情動が喚起した際に，それを暴力のようなかたちで衝動的に表出しやすくなっている可能性が考えられる。高齢者の暴力は，暴力を抑制しようとする意図もなく，どのような方略に頼っていいのかわからず，行動が衝動的に生じてしまうことに起因するのかもしれない。ただし，高齢者は基本的にはポジティブ感情を感じるように動機づけられているため（Carstensen & DeLiema, 2017），このような高齢者像はあくまで状態依存的である。

　また，認知症に伴う誤知覚や妄想がネガティブ情動を高め，暴力行動を促進している可能性も考えられる（Mendez et al., 2011）。レビー小体型認知症は，早期から誤知覚や幻視が生じるのが特徴的である。それに起因して，誤知覚による被害妄想，たとえば親切行動や介護行動を脅威であるように知覚するケースがあることが報告されている。同様に，幻視による物盗られ妄想，たとえば，いないはずの同居人を幻視してしまう現象もしばしば生じる。アルツハイマー型に代表される記憶機能の低下も，物盗られ妄想や被害妄想を引き起こし，暴力行動へつながることが指摘されている。たとえば，財布をしまった場所を忘れてしまい，盗まれたと感じるようなケースが生じる。

　第三に，報酬系の活動が，加齢や認知症に伴う道徳判断や意思決定能力の低下と相まって，犯罪行動を導く可能性である。このメカニズムは特に，窃盗や性犯罪など，何らかの報酬対象が存在する犯罪を説明する可能性がある。つまり，目の前にポジティブ情動を喚起する刺激，たとえば美味しそうな食物や魅力的な異性が現れた際に，衝動的にその対象へ向けた行動を実行してしまうことが起こりうる。このとき，道徳判断や意思決定能力が保たれていれば，慎重な行動選択をすると考えられるが，OFC などの機能低下は，その判断なく衝動的な行動を導く可能性がある。先述したように，加齢に伴う

報酬系の活動増加がリスキー選択を招くとする知見がある（Samanez-Larkin et al., 2010）。

(2)　認知機能の低下と犯罪被害

「振り込め詐欺」に代表されるように，高齢者を狙った詐欺が増加している。高齢者が詐欺に引っかかってしまう背景にも，認知機能の低下があると考えられている。Spreng ら（2016）は，大きく分けて二つの要因を挙げている。一つは金銭の管理ができなくなることであり，これには加齢に伴う推論や問題解決能力の低下が影響している。もう一つは，騙されやすくなったり他人を過度に信用するようになることで，これには高齢者に見られるポジティビティバイアスや，嘘情報検出能力の低下が影響している。

5.　高齢者の認知機能は改善・維持できるのか

高齢者や認知症における認知機能の低下が，犯罪行動や犯罪被害の一因となっているとすれば，加齢や認知症によって低下した認知機能を改善させることによって，犯罪の抑制に寄与できるかもしれない。あるいは，加齢や認知症による脳機能，認知機能の低下を予防できれば，犯罪を未然に防ぐことができるかもしれない。

本章では，近年流行している認知機能トレーニングを中心に，認知機能は改善されるのかどうかについて考察する。さらに，脳機能や認知機能を維持するという観点から，高齢者間の個人差に着目した研究を紹介し，遺伝要因および環境要因が個人差に与える影響を考察する。

(1)　認知機能トレーニングの効果

認知機能トレーニングは，N-back 課題のように，ある認知機能を要する課題を繰り返し行うことによって，その機能や関連する機能を改善させる試みである。高齢者を対象とした認知機能トレーニングに関しては多くの研究があり，記憶課題や実行機能課題成績などに効果が見出されている（Kelly et al., 2014）。また，MCI においても，トレーニングの効果が多少はあることが

第 11 章　高齢者の脳機能，認知機能　*187*

認められている（Li et al., 2011; Simon et al., 2012）。トレーニングの強度はさまざまで，週1日のものから毎日のものまであり，1週間から数週間にわたり，1回につき数十分から数時間で実施される。ただし，1回の実施時間は長すぎず，回数を多くしたほうが効果が上がりやすいという示唆がなされている（Li et al., 2011）。

　これらの認知機能トレーニングにおいて重要となるのは，ある認知機能課題を用いたトレーニングの効果が，他の認知機能課題や，日常生活における機能にまで転移されうるかどうかということである。Kelly ら（2014）によれば，高齢者においては，近似した課題への転移が確認されており，異なる領域の課題への転移も一部の研究では認められている。

　日常生活の機能への転移に関しては，認められないことが多い（Reijnders et al., 2013）。したがって，実験課題における改善が見られたとしても，それが日常生活における支障の改善に直結するというわけではなさそうである。認知機能トレーニングはさまざまな課題によって実施されるが，そのなかには，単に刺激に対する反応を行う認知課題もあれば，問題解決課題や推論課題のように社会的活動や戦略的な思考を伴う課題もある。このような課題の性質によっては，日常生活への転移が見られる可能性も残されている（Anand et al., 2011）。認知機能トレーニングが犯罪行動の抑制につながるかどうかという問題は，日常生活への転移の延長線上に位置づけられる。この問題は未検討であり，今後の研究が期待される。

　認知機能トレーニングに効果があるとすれば，高齢者や MCI におけるトレーニングは，脳機能をどのように変えるのだろうか。これまでに報告されたところによると，MCI を対象とした記憶トレーニングや認知機能トレーニングによって，海馬活動（Hampstead et al., 2012; Rosen et al., 2011; Train the Brain Consortium, 2017），前頭葉の各領域や帯状回（Belleville et al., 2011; Clare et al., 2009; Hampstead et al., 2011）の活動が改善することが示されている。さらに，Chapman ら（2015）は健常高齢者を対象に抽象的な推論課題によるトレーニングを行い，実行機能系を反映する中央実行ネットワーク（central executive network）内の機能的結合が増加することを示している。第2節および第3節で述べたように，高齢者や認知症患者には実行機能の減衰やエピソード記

憶機能の低下が見られるが，認知機能トレーニングは，その神経基盤となる前頭葉機能や海馬機能を改善させる可能性を含んでいる。

⑵　行動へのアプローチによる認知機能の改善

　認知機能の改善に対するアプローチは，認知機能トレーニングに限られたものではない。エアロビクスや複数の運動を組み合わせた介入によって，高齢者の認知機能や脳機能を改善させる試みがなされている（Colcombe & Kramer, 2003）。たとえば Nishiguchi ら（2015）は，12 週間の運動療法によって高齢者の認知機能，具体的には論理性記憶テストやトレイルメーキングテストの成績が改善されることを示している。加えて，運動療法を行った群では，介入前に比べて介入後に認知課題中の上前頭回の活動が低下しており，これは認知負荷が少なく課題を行えるようになった証左であると解釈されている。さらに，運動と認知機能の改善についてのレビューを行った Tait ら（2017）は，認知機能トレーニングと運動（エクササイズ）を同時に行うことが，認知機能の改善に効果的であると結論づけている。これらの知見は，認知機能の低下に対して認知機能に対する介入のみを行うのではなく，行動面からの介入が奏功する可能性を示している。

⑶　維持される脳機能，認知機能

　第 2 節で見たように，通常の年齢を重ねた高齢者では，認知機能のさまざまな側面が低下することが明らかとなっている。その一方で，高齢者のなかには若年者と変わらない認知機能パフォーマンスを示す者がいる。図 11-5 に示したのは，各年齢層における認知機能課題の成績である。このことは，認知機能の低下に，大きな個人差が存在することを示している。

　さらに，脳機能や脳の萎縮に関する研究においても，興味深い知見が得られている。図 11-6 に示したのは，記憶の中枢であるといわれる海馬（hippocampus）の体積の，各年代における分布図である。おおよそ 70 代後半から海馬の萎縮が顕著となるのが見てとれるが，やはりその一方で，70 代後半以降であっても若年者と相違ない海馬の体積を示している者がいる。

　また，他の研究では高齢者において，白質の厚さと実行機能課題の成績に

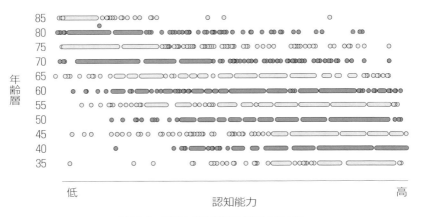

図 11-5　加齢と認知機能の低下の個人差
(Habib et al., 2007 Figure 2 左図; Nyberg et al., 2012 Figure 2)

関連が見られることが示されている (Burzynska et al., 2012)。さらに，実行機能課題の成績が低い高齢者では，若年者に比べて実行機能の中枢であるDLPFCの活動が低下するのに対して，実行機能課題の成績の高い高齢者では，若年者並みのDLPFC活動が見られる (Nagel et al., 2011)。これらのデータは，認知機能の保たれている高齢者において，脳機能の維持がその背景にあることを示している。

(4) 脳機能，認知機能の維持と環境要因

脳機能や認知機能は，遺伝要因と環境要因，その双方によって説明される。むろん，遺伝要因を操作することは不可能であるので，環境要因に働きかけて脳機能や認知機能を維持する方向性が考えられる。問題は，脳機能や認知機能の低下を予測する個人差変数は何なのかということである。このような変数を特定できれば，それに働きかけることによって脳機能および認知機能の低下を予防できる可能性がある。

先行研究によれば，高齢者の孤独感や抑うつは，認知機能の低下を促進するリスクファクターとなることが明らかとなっている (Donovan et al., 2017)。

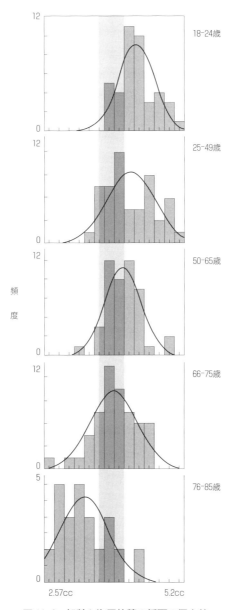

図 11-6　加齢と海馬体積の低下の個人差
(Lupien et al., 2007, Figure 3; Nyberg et al., 2012, Figure 3)

第 11 章　高齢者の脳機能，認知機能　　*191*

また，アルコールの摂取は認知機能の低下に対して保護的な作用があるのではないかと考えられてきた一方で（Peters et al., 2008），海馬の萎縮を引き起こすとの報告もある（Topiwala et al., 2017）。さらに，日々の運動は，加齢や認知症に伴う認知機能の低下を防止する働きがあるという知見がある（Bherer et al., 2013）。

⑸　本節のまとめ

　認知機能トレーニングには一定の効果が認められており，行動的なアプローチにも認知機能改善の効果があることが示されている。これらの課題によって改善が見られるのは，基本的には海馬機能と記憶機能，外側および背側の前頭葉機能と実行機能である。しかしながら，多くの犯罪行動には衝動制御の問題が絡んでいると考えられることから，衝動性およびその基盤となる OFC などの前頭葉の腹内側部をターゲットとした介入も，今後考慮されるべきであろう。

　また，認知機能の維持に関する先行研究からいえるのは，地域において孤立している高齢者支援を進めることが，認知機能低下の防止に役立つ可能性があるということである。少なからず，若年者と同等の認知機能パフォーマンスを保つ高齢者は存在しており，遺伝的な要因はあるにせよ，環境的な要因に対する働きかけが重要であることが示唆される。

6.　まとめ

　本章では，高齢者および認知症における認知機能の低下について概説し，それらが犯罪とどのように結びつくのかについて論考した。加齢あるいは認知症の発症に伴い，前頭葉／実行機能の低下と，海馬／エピソード記憶機能の低下，意図的な思考や行動の制御困難による衝動的な意思決定が見られることを説明した。認知機能の変化が犯罪行動に結びつくメカニズムの仮説として，抑制機能の低下によってフラストレーションを制御できないこと，衝動制御なしに報酬系や怒り感情が発現してしまうことを挙げた。ただし，これらの仮説は明確には検証されていない。今後の高齢者研究によって，加齢

192　　第Ⅲ部　高齢者の心身機能と犯罪

と犯罪のメカニズムが詳しく解明されることが期待される。

【文　献】

Anand, R., Chapman, S. B., Rackley, A., Keebler, M., Zientz, J., & Hart, J. (2011) Gist reasoning training in cognitively normal seniors. *International Journal of Geriatric Psychiatry*, **26**, 961-968. doi:10.1002/gps.2633

Beas, B. S., Setlow, B., Samanez-Larkin, G. R., & Bizon, J. L. (2015) Modeling cos-benefit decision making in aged rodents. In T. M. Hess, J. Strough, & C. E. Löckenhoff (Eds.), *Aging and decision making*. New York: Elsevier Academic Press, pp. 17-40.

Bechara, A., Damasio, A. R., Damasio, H., & Anderson, S. W. (1994) Insensitivity to future consequences following damage to prefrontal cortex. *Cognition*, **50**, 7-15. doi: 10.1016/0010-0277 (94) 90018-3

Belleville, S., Clément, F., Mellah, S., Gilbert, B., Fontaine, F., & Gauthier, S. (2011) Training-related brain plasticity in subjects at risk of developing Alzheimer's disease. *Brain*, **134**, 1623-1634. doi:10.1093/brain/awr037

Bherer, L., Erickson, K. I., & Liu-Ambrose, T. (2013) A review of the effects of physical activity and exercise on cognitive and brain functions in older adults. *Journal of Aging Research*, **2013**, 657508. doi:10.1155/2013/657508

Bielak, A. A. M., Mansueti, L., Strauss, E., & Dixon, R. A. (2006) Performance on the Hayling and Brixton tests in older adults: Norms and correlates. *Archives of Clinical Neuropsychology*, **21**, 141-149. doi:10.1016/j.acn.2005.08.006

Buchsbaum, B. R., Greer, S., Chang, W. L., & Berman, K. F. (2005) Meta-analysis of neuroimaging studies of the Wisconsin card-sorting task and component processes. *Human Brain Mapping*, **25**, 35-45. doi:10.1002/hbm.20128

Buckner, R. L. (2004) Memory and executive function in aging and AD: Multiple factors that cause decline and reserve factors that compensate. *Neuron*, **44**, 195-208. doi: 10.1016/j.neuron.2004.09.006

Burzynska, A. Z., Nagel, I. E., Preuschhof, C., Gluth, S., Bäckman, L., Li, S-C., Lindenberger, U., & Heekeren, H. R. (2012) Cortical thickness is linked to executive functioning in adulthood and aging. *Human Brain Mapping*, **33**, 1607-1620. doi:10.1002/hbm.21311

Cabeza, R., Anderson, N. D., Locantore, J. K., & McIntosh, A. R. (2002) Aging gracefully: Compensatory brain activity in high-performing older adults. *Neuroimage*, **17**, 1394-1402. doi:10.1006/nimg.2002.1280

Carstensen, L. L. & DeLiema, M. (2017) The positivity effect: A negativity bias in youth fades with age. *Current Opinion in Behavioral Sciences*, **19**, 7-12. doi:10.1016/j.cobe-ha.2017.07.009

Chan, R. C. K., Shum, D., Toulopoulou, T., & Chen, E. Y. H. (2008) Assessment of executive functions: Review of instruments and identification of critical issues. *Archives of Clinical*

*Neuropsychology, 23, 201-216. doi:10.1016/j.acn.2007.08.010

Chapman, S. B., Aslan, S., Spence, J. S., Hart, J. J., Bartz, E. K., Didehbani, N., Keebler, M. W., et al. (2015) Neural mechanisms of brain plasticity with complex cognitive training in healthy seniors. *Cerebral Cortex, 25*, 396-405. doi:10.1093/cercor/bht234

Cipriani, G., Lucetti, C., Danti, S., Carlesi, C., & Nuti, A. (2016) Violent and criminal manifestations in dementia patients. *Geriatrics and Gerontology International, 16*, 541-549. doi:10.1111/ggi.12608

Clare, L., van Paasschen, J., Evans, S. J., Parkinson, C., Woods, R. T., & Linden, D. E. (2009) Goal-oriented cognitive rehabilitation for an individual with Mild Cognitive Impairment: Behavioural and neuroimaging outcomes. *Neurocase, 16*, 1-14. doi:10.1080/13554790902783116

Colcombe, S. & Kramer, A. F. (2003) Fitness effects on the cognitive function of older adults: A meta-analytic study. *Psychological Science, 14*, 125-130. doi: 10.1111/1467-9280.t01-1-01430

Daffner, K. R., Chong, H., Sun, X., Tarbi, E. C., Riss, J. L., McGinnis, S. M., & Holcomb, P. J. (2011) Mechanisms underlying age and performance-related differences in working memory. *Journal of Cognitive Neuroscience, 23*, 1298-1314. doi:10.1162/jocn.2010.21540

Davidson, R. J., Putnam, K. M., & Larson, C. L. (2000) Dysfunction in the neural circuitry of emotion regulation: A possible prelude to violence. *Science, 289*, 591-594. doi:10.1126/science.289.5479.591

Denburg, N. L., Cole, C. A., Hernandez, M., Yamada, T. H., Tranel, D., Bechara, A., & Wallance, R. B. (2007) The orbitofrontal cortex, real-world decision making, and normal aging. *Annals of the New York Academy of Sciences, 1121*, 480-498. doi: 10.1196/annals.1401.031

Denburg, N. L. & Hedgcock, W. M. (2015) Age-associated executive dysfunction, the prefrontal cortex, and complex decision making. In T. M. Hess, J. Strough, & C. E. Lökenhoff (Eds.), *Aging and decision making.* New York: Elsevier Academic Press, pp. 79-101.

Donovan, N. J., Wu, Q., Rentz, D. M., Sperling, R. A., Marshall, G. A., & Glymour, M. M. (2017) Loneliness, depression and cognitive function in older US adults. *International Journal of Geriatric Psychiatry, 32*, 564-573. doi:10.1002/gps.4495

Eppinger, B., Nystrom, L. E., & Cohen, J. D. (2012). Reduced sensitivity to immediate reward during decision-making in older than younger adults. *PLoS ONE, 7*, e36953. doi: 10.1371/journal.pone.0036953

Fjell, A. M., Walhovd, K. B., Fennema-Notestine, C., McEvoy, L. K., Hagler, D. J., Holland, D., Brewer, J. B., & Dale, A. M. (2009) One-year atrophy evident in healthy aging. *Journal of Neuroscience, 29*, 15223-15231.

Fleischman, D. A. & Gabrieli, J. D. (1998) Repetition priming in normal aging and Alzheimer's disease: A review of findings and theories. *Psychology and Aging, 13*, 88-119.

doi:10.1037/0882-7974.13.1.88

Frost, R. & McNaughton, N. (2017) The neural basis of delay discounting: A review and preliminary model. *Neuroscience and Biobehavioral Reviews*, **79**, 48-65. doi:10.1016/j. neubiorev.2017.04.022

Gilboa, A. & Marlatte, H. (2017) Neurobiology of schemas and schema-mediated memory. *Trends in Cognitive Science*, **21**, 618-631. doi:10.1016/j.tics.2017.04.013

Habib, R., Nyberg, L., & Nilsson, L-G. (2007) Cognitive and non-cognitive factors contributing to the longitudinal identification of successful older adults in the Betula study. *Aging*, Neuropsychology, and Cognition, **14**, 257-273. doi:10.1080/13825580600582 412

Halfmann, K., Hedgcock, W., & Denburg, N. L. (2013) Age-related differences in discounting future gains and losses. *Journal of Neuroscience, Psychology, and Economics*, **6**, 42-54. doi: 10.1037/npe0000003

Hampstead, B. M., Stringer, A. Y., Stilla, R. F., Deshpande, G., Hu, X., Moore, A. B., & Sathian, K. (2011) Activation and effective connectivity changes following explicit-memory training for face-name pairs in patients with mild cognitive impairment: A pilot study. *Neurorehabilitation and Neural Repair*, **25**, 210-222. doi:10.1177/1545968310382424

Hampstead, B. M., Stringer, A. Y., Stilla, R. F., Giddens, M., & Sathian, K. (2012) Mnemonic strategy training partially restores hippocampal activity in patients with Mild Cognitive Impairment. *Hippocampus*, **22**, 1652-1658. doi:10.1002/hipo.22006

Hasher, L. & Zacks, R. T. (1988). Working memory, comprehension, and aging: A review and a new view. In G. H. Bower (Ed.), *The psychology of learning and motivation, Vol. 22*. New York: Academic Press, pp. 193-225.

Hess, T. M. (2015) A prospect theory-based evaluation of dual-process influences on aging and decision making: Support for a contextual perspective. In T. M. Hess, J. Strough, & C. E. Löckenhoff (Eds.), *Aging and decision making*. New York: Elsevier Academic Press, pp. 189-212.

Jack, C. R., Petersen, R. C., O'Brien, P. C., & Tangalos, E. G. (1992) MR-based hippocampal volumetry in the diagnosis of Alzheimer's disease. *Neurology*, **42**, 183-188. doi: 10.1212/WNL.42.1.183

Jaeggi, S. M., Buschkuehl, M., Perrig, W. J., & Meier, B. (2010) The concurrent validity of the N-back task as a working memory measure. *Memory*, **18**, 394-412. doi: 10.1080/09658211003702171

Kassam, K. S., Gilbert, D. T., Boston, A., & Wilson, T. D. (2008) Future anhedonia and time discounting. *Journal of Experimental Social Psychology*, **44**, 1533-1537. doi: 10.1016/j.jesp.2008.07.008

Kelly, M. E., Loughrey, D., Lawlor, B. A., Robertson, I. H., Walsh, C., & Brennan, S. (2014) The impact of cognitive training and mental stimulation on cognitive and everyday functioning of healthy older adults: A systematic review and meta-analysis. *Ageing*

Research Reviews, **15**, 28-43. doi:10.1016/j.arr.2014.02.004

Kopelman, M. D.（1989）Remote and autobiographical memory, temporal context memory and frontal atrophy in Korsakoff and Alzheimer patients. *Neuropsychologia*, **27**, 437-460. doi:10.1016/0028-3932（89）90050-X

Kwan, D., Craver, C. F., Green, L., Myerson, J., & Rosenbaum, R. S.（2013）Dissociations in future thinking following hippocampal damage: Evidence from discounting and time perspective in episodic amnesia. *Journal of Experimental Psychology: General*, **142**, 1355-1369. doi:10.1037/a0034001

Levine, B., Svoboda, E., Hay, J. F., Winocur, G., & Moscovitch, M.（2002）Aging and autobiographical memory: Dissociating episodic from semantic retrieval. *Psychology and Aging*, **17**, 677-689. doi:10.1037/0882-7974.17.4.677

Li, H., Li, J., Li, N., Li, B., Wang, P., & Zhou, T.（2011）Cognitive intervention for persons with mild cognitive impairment: A meta-analysis. *Ageing Research Reviews*, **10**, 285-296. doi:10.1016/j.arr.2010.11.003

Löckenhoff, C. E.（2011）Age, time, and decision making: from processing speed to global time horizons. *Annals of the New York Academy of Sciences*, **1235**, 44-56. doi:10.1111/j.1749-6632.2011.06209.x

Lubitz, A. F., Niedeggen, M., & Feser, M.（2017）Aging and working memory performance: Electrophysiological correlates of high and low performing elderly. *Neuropsychologia*, **106**, 42-51. doi:10.1016/j.neuropsychologia.2017.09.002

Lupien, S. J., Evans, A., Lord, C., Miles, J., Pruessner, M., Pike, B., & Pruessner, J. B.（2007）Hippocampal volume is as variable in young as in older adults: Implications for the notion of hippocampal atrophy in humans. *Neuroimage*, **34**, 479-485. doi:10.1016/j.neuroimage.2006.09.041

Maillet, D. & Rajah, M. N.（2013）Association between prefrontal activity and volume change in prefrontal and medial temporal lobes in aging and dementia: A review. *Ageing Research Reviews*, **12**, 479-489. doi:10.1016/j.arr.2012.11.001

Mata, R., Josef, A. K., & Lemaire, P.（2015）Adaptive decision making and aging. In T. M. Hess, J. Strough, & C. E. Löckenhoff（Eds.）, *Aging and decision making*. New York: Elsevier Academic Press, pp. 105-126.

松本　昇・越智啓太（2015）記憶心理学の基礎概念と現状. 杉山　崇・越智啓太・丹藤克也編著　記憶心理学と臨床心理学のコラボレーション. 北大路書房, pp. 2-22.

McGillivray, S., Friedman, M. C., & Castel, A. D.（2012）Impact of aging on thinking. In K. J. Holyoak, & R. G. Morrison（Eds.）, *The Oxford handbook of thinking and reasoning*. New York: Oxford University Press, pp. 650-672.

McMillan, K. M., Laird, A. R., Witt, S. T., & Meyerand, M. E.（2007）Self-paced working memory: Validation of verbal variations of the N-back paradigm. *Brain Research*, **1139**, 133-142. doi:10.1016/j.brainres.2006.12.058

Mendez, M. F.（2009）The neurobiology of moral behavior: Review and neuropsychiatric implications. *CNS Spectrums*, **14**, 608-620. doi:10.1017/S1092852900023853

Mendez, M. F., Shapira, J. S., & Saul, R. E. (2011) The spectrum of sociopathy in dementia. *Journal of Neuropsychiatry and Clinical Neurosciences*, **23**, 132-140. doi:10.1176/jnp.23. 2.jnp132

Mitchell, D. B. & Bruss, P. J. (2003) Age differences in implicit memory: Conceptual, perceptual, or methodological?*Psychology and Aging*, **18**, 807-822. doi:10.1037/0882- 7974.18.4.807

Miyake, A., Friedman, N. P., Emerson, M. J., Witzki, A. H., & Howerter, A. (2000) The unity and diversity of executive functions and their contribution to complex "frontal lobe" tasks: A latent variable analysis. *Cognitive Psychology*, **41**, 49-100. doi:10.1037/a0028727

水上勝義 (2011) BPSD の薬物療法. 総合病院精神医学, **23**, 19-26.

Nagel, I. E., Preuschhof, C., Li, S-C., Nyberg, L., Backman, L., Lindenberger, U., & Heckeren, H. R. (2011). Load modulation of BOLD response and connectivity predicts working memory performance in younger and older adults.*Journal of Cognitive Neuroscience*, **23**, 2030-2045. doi:10.1162/jocn.2010.21560

内閣府 (2016) 高齢社会白書 平成 28 年版 [http://www8.cao.go.jp/kourei/whitepaper/ w-2016/html/gaiyou/s1_2_3.html]

Neary, D., Snowden, J. S., Gustafson, L., Passant, U., Stuss, D., Black, S., Freedman, M., et al. (1998) Frontotemporal lobar degeneration: A consensus on clinical diagnostic criteria. *Neurology*, **51**, 1546-1554. doi:10.1212/WNL.51.6.1546

Nee, D. E., Wager, T. D., & Jonides, J. (2007) Interference resolution: Insights from a meta-analysis of neuroimaging tasks. *Cognitive, Affective, and Behavioral Neuroscience*, **7**, 1-17. doi:10.3758/CABN.7.1.1

日本神経学会 (2010) 認知症疾患治療ガイドライン 2010 [https://www.neurology-jp. org/guidelinem/nintisyo.html]

Nishiguchi, S., Yamada, M., Tanigawa, T., Sekiyama, K., Kawagoe, T., Suzuki, M., et al. (2015) A 12-week physical and cognitive exercise program can improve cognitive function and neural efficiency in community-dwelling older adults: A randomized controlled trial. *Journal of the American Geriatric Society*, **63**, 1355-1363. doi: 10.1111/jgs.13481

Nyberg, L., Lövdén, M., Riklund, K., Lindenberger, U., & Bäckman, L. (2012) Memory aging and brain maintenance. *Trends in Cognitive Sciences*, **16**, 292-305. doi:10.1016/j.tics. 2012.04.005

Owen, A. M., McMillan, K. M., Laird, A. R., & Bullmore, E. (2005) N-back working memory paradigm: A meta-analysis of normative functional neuroimaging studies. *Human Brain Mapping*, **25**, 46-59. doi:10.1002/hbm.20131

Park, D. C. & Gutchess, A. H. (2004) Long-term memory and aging: A cognitive neuroscience perspective. In R. Cabeza, L. Nyberg, & D. Park (Eds.), *Cognitive neuroscience of aging: Linking cognitive and cerebral aging.* New York: Oxford University

Press, pp. 218-245.

Peters, J. & Büchel, C. (2010) Episodic future thinking reduces reward delay discounting through an enhancement of prefrontal-mediotemporal interactions. *Neuron*, **66**, 138-148. doi:10.1016/j.neuron.2010.03.026

Peters, R., Peters, J., Warner, J., Beckett, N., & Bulpitt, C. (2008) Alcohol, dementia and cognitive decline in the elderly: A systematic review. *Age and Ageing*, **37**, 505-512. doi: 10.1093/ageing/afn095

Petersen, R. C., Knopman, D. S., Boeve, B. F., Geda, Y. E., Ivnik, R. J., Smith, G. E., Roberts, R. O., & Jack, C. R. (2009) Mild cognitive impairment: Ten years later. *Archives of Neurology*, **66**, 1447-1455. doi:10.1001/archneurol.2009.266

Petersen, R. C., Smith, G. E., Waring, S. C., Ivnik, R. J., Tangalos, E. G., & Kokmen, E. (1999) Mild cognitive impairment: Clinical characterization and outcome. *Archives of Neurology*, **56**, 303-308. doi:10.1001/archneur.56.3.303

Rae, C. L., Hughes, L. E., Weaver, C., Anderson, M. C., & Rowe, J. B. (2014) Selection and stopping in voluntary action: A meta-analysis and combined fMRI study. *Neuroimage*, **86**, 381-391. doi:10.1016/j.neuroimage.2013.10.012

Rahman, S., Sahakian, B. J., Hodges, J. R., Rogers, R. D., & Robbins, T. W. (1999) Specific cognitive deficits in mild frontal variant frontotemporal dementia. *Brain*, **8**, 1469-1493. doi:10.1093/brain/122.8.1469

Rajah, M. N., Languay, R., & Valiquette, L. (2010) Age-related changes in prefrontal cortex activity are associated with behavioural deficits in both temporal and spatial context memory retrieval in older adults. *Cortex*, **46**, 535-549. doi:10.1016/j.cortex.2009.07.006

Raz, N. (2004) The aging brain observed in vivo: Differential changes and their modifers. In R. Cabeza, L. Nyberg, & D. Park (Eds.), *Cognitive neuroscience of aging: Linking cognitive and cerebral aging*. New York: Oxford University Press, pp. 19-57.

Raz, N., Rodrigue, K. M., & Haacke, E. M. (2007) Brain aging and its modifiers: Insights from in vivo neuromorphometry and susceptibility weighted imaging. *Annals of the New York Academy of Sciences*, **1097**, 84-93. doi:10.1196/annals.1379.018

Reijnders, J., van Heugten, C., & van Boxtel, M. (2013) Cognitive interventions in healthy older adults and people with mild cognitive impairment: A systematic review. *Ageing Research Reviews*, **12**, 263-275. doi:10.1016/j.arr.2012.07.003

Resnick, S. M., Pham, D. L., Kraut, M. A., Zonderman, A. B., & Davatzikos, C. (2003) Longitudinal magnetic resonance imaging studies of older adults: A shrinking brain. *Journal of Neuroscience*, **23**, 3295-3301.

Rey-Mermet, A. & Gade, M. (in press) Inhibition in aging: What is preserved? What declines? A meta-analysis. *Psychonomic Bulletin and Review*. doi:10.3758/s13423-017-1384-7

Rhodes, M. G. (2004) Age-related differences in performance on the Wisconsin Card Sorting Test: A meta-analytic review. *Psychology and Aging*, **19**, 482-494. doi:

10.1037/0882-7974.19.3.482

Rönnlund, M., Nyberg, L., Bäckman, L., & Nillson, L-G. (2005) Stability, growth, and decline in adult life span development of declarative memory: Cross-sectional and longitudinal data from a population-based study. *Psychology and Aging*, **20**, 3-18. doi: 10.1037/0882-7974.20.1.3

Rosen, A. C., Sugiura, L., Kramer, J. H., Whitfield-Gabrieli, S., & Gabrieli, J. D. (2011) Cognitive training changes hippocampal function in Mild Cognitive Impairment: A pilot study. *Journal of Alzheimer's Disease*, **26**, 349-357. doi:10.3233/JAD-2011-0009

Salthouse, T. A. (1994) The aging of working memory. *Neuropsychology*, **8**, 535-543. doi: 10.1037/0894-4105.8.4.535

Samanez-Larkin, G. R. (2015) Decision neuroscience and aging. In T. M. Hess, J. Strough, & C. E. Löckenhoff (Eds.), *Aging and decision making*. New York: Elsevier Academic Press, pp. 41-60.

Samanez-Larkin, G. R., Kuhnen, C. M., Yoo, D. J., & Knutson, B. (2010) Variability in nucleus accumbens activity mediates age-related suboptimal financial risk taking. *Journal of Neuroscience*, **30**, 1426-1434. doi:10.1523/JNEUROSCI.4902-09.2010

Schacter, D. L. (1987) Impicit memory: History and current status. *Journal of Experimental Psychology: Learning, Memory, and Cognition*, **13**, 501-518. doi:10.1037/0278-7393.13.3.501

Schacter, D. L., Benoit, R. G., & Szpunar, K. K. (2017) Episodic future thinking: Mechanisms and functions. *Current Opinion in Behavioral Sciences*, **17**, 41-50. doi:10.1016/j.cobeha.2017.06.002

Simon, S. S., Yokomizo, J. E., & Bottino, C. M. C. (2012) Cognitive intervention in amnestic Mild Cognitive Impairment: A systematic review. *Neuroscience and Biobehavioral Reviews*, **36**, 1163-1178. doi:10.1016/j.neubiorev.2012.01.007

Snyder H. R. (2013). Major depressive disorder is associated with broad impairments on neuropsychological measures of executive function: A meta-analysis and review. *Psychological Bulletin*, **139**, 81-132. doi:10.1037/a0028727

Spreng, R. N., Karlawish, J., & Marson, D. C. (2016) Cognitive, social, and neural determinants of diminished decision-making and financial exploitation risk in aging and dementia: A review and new model. *Journal of Elder Abuse and Neglect*, **28**, 320-344. doi: 10.1080/08946566.2016.1237918

Squire, L. R. (1987) *Memory and brain*. New York: Oxford University Press.

Tait, J. L., Duckham, R. L., Milte, C. M., Main, L. C., & Daly, R. M. (2017) Influence of sequential vs. simultaneous dual-task exercise training on cognitive function in older adults. *Frontiers in Aging Neuroscience*, **9**, 368. doi: 10.3389/fnagi.2017.00368

Topiwala, A., Allen, C. L., Valkanova, V., Zsoldos, E., Filippini, N., Sexton, C., Mahmood, A., et al. (2017) Moderate alcohol consumption as risk factor for adverse brain outcomes and cognitive decline: Longitudinal cohort study. *BMJ*, **357**, j2353. doi:10.1136/bmj.j2353

Train the Brain Consortium (2017) Randomized trial on the effects of a combined physical cognitive training in aged MCI subjects: The train the brain study. *Scientific Reports*, **7**, 39471. doi:10.1038/srep39471

Verhaeghen, P. & De Meersman, L. (1998) Aging and the Stroop effect: A meta-analysis. *Psychology and Aging*, **13**, 120-126. doi:10.1037/0882-7974.13.1.120

Viskontas, I. V., Possin, K. L., & Miller, B. L. (2007) Symptoms of frontotemporal dementia provide insights into orbitofrontal cortex function and social behavior. *Annals of New York Academy of Sciences*, **1121**, 528-545. doi:10.1196/annals.1401.025

Wang, T., Yue, T., & Huang, X. T. (2016) Episodic and semantic memory contribute to familiar and novel episodic future thinking. *Frontiers in Psychology*, **7**, 1746. doi:10.3389/fpsyg.2016.01746

第IV部
高齢者が関わる
司法・矯正

第 12 章　高齢目撃者と証言能力

第 13 章　高齢受刑者と釈放時の保護調整

第12章 高齢目撃者と証言能力

[越智啓太]

1. 問題

　犯罪を捜査し，犯人を検挙，起訴していくために，警察はさまざまな証拠を分析する。法科学が発展し，さまざまな科学捜査技術が開発された現在においても，最も重要な証拠はやはり，被害者や目撃者の証言であろう。しかし，この証言に関しても，社会の高齢化は大きな影響を与えている。事件の鍵を握っている被害者や目撃者，そして加害者も含めて，高齢化が進行しているのである。現在では，傷害事件や万引きなどの窃盗事件，交通事故などでは，関係者のすべてが高齢者であるということも少なくない。このような事件を捜査していくためには，高齢者の目撃証言がどのような特徴を持っているのかについて，明らかにしていくことが必要である。

2. 高齢者の目撃証言についての実験的な研究

(1) 高齢者の記憶の特徴

　まず最初に，高齢者の記憶の特徴について検討してみる。ひとくちに「記憶」といっても，そこにはさまざまなタイプのものが存在する。たとえば，我々が通常「記憶」という言葉でイメージするものは，子どもの頃の思い出や数日前の出来事などであるが，これは「エピソード記憶」(episodic memory) といわれるものである。エピソード記憶のなかで自分自身に関するも

のは、「自伝的記憶」(autobiographical memory) と呼ばれる。これ以外にも、英単語や歴史、地理などの知識などの「意味記憶」(semantic memory) や、認知した情報が後続する情報の処理を促進（場合によっては抑制）する「プライミング」(priming)、自転車や車の運転、料理方法や歯の磨き方など体に身についた動作としての「手続き記憶」(procedural memory)、梅干しを見ただけでつばが出るような「条件づけ」(conditioning) も、一種の記憶だと考えられる。

　これら多種の記憶のなかで、目撃証言と最も関連しているのはエピソード記憶であるので、ここでは高齢者のエピソード記憶について主に見てみることにしたい。

　大規模な実験協力者集団を用いて加齢とエピソード記憶の関連について調査した研究としては、Lindenberger と Reischies (1999) の 70〜103 歳の高齢者 516 名を用いて行った研究がある。この研究では、文章の記憶や対連合学習などの課題が行われた。研究の結果、まず、認知症と診断された高齢者の記憶は、やはり大きく劣っていることが示された。また、年齢と記憶成績の間には高い負の相関があり（エピソード記憶課題全体で r=−.49）、年齢が高くなるにつれて記憶成績も低下するという結果が見られた。

　また、Nilsson ら (1997) は、35〜85 歳までのスウェーデン人の実験協力者に対して、マッチ棒を折るなどのいくつかの動作を行わせたうえでそれを想起させる実行記憶課題や、名前を記憶させる課題（いずれもエピソード記憶課題）を行わせて、その加齢による変化を調べた。その結果、やはり加齢とともにエピソード記憶課題の成績が線形的に低下するという効果が、明確に見られた。さらに Hultsch ら (1999) は、55〜86 歳の 243 人を 6 年間追跡し、その 6 年間でのエピソード記憶の変化を測定した。課題には単語や物語の記憶が用いられた。この研究でもやはり、年齢の増加に伴って記憶能力が低下していくことが示された。

　このように、エピソード記憶に関しては、加齢とともに低下していくことが多くの研究で明らかになっている。一方で、意味記憶やプライミングに関しては、エピソード記憶ほど明確な低下が見られないことも知られている (Light & Singh, 1987)。

第 12 章　高齢目撃者と証言能力　　*203*

たしかに，年齢が高くなると，我々の多くは「記憶の衰え」を自覚するようだ。ただ，この「記憶の衰え」感覚自体は，実際の記憶低下とそれほど関連していないということも重ねて示されている (Pearman & Storandt, 2004; Hertzog & Hultsch, 2000)。つまり，我々のエピソード記憶能力は，たしかに年齢とともに低下するが，その程度は記憶の衰えの自己認知ほどではないということになるだろう。

⑵　高齢者の目撃証言についての実験

　では，事件の目撃証言に関しても，若者に比べて高齢者の証言は信頼性の低いものなのだろうか。さまざまなシチュエーションでこれを検討した研究が存在するが，ここではまず，West と Stone (2013) の研究について見てみよう。この研究では，99 人の大学生と 77 人のコミュニティの高齢者が実験に参加した。高齢者の平均年齢は 72 歳であった。

　実験参加者は 1〜7 人ごとの小グループに分けられた。彼らが実験室に入り，記憶課題の文章（実際にはこの課題はダミーである）を読み始めると，実験室の扉を誰かがノックし，ドアが開いて一人の女子学生が部屋に入ってくる（この女子学生はじつは実験の協力者である）。実験者はその女子学生のもとに行き，そこで約 1 分程度，あらかじめ設定されたシナリオに従ったやりとりが行われる。女子学生はその後，実験室から退出する。部屋にいる実験参加者はこの出来事を「目撃」するわけであるが，じつはこの出来事が，その後の記憶テストの対象となる。実験参加者の半数には，このような妨害の出来事が発生することと，その出来事を記憶しておくようにとの教示があらかじめ与えられている（意図学習条件）。残りの半数はこのような教示はなく，まったく突然の出来事に感じられる（偶発学習条件）。

　実験参加者にはその後，この出来事についての手がかり再生テスト（たとえば，入ってきた女子学生が名乗っていた名前や服装などについての質問）と，出来事についての自由再生テストが行われた。この実験の結果を表 12-1 と表 12-2 に示す。意図学習条件でも偶発学習条件でも，また手がかり再生テストでも自由再生テストでも，高齢者群は若者群に比べて正答率が低いことがわかる。

204　　第Ⅳ部　高齢者が関わる司法・矯正

表 12-1　若者群と高齢者群の手がかり再生テストの成績

	若者群	高齢者群
意図学習条件	6.82	6.00
偶発学習条件	5.23	4.60

注：問題は 11 問ある。数字は正解した問題の数。

表 12-2　若者群と高齢者群の自由再生テストの成績（正しい情報の再生数）

	若者群	高齢者群
意図学習条件	9.32	7.26
偶発学習条件	6.69	3.55

表 12-3　若者群と高齢者群のコンテンツごとの再生項目数

	若者群	高齢者群
行動	20.75	15.00
人物の特徴	11.25	8.20
その他の詳細な事象	9.15	6.80
誤った再生項目	1.04	0.90

　また，より実際の犯罪での目撃証言に近いシチュエーションで実験を行った研究として，Aizpurua ら（2009）の研究を見てみよう。この実験では，40 人の若者群（平均年齢 19.9 歳）と，30 人の高齢者群（平均年齢 62.9 歳）で実験が行われた。

　まず，実験参加者には，武装強盗の様子を描いたビデオを見せた。このビデオは，スキーマスクをかぶった 3 人組の強盗犯が店舗に押し入り，女性店員を脅したり殴ったりして金を奪う，という内容の 3 分 30 秒の長さのものである。ビデオ視聴後，参加者はビデオの内容について 10 分間自由に書く自由再生課題と，ビデオの内容についての文章が提示され，それが正しいか誤っているかを判断する再認課題を行った。

　再生実験の結果を表 12-3 に示す。予想どおり高齢者群よりも若者群のほうが，より多くの項目を再生できていることがわかる。また，表 12-4 に示

第 12 章　高齢目撃者と証言能力　*205*

表12-4 若者群と高齢者群のコンテンツごとの正再認率とフォールスアラーム率

	若者群	高齢者群
正解の項目を「正解」としたもの（ヒット率）		
行動	0.71	0.73
人物の特徴	0.78	0.72
その他の詳細な事象	0.56	0.54
不正解の項目を「正解」としたもの（フォールスアラーム率）		
行動	0.64	0.82
人物の特徴	0.61	0.71
その他の詳細な事象	0.39	0.54

した再認テストの結果を見てみると，正解の項目（目撃したビデオと合致する項目）に対して，「正解（合致している）」と答えた場合の正解率（ヒット率）では若者群と高齢者群では差がなかったが，誤った項目（目撃したビデオと合致していない項目）に対して誤って「正解（合致している）」と答えてしまった割合では，高齢者群のほうが多くなった。

(3) 高齢者の記憶における虚記憶

上記の Aizpurua らの研究では，たしかに高齢者の再認記憶成績は若者よりも悪かったが，一つ興味深いのは，この差はヒット率では生じず，フォールスアラーム率で生じたという点である。これは，高齢者の記憶が悪いのは，「見た」ものを忘れてしまうというかたちで生じるよりも，「見ていないものを見たと」判断してしまう虚記憶に起因している可能性を示唆するものである。

じつは，この現象は実験室においても確認されている。たとえば，Norman と Schacter（1997）は，DRM パラダイムという実験手法を使った次のような実験を行っている（Roediger & McDermott, 1995）。DRM パラダイムとは，〈明るい，将来，光，ふくらむ，理想，人生，未来……〉などの単語を記憶させ，再生あるいは再認させる。すると，これらの言葉から高い頻度で連想されるが，実際には呈示されていない「希望」という単語（これをルアー項目という）が，誤って再生あるいは再認されてしまいやすくなるという現象を用いた実験のことである（日本語によるこの例は，宮地と山〈2002〉より

206　第Ⅳ部　高齢者が関わる司法・矯正

表 12-5　記憶した項目の再生率とルアー項目の虚再生率

	若者群	高齢者群
記憶した項目	0.67	0.48
ルアー項目	0.38	0.51

表 12-6　記憶した項目の再認率とルアー項目の虚再認率

	若者群	高齢者群
記憶した項目（ヒット率）	0.79	0.75
ルアー項目（フォールスアラーム率）	0.72	0.85

引用）。

　この実験の結果，再生課題では，呈示された項目を正しく再生するのは若者のほうが多かったが，実際に呈示されていない項目を誤って再生してしまう虚記憶は，高齢者群でより多く生じた（表 12-5）。また，再認課題では Aizpurua らの研究と同様に，ヒット率では高齢者群と若者群に差は生じなかったが，フォールスアラーム率は高齢者群のほうが高い値となった（表12-6）。

⑷　高齢者の顔記憶における虚記憶

　このような虚記憶の現象は，犯罪捜査の文脈では，一つの危険な現象を生じさせる可能性がある。というのは，実際に見ていないものを「見た」と言ったり，別の文脈で見たものを「犯罪現場で見た」というような誤りが，発生しやすくなることを意味するからである。これが犯人の顔の認知，つまり「面割り」（line up）状況で生じてしまうと，実際には犯人でない者を「犯人」であると指摘してしまう誤りにつながってしまう。

　実際に，高齢者にはこのような誤りが多いということを示した研究として，Havard と Memon（2009）によるものがある。彼らは，若者群（平均年齢25.0歳）と高齢者群（平均年齢72.6歳）の実験参加者に，侵入窃盗の様子を描いた 1 分 30 秒のビデオを見せた。このビデオの内容は，一人の男性の犯人が，建物の廊下を歩きながら部屋のドアが開くかどうかを順番に試し，

鍵のかかっていなかった部屋に侵入して，その部屋にあった財布やパソコン，携帯電話などを盗むというものであった。ビデオには二つのバージョンがあり，一つは犯人が26歳の男性によって演じられており，もう一方は67歳の男性によって演じられていた。

　その後，参加者たちは，9人の人物から構成されるビデオラインナップを見て，そのなかから犯人を選び出す課題を行った。ビデオラインナップシステムは，従来，静止顔画像で行われていたラインナップをビデオ映像で行うもので，この実験ではイギリスの警察で実際に使われている VIPER（Video Identification Parade Electronic Recoding）システムが用いられた。このシステムによって，それぞれの人物が正面から左，右に顔を向けるビデオが15秒ずつ提示される。参加者はこれを見て，犯人だと思われる人物を選び出す。実験条件には，ターゲットプレゼント（target present）条件，つまり実際の犯人が呈示されるビデオのなかに含まれているものと，ターゲットアブセント（target absent）条件，つまり実際の犯人が登場しないものがあった。後者の条件では，「このなかに犯人はいない」とするのが正解となる。

　実験の結果を表12-7，表12-8に示す。これを見ると，若者群のほうが高齢者群よりも正しく犯人を選び出すことができること，高齢者はターゲットプレゼントラインナップにおいて，フォイル（犯人ではない人物）を選択してしまう傾向と，ターゲットアブセントラインナップにおいて，実際には犯人が含まれていないにもかかわらず誰かを選択してしまう可能性が大きいこ

表12-7　ターゲットプレゼントラインナップの結果

	若者群（%）	高齢者（%）
＜若者犯人条件＞		
正再認	54.5	22.7
フォイル再認	18.2	45.5
このなかにいないと誤反応	27.3	31.8
＜高齢者犯人条件＞		
正再認	43.5	23.8
フォイル再認	34.8	57.1
このなかにいないと誤反応	21.7	19.0

注：フォイル再認は，犯人でない人物を誤って選択してしまうケースである。

表 12-8　ターゲットアブセントラインナップの結果

	若者群（%）	高齢者（%）
＜若者犯人条件＞		
このなかにいないと正反応	78.3	47.6
誤った人物を再認	21.7	52.4
＜高齢者犯人条件＞		
このなかにいないと正反応	47.6	22.7
誤った人物を再認	52.4	77.3

とがわかる。

　高齢者にこのような誤りが多い原因としては，記憶を構成するさまざまなメカニズムのうち，「それをどこで見たのかの記憶」（その情報をどこで得たのかの記憶）が，高齢化によって影響を受けているのではないかと考えられている。このような能力をソースモニタリング能力という。

(5)　高齢者の被誘導性に関する実験研究

　ソースモニタリング能力と密接に関連しているもう一つの現象として，被誘導性（suggestibility）がある。被誘導性とは，事件を目撃した後に接触した情報などによって，証言が影響されてしまうことである。被誘導性には，事後情報効果と迎合効果がある。前者は，事件後に接触した情報が記憶に埋め込まれてしまう現象であり，後者は事情聴取する側の誘導に従って，容易に証言を変えてしまう（その結果として，やはり記憶が変容してしまう）現象である。もし，高齢化がソースモニタリング能力に影響を与えるのだとすれば，高齢目撃者は被誘導性も大きくなることになる。

　この問題を検討した研究として，Cohen と Faulkner（1989）の研究がある。この研究では，高齢者の事後情報効果に対する被誘導性について，成人群（平均年齢34.9歳）と高齢者群（平均年齢70.4歳）を対象に実験が行われた。実験参加者はまず，「誘拐」というタイトルの3分間のビデオを見せられた。このビデオは主人公の中年男性が4人の若者グループに襲撃され，格闘の後，拘束され誘拐されるという内容のものである。その後参加者は，600語からなる，このビデオの内容について書かれた文章を読まされるが，

統制条件の参加者には誤りが含まれていない文章が，誤誘導情報条件の参加者には，2カ所の誤りが含まれる文章が呈示された。その後，ビデオについての多肢選択式の再認テストが行われた。この実験では，誤誘導情報に含まれていた誤った情報にそった回答をした場合に，誤答とされた。

　実験結果を表12-9に示す。若者群でも誤誘導情報に影響されていることがわかるが，この傾向は，高齢者群で特に顕著であった。

　次に迎合効果による被誘導性について見てみよう。この種の被誘導性を測定するための尺度が，Gudjonssonによって作成されている。この尺度は，一連のストーリーを読み，誘導的な質問（「少年は怪我をしましたか」などの質問で，ストーリー中には転んだなどの記述はあっても，怪我をしたかどうかについては言及されていない）に迎合的に答えてしまう程度をYield得点，「質問に対するあなたの回答は誤りが多いです」というフィードバックを受けた後で，当初の回答を変更する程度をShift得点とし，2種類の被誘導性を測定する尺度である（Gudjonsson, 1997）。

　Polczykら（2004）はこの尺度を使用して，若者と高齢者の被誘導性を比較した。実験に参加したのは，平均年齢22.3歳の若者群と，64.1歳の高齢者群である。実験の結果を表12-10に示す。高齢者はShiftの得点に関しては，若者群よりも5%水準の危険率で高く，直接的な被誘導性を示すYield得点では若者に比べて1%水準で得点が高かった。

　これらの研究がある一方で，高齢者が被誘導性が大きいという結果を明確

表12-9　年齢条件ごとの誤誘導情報の効果

	誤誘導情報条件	統制条件
高齢者群	.57	.28
若者群	.28	.13

表12-10　年齢条件ごとの誤誘導情報の効果

	Yield 得点	Shift 得点
高齢者群	5.60	7.43
若者群	3.61	6.08

に示さなかった研究も少なくない。たとえば，Coxon と Valentine（1997）がその一例である。この研究では，子ども群，若者群，高齢者群に，やはり誘拐を描いたビデオを見せ，その記憶についてテストが行われた。この実験で用いられたのは，看護師のふりをした女性が赤ん坊を連れ去ってしまう場面が描かれている，約3分のものである。

　ビデオ視聴後さまざまな記憶テストが行われたが，その一つが誤誘導質問となっている。たとえば，統制条件では「犯人は腕時計をはめていましたか」という質問がなされたのに対して，誤誘導条件では「犯人は腕時計をどちらの腕にしていましたか」という質問が行われた（実際には犯人は腕時計はしていない）。この質問に対して，「右手」とか「左手」などの答えをしてしまった場合，誘導尋問にひっかかったとされた。この質問にひっかかった実験参加者の割合を，年齢群ごとに表12-11に示す。統制条件は誤った解答をした者の割合を示している。この結果を見ると，もちろん誤誘導質問で誤った解答が統制条件に比べて増加しているのは明らかであるが，年齢を見てみると，子ども群だけがほかの2群に比べて誘導尋問に引っかかった者の割合は大きかったが，若者群の成績と高齢者群の成績の間に有意な差は存在しなかった。

　このように相反した結果の研究が多かったことから，Wylie ら（2014）はこのテーマについて，今まで行われてきた39の研究，3,534人分のデータについて，メタ分析を行った。メタ分析による研究の統合の結果，仮説の効果量は rm=0.35 で，95％信頼区間は 0.22〜0.47 となった。これは，高齢者のほうが事後情報効果を受けやすいという結論を支持するものである。

表12-11　年齢条件ごとの誤誘導情報にひっかかった割合

	誤誘導情報条件	統制条件
高齢者群(60-85歳)	.386	.238
若者群(16-19歳)	.394	.139
子ども群(7-9歳)	.598	.198

3. 高齢者の目撃証言研究の課題と展望

　ここまで，高齢者の目撃証言について行われた研究をいくつか概観してきた。これらの研究によって，現在明らかになっていることを要約すると，以下のようになるであろう。

　⑴　加齢に伴って，エピソード記憶は再生，再認ともパフォーマンスが低下するのは確かである。

　⑵　しかし，正再生や正再認（ヒット率）については，加齢の影響は比較的出にくい。

　⑶　記憶パフォーマンスの低下はむしろ，誤った項目の再生や再認，フォールスメモリーによって生じている。つまり，加齢に伴って誤った情報を答えやすくなる。

　⑷　高齢者が誘導されやすいのかについては，されやすいという研究とそうでないという研究があるが，メタ分析の結果では誘導されやすいという結論が得られている。

　このように高齢者の目撃記憶の特徴については，近年の研究で次々に判明してきている。理論的には，高齢化に伴う記憶能力の変容が，どのようなメカニズムで生じるのかについて明らかにしていくことが問題になっていくと思われるが，犯罪心理学的な観点や，司法手続き的な観点からは，次の二つの点が今後の研究課題となっていくであろう。

　⑴　ある事件について，高齢者の目撃証言が得られた場合，その証言がどの程度信頼できるかを判断する信頼性査定技術の開発。

　⑵　高齢者の記憶特性を把握したうえで，彼らから的確な証言を得ていくための聴取手法の開発。

【文 献】

Aizpurua, A., Garcia-Bajos, E., & Migueles, M. (2009) False memories for a robbery in young and older adults. *Applied Cognitive Psychology*, **23**(2), 174-187.

Cohen, G. & Faulkner, D. (1989) Age differences in source forgetting: Effects on reality monitering and on eyewitness testimony. *Psychology and Aging*, **4**, 10-17.

Coxon, P. & Valentine, T. (1997) The effects of the age of eyewitnesses on the accuracy and suggestibility of their testimony. *Applied Cognitive Psychology*, **11**(5), 415-430.

Gudjonsson, G. H. (1997) *The Gudjonsson suggestibility scales*. Hove: Psychology Press.

Havard, C. & Memon, A. (2009) The influence of face age on identification from a video line-up: A comparison between older and younger adults. *Memory*, **17**(8), 847-859.

Hertzog, C. & Hultsch, D. F. (2000) Metacognition in adulthood and old age. In F. I. M. Craik & T. A. Salthhouse (Eds.), *The handbook of aging and cognition*. 2nd ed. NJ: Lawrence Erlbaum Associates, pp.417-466.

Hultsch, D. F., Hertzog, C., Small, B. J., & Dixon, R. A. (1999) Use it or lose it: Engaged lifestyle as a buffer of cognitive decline in aging? *Psychology and Aging*, **14**(2), 245-263.

Light, L. L. & Singh, A. (1987) Implicit and explicit memory in young and older adults. *Journal of Experimental Psychology: Learning, Memory, and Cognition*, **13**(4), 531-541.

Lindenberger, U. & Reischies, F. M. (1999) Limits and potentials of intellectual functioning in old age. *The Berlin Aging Study: Aging From*, **70**, 329-359.

宮地弥生・山 祐嗣 (2002) 高い確率で虚記憶を生成する DRM パラダイムのための日本語リストの作成. 基礎心理学研究, **21** (1), 21-26.

Nilsson, L. G., BÄCkman, L., Erngrund, K., Nyberg, L., Adolfsson, R., Bucht, G., et al., & Winblad, B. (1997) The Betula prospective cohort study: Memory, health, and aging.*Aging, Neuropsychology, and Cognition*, **4**(1), 1-32.

Norman, K. A. & Schacter, D. L. (1997) False recognition in younger and older adults: Exploring the characteristics of illusory memories. *Memory & Cognition*, **25** (6), 838-848.

Pearman, A. & Storandt, M. (2004) Predictors of subjective memory in older adults. *The Journals of Gerontology Series B: Psychological Sciences and Social Sciences*, **59**(1), 4-6.

Polczyk, R., Wesolowska, B., Gabarczyk, A., Minakowska, I., Supska, M., & Bomba, E. (2004) Age differences in interrogative suggestibility: A comparison between young and older adults. *Applied Cognitive Psychology*, **18**(8), 1097-1107.

Roediger, H. L. & McDermott, K. B. (1995) Creating false memories: Remembering words not presented in lists. *Journal of Experimental Psychology: Learning, Memory, and Cognition*, **21**(4), 803-814.

West, R. L. & Stone, K. R. (2013) Age differences in eyewitness memory for a realistic event.*Journals of Gerontology Series B: Psychological Sciences and Social Sciences*, **69** (3), 338-347.

Wylie, L. E., Patihis, L., McCuller, L. L., Davis, D., Brank, E., Loftus, E. F., & Bornstein, B.

(2014) Misinformation effect in older versus younger adults: A meta-analysis and review. In M. P. Toglia, D. F. Ross, J. Pozzulo, & E. Pica, *The elderly eyewitness in court.* New York: Psychology Press, 38–66.

第13章 高齢受刑者と釈放時の保護調整

[花田百造]

1. 高齢受刑者とは

(1) 犯罪と受刑に関わる法制度と手続き

　高齢者に限らず誰でも，日本国内で刑法などに規定されている罪を犯し，それが発覚し，容疑者として特定されれば，警察などの捜査機関によって取り調べられる。場合によっては逮捕・勾留され，裁判を受けることになる。もちろん，捜査段階で被疑事実がなかったり誤認であったと判明すれば，その対象者に対する捜査は続行せず，身柄が拘束されている場合には拘束は解かれる。しかし，被疑者として有力であれば，起訴され，刑事事件の被告として公判に臨まなければならない。ときには，判決が出るまで身柄が拘束される場合（未決拘禁）もある。

　このような刑事手続きの経過のなかで，最終的には裁判所（地方・簡易）において判決を受ける。20歳未満の少年の場合は，まずは家庭裁判所が事件を受理するという別の法制度（少年法制）によって処理されるが，20歳以上の成人であれば，誰でも同様の刑事手続きをたどる。年齢に制限はない。20歳になったばかりの若者であっても，100歳の高齢者であっても，事件処理の仕組みは同じである。

　犯罪に対する刑罰は裁判所が決定する。通常，裁判所は，その犯罪事実の違法性を認定し，対象者（被告）がその責を負うべきであると認定し，その犯罪事実に対応した刑法など法定刑の範囲内で，対象者に刑罰を言い渡す。

第13章　高齢受刑者と釈放時の保護調整　　*215*

日本の法制度は三審制なので，控訴・上告の手続き（高裁・最高裁）が完了して刑が確定することになる。日本では刑罰として，死刑・懲役・罰金などが規定されている。罰金刑や科料といった身柄の拘束を伴わない刑罰や，死刑のように刑が執行されるまで一時的に身柄を拘束される刑罰もある。一方，いわゆる自由刑とされ，一定期間，刑務所内に拘禁し，作業等を課す懲役刑や，作業は課さないが刑務所内に拘禁する禁錮刑がある。これら自由刑を執行され，刑務所内に拘禁される対象者を受刑者という。

　刑事施設（刑務所や拘置所）に拘禁されている者は受刑者とは限らない。拘置所には死刑確定者（死刑判決が確定し，その執行を待つ身分の者）や，未決拘禁者（判決がまだなされていない者，あるいは刑の言い渡しはあったが，いまだ刑が確定せず被告の身分として拘束されている者）が拘禁されている。一方，刑が確定した者は被告から受刑者としての身分となり，懲役や禁錮といった刑が執行される刑務所に移送される。日本の刑事施設では，刑が確定した施設を「確定施設」と呼び，具体的に懲役刑や禁錮刑を執行する施設を「処遇施設」と区別して呼んでいる。たとえば，特定の受刑者について「確定施設は東京拘置所であり，処遇施設は府中刑務所である」といったように用いる。

　罪を犯した者（犯罪者）が受刑者になる法制度とその手続きについて簡単に述べた。事案によっては死刑確定者になったり，罰金刑で社会に戻ったり，実刑であっても執行猶予が付いたり，無罪判決だったりするが，このような例は受刑者にはならない。それ以外にも，警察や検察の捜査段階で微罪として取り扱われて，拘束されずに社会に戻る例も多い。実際にはこうした経緯で受刑者にならないケースのほうが相当に多く，『犯罪白書』や『警察白書』に詳細に記載されている。すなわち，犯罪者のなかで受刑者になる者は限られているといえる。

⑵　高齢受刑者数の推移

　『犯罪白書』では平成 20（2008）年の特集以降，高齢犯罪者の推移を取り上げている。平成 29 年版（法務省，2017a）によると，刑法犯検挙人員のうち，高齢者（65 歳以上）は平成 9（1997）年の約 3.7 倍であるが，総数は平成

表 13-1　高齢者関係

※65歳以上の者

刑法犯検挙人員　4万6,977人（平成9年の約3.7倍，平成20年以降高止まり）
　　　　　　　　（全体の約2割，女性では全体の約3分の1）
　窃　　盗　　3万3,979人（高齢者刑法犯検挙人員の約7割）
　　　　　　　　（女性高齢者では窃盗が約9割，万引きが約8割）
　傷害・暴行　　5,823人（前年比5.4%増，平成9年の約17.4倍）
交通事故　75歳以上の者に係る発生件数　3万2,890件（平成19年比12.0%増）
入所受刑者　2,498人
　　　　　　（平成9年の約4.2倍，女性では約9.1倍）
　高齢者率　　　12.2%（前年比1.5pt上昇）
　再入者の割合　70.2%（全年齢層では59.5%）
高齢者が被害者の主な刑法犯認知件数　9万2,587件（全体の13.9%，うち女性は約7割）
　　　　　　うち詐欺　1万3,236件（全体の44.1%，うち女性は約7割）

（法務省，2017a）

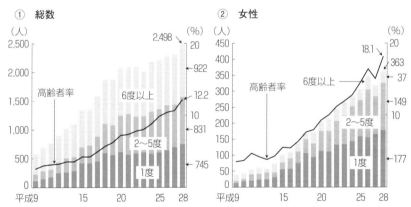

図 13-1　高齢者の入所受刑者数と高齢者率（法務省法務総合研究所，2017）

20年以降高止まりしている。一方，入所受刑者数は2,500名程度であり（表13-1，図13-1），平成9年の約4.2倍である。「日本全体で年間2,500名程度か，たいしたことはないじゃないか」と思われるかもしれない。しかし

第13章　高齢受刑者と釈放時の保護調整　*217*

これは，刑務所への入所ないしは刑確定時点での数字であることに注意しなければならない。すなわち，受刑を始めるときにすでに65歳を超えているということである。もちろん，刑期の長さにもよるが，社会に戻る際には間違いなく高齢者として（あるいは後期高齢者として）の配慮が必要ということになる。

(3) 受刑期間と高齢化の問題

ところで，「受刑者になって刑務所に入れば年を取らない」のならよいのだが……。受刑している者は毎年毎年一つずつ年を取る。当たり前のことだが，55歳で受刑生活を開始した者も，刑期の10年が経過すれば65歳になる。そして高齢受刑者として釈放されることになる。特に，無期刑受刑者の場合，受刑者が死亡するまで刑を科するので，仮釈放が許されない限り，死亡するまで刑務所において刑の執行を受けることになる。仮釈放となっても保護観察に付され，恩赦がなされない限り，生涯にわたり国の監督下に置かれる。無期刑は，仮釈放の対象とはならず死ぬまで刑務所等に収容される終身刑とは異なる。なお，日本の法制度では終身刑は定められていない。

無期刑は，法律上は刑の執行開始から10年を過ぎれば仮釈放が可能であるが，仮釈放が実質的に審査されるまでには20〜30年以上経過するケースが多い。中年で受刑を開始した無期刑受刑者も，年とともにどんどん高齢化していくことになる。「仮釈放すなわち社会復帰まであと何年かかるのか……」と本人も周りも気が遠くなる。また，審議されたとしても，被害者やその遺族の感情，引き受けの状況などから，地方更生保護委員会で「仮釈放を許可しない」という判断がなされる例も多い。

一方，無期刑受刑者の新確定はここ10年余り，犯罪の検挙件数の減少とも相まって徐々に減少しており，以前は年間100名近くあった人数が，平成28（2010）年には14人となっている（表13-2）。しかし，新たに仮釈放となる者が10名以下の状態が，10年余り続いている。単純に差し引きしても無期刑受刑者は増加しており，そのなかで高齢受刑者の割合も年々大きくなっている。年末収容人員を見ると，無期刑受刑者の総数は10年前には1,670名であったのが，平成28年には1,815名である。また，その間に死

218　第Ⅳ部　高齢者が関わる司法・矯正

表13-2　無期刑受刑者数，無期刑仮釈放者数および死亡した無期刑受刑者数の推移等

（平成19～28年）

	年末在所 無期刑者数 （人）	無期刑 新受刑者数 （人）	無期刑 仮釈放者数 （人）	無期刑(注) 新仮釈放者数 （人）	①の 平均受刑 在所期間	死亡した 無期刑 受刑者数 （人）
平成19年	1,670	89	3	1	31年10月	13
平成20年	1,711	53	5	4	28年10月	7
平成21年	1,772	81	6	6	30年2月	14
平成22年	1,796	50	9	7	35年3月	21
平成23年	1,812	43	8	3	35年2月	21
平成24年	1,826	34	8	6	31年8月	14
平成25年	1,843	39	10	8	31年2月	14
平成26年	1,842	26	7	6	31年4月	23
平成27年	1,835	25	11	9	31年6月	22
平成28年	1,815	14	9	7	31年9月	27
合計	—	454	76	57	—	176

注：無期刑新仮釈放者とは，無期刑仮釈放者のうち，「仮釈放取消し後，再度仮釈放を許された者」
　　を除いたものである。

（法務省，2017b）

亡した無期刑受刑者は176名であり，新たに仮釈放になった57名をはるか
に上回っている。すなわち，社会復帰するよりもお墓に入る者のほうが圧倒
的に多いということである。

　また，仮釈放者の平均受刑在所期間（刑の執行開始から仮釈放されるまで
の期間）は31年9月であり，在所者のなかには収容期間が50年を越える者
も10名余り存在している。年齢構成では，無期刑受刑者全体のなかで60歳
代が最も多く（25%），70歳代が17%，80歳代以上も4%と，高齢者の割合
が多い（表13-3）。

(4)　受刑者の身体疾患と医療制度

　「受刑者になって刑務所に入れば病気にならない」のなら良いのだが……。
そんなことはない。一般社会と同様に受刑者も病気になるし，障害の残る怪
我をする場合もある。いくつか例を挙げてみると，末期ガン患者，人工透析
の必要な腎疾患患者，所内で脳卒中（脳梗塞や脳出血）を起こし後遺症が残

表 13-3　無期刑受刑者の年齢構成

平成 28 年末年齢	受刑者数	比率
10 歳代	0	0.0%
20 歳代	29	1.6%
30 歳代	177	9.8%
40 歳代	366	20.2%
50 歳代	400	22.0%
60 歳代	459	25.3%
70 歳代	305	16.8%
80 歳代以上	79	4.4%
総計	1,815	100.0%

（法務省，2017c）

る者，所内で心臓発作を起こした心筋梗塞や狭心症の患者，所内で転倒して
意識不明の植物状態になった者，B 型肝炎，C 型肝炎や肝硬変などの肝臓疾
患（覚せい剤乱用者に多いとされる）などがあり，受刑よりも治療を優先す
る事例も多い。

　生活習慣にもよるのだが，受刑者には入所前に不摂生な生活をしていた者，
薬物乱用，アルコール依存などの問題を抱えた者が多く，受刑が始まる前か
ら疾患を持っていた者もいる。受刑生活は禁酒・禁煙で早寝早起き，適度な
運動や規則正しい三度の食事摂取など，健康的である。食事は管理栄養士に
よってメニューが作成されており，バランスの取れた栄養分やカロリー摂取
量のコントロールがなされている。また，事例によって減塩食なども配慮さ
れている。しかし，受刑前の不規則な食生活などから，肥満や糖尿病，高血
圧や肝疾患の割合が多い。

　もちろん，刑務所は病院ではない。だからといって放置するわけにはいか
ない。受刑者にも一般社会で受けられるはずの医療サービスが提供される。
医療刑務所や医療重点施設という専門施設がその役割を担っており，一般施
設から受刑者の医療上移送を受け入れている。結核などの感染性疾患等も，
地域の保健所と連絡を取りながら適切な対応をしなければならない。緊急の
場合などは，それぞれの施設で病院移送（外部の病院に受刑者を入院させ，
検査や治療を受ける取り扱いで，戒護のために昼夜間，必ず刑務官が 3 人が

配置される）で対応することも多い。刑の執行停止が検討される場合もある。

刑務所等の医療（これを矯正医療と呼ぶ）については，検査・治療技術，薬剤の使用量，医師等の確保など，予算面にも絡む種々の問題があり，語るべきことは多いが，ここでは省く。

(5)　高齢受刑者の認知症

次に高齢者に特有の問題を示したい。一般社会でも同様であるが，高齢になると心身面で老化が進む。100歳になっても元気いっぱいで，ボケもないお年寄りはいるが，たいていは体のどこかに損傷が生じている。

高齢になってくると発症する疾患として，認知症がある。アルツハイマー型の認知症のように比較的若年に見られる疾患もあるが，高齢受刑者ではむしろ，血管性の認知症のほうの危険性が高い。

受刑生活となると，認知症の患者への対応は一般社会以上に難しくなる。知的能力の低下と実行機能の減弱から，自分の行動をコントロールする力が弱まっていく。受刑生活は基本的に集団行動なので，認知症の患者は周囲についていけなくなるし，極端にいえば，そうした自分に違和感もなくなってしまう。そうなると，なぜ自分が受刑しているのかも曖昧になってしまい，受刑の意味もわからず，周囲の介護を受けながら時を重ねることになる。

症状がさほど進んでいない場合には，軽作業をさせながら集団生活になじませていくが，食事や排せつなどにも介助が必要になれば，集団室での生活は困難になる。しかし，単独室で生活させれば，刺激の少なさからさらに認知症が進むということになる。高齢者で作業効率が悪い受刑者を3～4名一緒にして軽作業をさせる養護処遇もなされているが，単なる高齢者ではない認知症患者には，こうした処遇も困難になる。二人独居というかたちで健常な受刑者を一緒に生活させ，介護をさせるという方法もあるが，介助する受刑者の負担が相当に大きい。いずれにしても処遇困難な事例であり，後述するように釈放時の保護調整にも相当な配慮が必要になる。

2. 高齢受刑者の処遇

　認知症患者の受刑者については前述したとおりであるが，こうした特殊な事例ではなく，高齢受刑者一般に関する処遇上の問題について示す。高齢者だからといって作業をしなくてもいいわけではない。

　これまで受刑者の処遇は，それぞれの受刑者が有する特性に基づき分類して収容したうえで，展開されてきた。まず，男女は別である。さらに，懲役刑と禁錮刑（刑名）は別になる。次に少年（20歳未満）は別にされる。ただし，収容施設は若年者（26歳未満）と同じ，少年刑務所である。刑期による区別もあり，10年以上の刑期は長期刑（L）とされる（無期刑も含まれる）。さらに，犯罪傾向が進んでいるかどうかで分類される（A：犯罪傾向が進んでいない，B：犯罪傾向が進んでいる）。しかし，若年者（26歳未満）はYと表示されるが，高齢者は区別されない。

　若年者のみを収容する少年刑務所以外は，それぞれの施設で高齢者を収容することになる。すなわち高齢者のみを集禁して処遇する施設はなく，それぞれの高齢者の状態によって（老化や疾病・障害の程度）取り扱いが異なってくる。基本的に問題となるのは，理解力の低さや作業効率の悪さである。そのため，一般工場ではサポートをする者を指名したり，工場用務者に補助させたりする。また，高齢者を中心に編成して比較的軽度の作業をさせる工場を作ったり，作業時間の短縮など高齢者や障害者に応じた特別な対応をする工場（養護工場）に配属したりする。寝たきりになれば病舎（刑務所内の病棟）に入る。

　高齢者を対象にした教育技法はあまり例がないが，古い写真を媒介にして昔の思い出を語らせる「回想法」を実施している施設もある。認知症予防に一定の効果があるとのことである。

222　第Ⅳ部　高齢者が関わる司法・矯正

3. 釈放の手続きと保護調整について

(1) 仮釈放

　一部の被収容者（死刑確定者や，無期刑受刑者で仮釈放されなかった者）を除いて，刑事施設に収容された受刑者は，刑期の長短はあるものの，いずれ釈放されて一般社会に戻ることになる。帰住先のある者は幸いである。たとえ暴力団関係でも，帰るところがあればとりあえず安心だ。帰住先が適切であり，所内生活に問題はなく，悔悟の情があり，再犯の可能性がないと判断された者は，仮釈放の対象となる。また，帰住先はないが更生保護施設で引き受けるとされた者も，同様に仮釈放となり，刑期の満了よりも相当早くに釈放され，社会復帰できる。そうでない者は満期釈放となり，刑期の満了日の翌日に刑務所から釈放される。

　仮釈放者については，施設によって異なるが，ほぼ2週間程度の釈前教育の期間があり，作業していた工場を離れ釈前寮で生活し，釈放当日は「仮釈放言渡式」があり，許可状の交付を受けて出所する。通常は出迎えに来た家族や引受人とともに，担当保護司を管轄する保護観察所に出頭し，満期の日まで保護観察を受けることになる。

(2) 満期釈放

　一方，満期釈放はそれぞれ刑期の満了日が異なるため，日曜日や祝日になることもあり，乗車保護（施設の最寄り駅まで車で送る）などが必要な場合を除き，基本的には釈放手続きを担当した職員が，塀の外まで見送るだけである。

　通常は，満期釈放となる前に，分類部の保護担当職員がそれぞれの釈放予定者が就業している工場に赴き，「満期調べ」（出所に際して必要なものや出迎えの有無といった，出所に関連した事項の調査）をする。その際に，所持金はあるか，帰住旅費（所持金が少なく旅費の不足する者に，金銭的な支援をするもの）が必要か，保護カード（困ったときに保護観察所に援助を求めるための書類）や，乗車保護の必要性も調査する。そのうえで3日～1週間

第13章　高齢受刑者と釈放時の保護調整　*223*

程度の単独室での釈前教育期間を経て，満期釈放となる。

　10年ほど前から，上述した釈放時の保護調整に関して，特に帰住先のない高齢者や障害者を対象に充実させようとする政策がなされてきた。これは厚生労働省と法務省がタイアップし，矯正・保護と福祉関係の各機関が協力している。その中心となるのは「特別調整」とされる制度であり，釈放のかなり前から特別調整の対象となりそうな受刑者を特定し，帰住を希望する地域や施設所在地の自治体などと連絡調整を図り，釈放後速やかに福祉関係の枠組みにスムーズに乗せるという方法である。再犯防止の重要施策であり，刑務所にも常勤の福祉専門官（社会福祉士または精神保健福祉士などの専門職）が配置され，業績を挙げている。

4. 事例紹介

　以上に述べたような仕組みのなかで，高齢受刑者も刑事施設で処遇されて，社会に戻っていく。ここで，読者の理解を深めるために，釈放された元受刑者（男性）に登場してもらい，仮想の事例として紹介したい。時代は今から10年ほど前（平成20〈2008〉年前後），釈放されるのは北国の累犯刑務所，季節は冬，釈放される男性は70歳前後で，6回目の受刑からの満期釈放である。

　　北国の冬は寒い。今年は雪が多く，刑務所の門やその近隣には，溶けずに残った雪が道端に積まれている。北風も冷たい。出迎えはない。午前10時頃に釈放の手続きを終了し，職員に連れられて刑務所の門を出た。しばらく風に吹かれながら街を歩く。

　　「さて，どうしよう……6年あまり経っている。久しぶりのシャバだ。まずはタバコを吸いたい」。タバコの自動販売機を見つけた彼は，釈放時に受け取った所持金の袋から小銭を取り出して，コインの穴に入れた。ボタンを押したがタバコは出ない。「あれっ，タスポを入れろってか。そんなもん持ってないぞ。ちぇっ……」。しばらく歩くとコンビニがあった。店員と対面でタバコとライターが買えた。缶ビールも買ったが，

タバコも酒も「20歳以上です」という画面にタッチしなければならない。「タッチすれば肌の状態から年齢がわかるのかな？」と思った彼は，店員にわざわざ「70歳だよ。間違いないよ」と告げた。彼にとって疑われるのは，いつもいつも嫌なのだ。「ビールも6年ぶりだ。やっぱり500mlだ。飲むなら500mlの缶ビールだ」。コンビニの前にある駐車場にしゃがみ込んで，タバコをふかしながら缶ビールを飲む。「やっとシャバに戻った気がするな」と独り言を言った。

以下は，本人の思考（心理描写を含め）を，独白として表現した。

　思えば今回の「懲役」（受刑生活のこと）は長かった。これまでは長くても2年弱だった。短いときには，刑が確定してから半年もたたずに釈放になった。たいていは「窃盗か詐欺」。といっても「万引きか無銭飲食」なので，刑期は短かった。でも，今回は懲役6年だった。「放火」という重大事案だから仕方ない，と国選弁護士に言われた。放火は2種類あるらしい。人が住んでいるかいないかによって違うそうだ。「現住建造物放火」と「非現住建造物放火」。俺は後者だった。前回は満期で刑務所を出た後すぐに持ち金を使い果たし，以前と同じホームレス。古くて誰もいない小さな神社で寝泊まりしていた。近所のコンビニやハンバーガー屋が捨てる，賞味期限の切れた弁当やチキンを拾って食べる。タバコは灰皿のシケモク（吸い殻のこと）を漁る。居酒屋の店先にある一升瓶をかっぱらえば，酒も飲める。少し歩けば大きな市場（昔は公設市場といった）があって，小さい店がたくさん並んでいて，一回りすればいろんな食べ物が万引きできる。仲間もいる。淋しくはない。ホームレス仲間だ。たまには仲間の自転車を借りて遠出もする。原始人の狩猟生活みたいだ。

　でも，そろそろ冬が近づき，寒くなってきた。ゴミ捨て場から壊れた石油ストーブを拾ってきたが，灯油がない。布団にくるまったが，寒くて我慢できない。新聞紙を燃やせば暖かいと気づき，火を点けた。すぐに消えてしまう。別の新聞紙に火を点けた。また，消えた。暖を取るい

とまがない。そのうちに神社の布飾りに火が付いた。あっという間に建物にも火が移る。このところ雨が降らなかったのでカラカラだったのだろう，全焼した（暖かかったが）。

　消防車やパトカーがすぐにやってきた。民家とは離れた神社だったから，ほかに焼けたものはなかった。俺は警察官に質問され，「寒かったから……」と言ったが信用してくれない。その後，警察が作ってくれたものは，「刑務所に戻りたかった。すぐに社会には戻れないような大きな事件を起こし，長く刑務所にいたかったので神社に放火した」というものだった。俺にとってはどうでもよかった。ただ，住んでいたのに（もちろん神社に住民登録しているわけじゃないけど），「非現住建造物」というのはおかしいと思っただけだ。「神様の罰が当たるぞ！」と担当検事にも言われた。

　懲役6年が確定し，何度も入ったこの刑務所に移されてきた。ここ（累犯刑務所）には，何度も刑務所への入所を繰り返す者や，暴力団関係の者などが収容されている。俺はこの刑務所は3回目だ。三度目の新入時教育と訓練（刑執行開始時教育）を受ける。一緒に新入教育を受けるのは9人で，ほぼ同時期に移送されてきた面々だ。「イチ，ニ，イチ，ニ」（行動訓練）の繰り返し……。わかりきってはいるのに繰り返される。健康診断や分類の先生（調査専門官〈心理技官〉）の面接（処遇調査）も受けた。2週間ほどして作業指定の審査会（処遇審査会の一つ）があった。

　これまでは，主に経理関係の作業をやってきた。舎房掃夫（居室の衛生係で，居室の清掃や他の受刑者の世話をする係）や，図書・計算係（貸し出し図書の整理をする係や，作業報奨金の計算補助をする係）もやった。そこそこ要領よく動けるので，おやじ（処遇部の担当職員）には重宝がられた。若いときは炊場（「すいじょう」と読む。受刑者などに配る食事を調理するところで，毎日何千もの数の食事をこしらえなければならないハードな仕事となる）にもいた。しかし，もう年なのできつい仕事はつらい。楽な仕事がええんやけどなあ（※本人はもともと関西出身であった）。医務課の診察では一応，腰痛があると言っておいた。

226　第Ⅳ部　高齢者が関わる司法・矯正

たいしたことはないけど，あらかじめ言っておいたほうが無難やし，なんかあったときにも逃げ込む理由にできるしなあ。

　作業指定の審査会には，新入教育を受けた9名が一人ひとり順番に呼び出され，連行担当の分類職員に会議室に連れていかれる。会議室には8名余りの幹部職員が並んでいる（正面には分類部長が座り，両脇に処遇首席，分類首席，教育首席，作業首席などが4人ずつ並ぶ）。直立の姿勢で指の先を伸ばし，緊張してしっかり前を見る。「称呼番号，氏名」と連行の分類職員に言われ，「○○○○番，何の何某」と答える。

　部長からの人定確認のあと，種々の質問がなされた。分類の先生（調査専門官）に聞かれたことが中心だ。事件のこと，前刑で満期釈放になった後の生活，これまでの受刑生活で従事した作業，判決についてどう思うか，引き受けはあるのか，家族との交流はあるか，などである。特に反則（規律違反行為）があったかどうかは，「品定め」の重要な要素らしい。幸い俺はこれまで大した反則はやってない。処遇首席が「君は刑務所に戻りたかったのか？　そんなに刑務所が好きなのか？」と聞いてきた。たぶん，嫌味や皮肉のつもりで質問してきたようだ。俺は思わず「はい！！　大好きです」と大声で答えてしまった。会議のメンバーは苦笑していた。しかし最後に，「こういう人生になったことをどう思うか」と分類部長に聞かれた。これには何とも答えようがない。とにかく目の前のことで精一杯だ。それしかなかった。分類部長だけが背広を着ている。他の職員はみんな刑務官の制服を着ている。分類部長は刑務官じゃないのかな？　心理の専門の先生らしい。「そうやったらもっとええこと教えてくれよ……」と言いたかった。

　翌日，新入受刑者の9名は，それぞれ昨日の処遇審査会で決定した作業に就く。現役の暴力団組員も，大きな入れ墨（ギョウカイでは「文身」という）を入れたヤクザ崩れの初回の懲役（受刑者）もいたが，どっちも仕事のきつい（金属関係）サムライ工場に行かされた。俺は繊維製品の製造工場に回された。40人ほどの中規模工場だ。ミシンに乗った（操作する）ことはないし，年も60歳そこそこだ。しかし，経理関係の仕事に就くには，刑期が長すぎると判断されたのだろう。刑務

所側は担当職員と受刑者との馴れ合いや，不適正な関係を嫌う。刑期が長いとどうしてもお互いに情が湧くし，担当職員の目も甘くなり，それに乗じて悪さをしようとする受刑者もいるからだ。

　80歳近くの爺さんは，モタ工場（高齢者や身体障害のある受刑者など，作業効率のあまりよくない受刑者を集めて，紙加工の軽作業をさせている工場。モタモタしている者を集めているので，「モタ工場」と呼ばれている）に行かされた。もう一人の年寄りは，新入教育の途中で倒れた。心臓の病気で安静が必要らしく，すぐに入病（病棟に入ること）した。病院移送もされたそうだが，その後，死んだらしい。身寄りもなく，刑務所で葬式をしたそうだ。お骨も無縁墓に入るらしい。俺もいずれそうなるのかな？

　今回，逮捕されてから，国選の弁護士さん以外に面会は一度もない。はがきや手紙もほとんどない。未決のとき（被告人として収容されていたとき）に同じ舎房にいた人が，釈放後に俺に年賀状をくれたけど……。引受人はいない。家族も親戚も友人とも縁を切られている。親を泣かし，友だちを裏切って，故郷も捨てた。初めての受刑のときは，親が引受人になってくれた。刑務所内での行状も良かったので仮釈放になった。でも，保護司さんの期待に応えられず，再犯し，それからは親も愛想を尽かしたらしい。面会にも来ないし通信もない。俺の借金を親に背負わせたのがまずかったのか。結婚もして子どももいたが，受刑を繰り返すうちに関係は途絶えた。親ももう死んだだろう，消息は知らない。「こんな人生やめてやろうか」と思ったこともある。それでも何となく生きてきた。俺って何なんだろうか？　俺の人生って？　審査会のときの分類部長の質問が心に引っ掛かった。どこをどう繕えばええんやろか？

　高校中退後，仕事にも就いたが長続きせずに，親のスネをかじりながらギャンブルばかりの生活になった。ギャンブルといってもパチンコだが，そのうち親も金をくれなくなり，遊ぶ金に困ってサラ金から借りた。パチンコだけでなく，競馬や競輪，オートレースにボートレース，マージャンもよく打った。悪い仲間もできる。手を出すまいと思っていた闇金融（いわゆるヤミキン）からも借金して，利子が返せない。知り合っ

228　第IV部　高齢者が関わる司法・矯正

た暴力団関係者に助けてもらうが，今度はその組員に連れ回され，気がついたら準構成員みたいな存在になり，兄貴分の下走りとかするようになった。

　俺にはヤクザになって出世するような根性はないし，逃げ出したかった。「足を洗いたい」と兄貴分に言った。「指でも詰めろ」と言われるかと思ったら，「今時，指なんかもらってもしゃあない。金持って来い」と大金を要求された。「金払わんかったら追い込みかけたるからな」とすごまれ，震え上がった。親や親戚のおじさんや中学時代の友だちからも借金していて，返していない。とにかく着の身着のままで地元を離れた。追いかけられるのかと心配したが，俺のような根性なしのチンピラは追いかける価値もなかったのだろう。2年余り不安はあったが，結局，暴力団との縁は切れたらしい。

　その後，受刑した際に暴力団関係について調査されたが，警察では構成員や準構成員として登録されてない，ということのようだった。関西を離れていろいろな仕事をしたし，結婚もしたが，ギャンブルで失敗し，北国での受刑を繰り返すようになる。どういう犯罪をしたのかは明らかにしたくない。どうせたいしたことはできない。すぐに捕まってしまう。その繰り返しだった。どこでどう間違ったのかな？　自分でもわからない。逃げて流されてきた人生だったと思う。

　5年余りが過ぎた。おとなしい者が多い工場だったので，大きなトラブルはなかった。ただ，同室の若い者とのいさかいはあった。最近の若い者は年寄りの言うことを聞かない。おれも70歳を超えた。誕生月の同じ者を集めた行事である誕生集会では，ロールケーキを食べて映画を見た。正月に近い。シャバのホームレス仲間の間では，冗談交じりに，「正月はムショにいるのに限る」とよく言う。刑務所で何度も正月を迎えたが，白いご飯と餅やおせち料理やミカンもある。ホームレスとして神社で寝泊まりしていると，正月は年始のお参りの人が多くて居づらい。ただ，しばらく過ぎれば，賽銭箱の中身が増えるのでうれしい（罰が当たるかもしれんが）。

　しばらくして分類保護の職員がやってきて，満期調べをしてくれた。

引き受けがないと言うといろいろと聞かれる。それが嫌なので，未決に知り合った人（年賀状をくれた人）のところに帰ると嘘をついた。帰住先の住所は思いつかないので，以前に結婚していた頃の住所にした。特に旅費に困るわけじゃない。6年ほど刑務所内で働いて，所内生活ではたいして使っていないので残っているはずだ，と言った。ただ，帰るときの服がないと説明した。すると，帰住衣というのがあって，出所時にもらえると言う。地域の更生保護女性会から寄付された古着らしい。自分はそんなに背が高いわけではなく小柄なほうなので，ちょうどいい服もあるだろうとのこと。似合うか似合わないかは問題外だと言われた。ありがたいことだ。

　おっと回想が長くなり過ぎた。タバコを4本吸った。缶ビールもなくなった。もう1本買おう。コンビニでトイレを借りた。鏡を見た。老人が映っている。これが俺の顔か，俺の頭か。なんとまあ老けてしまった。満期（釈放）の3カ月ほど前から，髪の毛を伸ばし始めることができるのだが，今回はまるで伸びない。ほとんど丸坊主の頭だったから気にしていなかったのだが，何とも頼りない髪の毛だ。昔はそれなりの髪型で出所したのに，今はまだら模様の頭。帰住衣としてもらった背広もちょっと大きい。手が袖で隠れてしまう。小学校1年生みたいだ。しかし，タダなのだから文句は言えない。

　駐車場に戻り，2本目のビールを飲んでタバコに火を点けた。そしておれは途方に暮れた。とりあえず，駅のほうに歩いて行こう。乗車賃ぐらいはある。電車に乗って，行けるとこまで行ってみるか。

　これは，健常な高齢受刑者の満期釈放である。70歳とはいえ，心身に大きな問題はなく，一種のたくましさも感じられる。しかし，どうなっていくのだろう。身寄りもなく，生活の基盤もなく，仕事の技術もなく（ミシンは取り扱えるようになったが，そんな縫製の仕事などは簡単に見つからないだろう），年齢もネックになる。住所もなく保証人もいないし，運転免許もない。働いていれば年金のもらえる年であるが，元の住所も職権で消除されているので手続きもできないし，もとよりこれまできちんと働いていない。故

郷には戻れない。親も死んで，親戚も友人も知り合いはいない。かといって元の妻にも愛想を尽かされている。じつは未決のときに，元の妻の勤めていたスナックに手紙を出したが，返事はなかった。自分の子どももいるはずだが，何の情報もない。誰に相談すればいいのかもわからない。

　以上は，高齢者ではあるが「帰住予定地はあり（本人の供述によるだけだが），福祉サービスは希望しない」というケースである。一方，釈放時に入院が必要だが引受人がおらず，経済的な負担もできないという事例がある。また，認知症が進行し，自宅はあるが財産管理はできず，見守る者が誰もいないという場合もある。こうした医療優先の福祉サービスが必要な場合には，刑務所内にいるうちに介護認定や障害認定を行う。また，地域の自治体や福祉関係機関に連絡し，釈放後のサービス（生活保護や障害年金の適用，成年後見制度の活用）の調整を行う。もちろんその前に，戸籍調査などで，本人の親戚や別れた家族など，釈放後の援助をしてくれそうな係累を探すことはいうまでもないが，実際には難しい。住所が職権消除されている場合には，刑務所の住所に住民登録をして，出所後，生活保護の申請をさせるという対応もする。また，知的障害の場合には，これまで認定を受ける機会がなかった者も多く，刑務所内の心理専門職がアセスメントを行い，障害を確認したうえで療育手帳等の取得を行う。本人の障害受容に配慮することはいうまでもない。

　こうした保護調整のために，刑務所からの出所者に特化してサービスを調整する「地域生活定着支援センター」が，各都道府県に設置されている。先述した刑務所内の福祉専門官と，「地域生活定着支援センター」職員とが連絡を取りながら，適切かつ効率的な制度の運用に務めている。

5. 心理学の専門家の活用

　ここまで，刑務所における高齢受刑者の処遇と釈放や保護調整について概括してきた。そこで，心理学の専門性が活かせるのはどの領域か考えてみる。

　まずは入所時のアセスメントである。矯正施設の心理学の専門性は，これまで主として少年鑑別所の鑑別業務から発展してきた。種々の法務省式心理

検査が開発され，改良されている。それらの結果を読みこなす専門性が，それぞれの心理技官の内面に醸成されている。もちろん，少年と高齢者は違うかもしれない。しかし，事例を積み重ねるなかで，高齢者独特の心理特性が得られるかもしれない。また，高齢者を対象に，新たな心理検査を開発するという方向性もある。高齢者特有の認知のゆがみや感情統制の低さなどを検出する方法が得られれば，有効なツールになる。また，あまり犯罪自体にとらわれずに，一人の高齢者（人生の先輩）として接しながら，ケース理解を深めることも大切である。矯正施設の心理技官にとって，ケース理解は一番重要なアセスメントであるから。

次に，所内での高齢者処遇への関与がある。認知症が危ぶまれる事例には，「話を聞くこと」が好影響をもたらす可能性がある。傾聴などのカウンセリングの手法を用いながら，適切に対応したい。その際に，処遇担当職員へのフィードバックが大切である。処遇に関連した微妙な要素が絡むこともあるので，慎重に対応する必要がある。

高齢者に限ったことではないが，釈放を控えた時期に面接やアセスメントを行うことが，有効ではないかと考える。これまであまりなされていない領域であるが，受刑者の本音を知ることができるかもしれない。また，処遇効果の検証に加え，当初のケース理解が正しかったかどうかがわかるというメリットがある。

さらに，高齢者の犯罪関連で，心理学の専門性を活かせる領域がある。すでに「入口支援」として福祉関係者が関わっている，「検察」の職域である。検察庁は刑事事件の被疑者を起訴するかどうかを判断する司法領域の専門機関であるが，高齢者の被疑者の場合に，刑罰を科すか福祉関係に委ねるかについて，判断に迷うケースがあるとのことである。その際に，認知症関連の検査（長谷川式認知症スケールなど）や知能検査を，スクリーニングとして実施することが有効になる。実際に少年鑑別所の心理技官が検察庁に赴いて実績を挙げている施設もあり，心理学の専門家の職域拡大に加え，地域援助の一環としても期待できる。

【文　献】

花田百造（2010）宮城刑務所における釈放時保護の現状. 刑政, **121**(7), 12-21.

法務省法務総合研究所編（2017）犯罪白書 平成 29 年版. 昭和情報プロセス

法務省（2017a）平成 29 年版犯罪白書のあらまし. ［http://www.moj.go.jp/housouken/housouken03_00093.html］

法務省（2017b）無期刑及び仮釈放制度の概要について［http://www.moj.go.jp/content/000057317.pdf］

法務省（2017c）無期刑の執行状況及び無期刑受刑者に係る仮釈放の運用状況について. ［http://www.moj.go.jp/content/001240576.pdf］

多田 一・東山哲也（2009）受刑者に対する保護的措置に関する研究. 中央研究所紀要, **19**, 31〜129.

索　引

ア　行

アイオワギャンブリング課題 ……… *179*
アクセルペダル …………………… *129*
アルツハイマー …………………… *103*
暗数 ……………… *23, 27, 94, 104*
意思決定 …………………………… *179*
異時点間選択 ………………… *179, 180*
異物混入事件 …………………… *74, 88*
嫌がらせ行為防止法 ……………… *55*
入口支援 …………………………… *232*
ウェクスラー式記憶検査（WMS-R）‥ *176*
鬱憤 ………………………………… *88*
運動療法 …………………………… *189*
オーバーキル ……………………… *48*
お目こぼし ………………………… *147*

カ　行

回想法 ……………………………… *222*
海馬 ………………………………… *177*
確定施設 …………………………… *216*
家族一体主義 ……………………… *147*
家族関係 …………………………… *89*
家族とのコミュニケーション ……… *111*
仮釈放 ……………………………… *223*
感情制御 …………………………… *163*
間接性攻撃 ………………………… *162*
既往歴 ……………………………… *89*
記憶 ………………………………… *175*
　　——の衰え …………………… *204*
　　意味—— ……………………… *203*
　　エピソード—— ………… *180, 202*
　　虚—— …………………… *206, 207*
　　自伝的—— ………… *176, 180, 203*
　　宣言的—— …………………… *176*
　　手続き—— ……………… *176, 203*

危機回避能力 ……………………… *132*
危険要素（ハザード） …………… *127*
帰住予定地 ………………………… *231*
起訴猶予率 ………………………… *108*
機能的攻撃性尺度 ………………… *17*
欺瞞的説得 …………………… *142, 143*
虐待 ………………………………… *23*
凶悪犯 ………………………… *7, 13*
強制性交 …………………………… *93*
強制わいせつ ………………… *93, 97, 98*
協調性 ………………………… *156, 159*
勤勉性 ………………………… *156, 159*
クリューバー・ビューシー症候群 ‥‥ *103*
クレーマー ………………………… *69*
迎合効果 ……………………… *209, 210*
軽度認知障害 ……………………… *184*
健康問題 …………………………… *31*
検出力 ……………………………… *128*
強姦 ………………………………… *97*
工具・酒類型 ……………………… *117*
攻撃性 ………………… *154, 161, 163*
絞殺 ………………………………… *44*
公然わいせつ ……………………… *93*
交通事故 …………………………… *121*
強盗 ………………………………… *20*
勾留 ………………………………… *215*
合流モデル ………………………… *93*
高齢化率 …………………………… *2*
高齢者虐待 ………………………… *26*
高齢者ギャング …………………… *13*
高齢者の刑法犯検挙人員 ………… *4*
高齢者の詐欺脆弱説 ……………… *140*
高齢受刑者 …………………… *90, 215*
声かけ業務 ………………………… *144*
古典的条件づけ …………………… *176*

孤独感 ……………………… 61, 163, 166
コホート …………………………… 33
コメンタリー・ドライビング ………… 131
誤誘導質問 ………………………… 211

サ　行

再認課題 …………………………… 205
詐欺 ………………………………… 165
　オレオレ―― ………………… 138, 145
　架空請求―― ………………… 138, 147
　還付金等―― ………………… 138, 149
　特殊―― ………………………… 138
　なりすまし電話―― …………… 139
　振り込め―― …………………… 165
　融資保証金―― ………………… 138
先行きへの不安感 ………………… 61
殺人 ………………………………… 30
　怒りによる―― ………… 43, 45, 48
　介護疲れによる―― …………… 48
ジェンダー・ステレオタイプ … 15, 23, 68
嗜好品型 …………………………… 117
事後情報効果 ……………………… 209
自殺 ………………………………… 30
実行機能 …………………………… 171
自伝的インタビュー（AI）………… 177
自伝的記憶インタビュー（AMI）…… 176
社会的活力 ………………………… 156
社会的緊張理論 …………………… 113
社会的孤立 ………………………… 166
社会的迷惑 ………………………… 73
　――行為 ………………………… 73
若年・高額型 ……………………… 115
自由再生課題 ……………………… 205
終身刑 ……………………………… 218
周辺的ルート ……………………… 144
熟慮可能性モデル ………………… 144
出生コーホート説 ………………… 15
少額・食品型 ……………………… 115
条件づけ …………………………… 203
承諾誘導の6原理 ………………… 142
衝動性 …………………… 154, 160, 165
　機能的―― ……………………… 160

非機能的―― ……………………… 160
衝動的攻撃 ………………………… 18
処遇施設 …………………………… 216
心中 ………………………………… 31
　配偶者―― ……………………… 32
人生不幸群 ………………………… 111
身体的虐待 ………………………… 23
心理技官 …………………………… 226
心理的被害 ………………………… 141
ストーカー ………………………… 54
　――規制法 …………………… 53, 55
　――行為等の規制等に関する法律 … 55
　――行為による分類 …………… 58
　　イノセント・タイプ ………… 57
　　エグゼクティブ・―― ……… 57
　　挫折愛タイプ ………………… 57
　　スター・―― ………………… 57
　　破婚タイプ …………………… 57
　――の心理 ……………………… 57
　――の精神医学的分類 …………
　　サイコパス系 ………………… 58
　　精神病系 ……………………… 57
　　ナルシスト系 ………………… 58
　　パラノイド系 ………………… 57
　　ボーダーライン系 …………… 57
ストーキング ……………………… 53
　――の分類 ……………………… 60
　　一方的な求愛者型 …………… 58
　　エスカレート型 ……………… 59
　　「片思い」型 ………………… 66
　　急迫型 ………………………… 59
　　拒絶型 …………………… 58, 60
　　親密希求型 ……………… 58, 60
　　憎悪型 …………………… 58, 60
　　慢性型 ………………………… 59
　　無資格型 ……………………… 60
　　略奪型 ………………………… 60
　　「別れ話」型 ………………… 66
　――防止法 ……………………… 54
性機能 ……………………………… 101
正常性バイアス …………………… 142
精神的緊張状態 …………………… 81

索　引　235

性的欲求 ……………………………… *95*
性犯罪 …………………………………… *93*
窃盗 ……………………………… *6, 106*
セルフ・コントロール ……… *16, 162, 164*
先進安全自動車（ASV）…………… *131*
ソースモニタリング能力 …………… *208*
粗暴犯 ………………………… *7, 13, 20*

タ　行
逮捕 ……………………………………… *215*
タイヤパンク事件 ………………… *81, 88*
ターゲットアブセント ……………… *208*
ターゲットプレゼント ……………… *208*
他に転嫁群 …………………………… *111*
男性優位 ………………………………… *54*
地域生活定着支援センター ………… *231*
遅延割引課題 ………………………… *179*
知的好奇心 …………………………… *156*
超高齢社会 ……………………………… *2*
低対処スキル …………………………… *18*
特別調整 ……………………………… *224*

ナ　行
入所時のアセスメント ……………… *231*
認知機能 ……………………………… *170*
　──トレーニング ………………… *187*
　──の低下 ………………… *111, 162*
認知症
　…… *44, 133, 170, 175, 182, 203, 221, 232*
　アルツハイマー型── …………… *182*
　軽度── ……………………………… *175*
　血管性── …………………………… *183*
　高齢受刑者の── ………………… *221*
　前頭側頭型── …………………… *183*
　レビー小体型── ………………… *183*
認知の歪み ……………………………… *61*
ネガティブ情動 ……………………… *185*
脳機能 ………………………………… *170*

ハ　行
配偶者心中 ……………………………… *32*
　依存-保護型 ………………………… *32*

共生型 …………………………………… *32*
攻撃型 …………………………………… *32*
ハザード認知能力 ……………… *127, 130*
パーソナリティ ……………………… *154*
犯行テーマ ……………………………… *76*
反社会性パーソナリティ障害 ……… *159*
ハンドル操作の不適 ………………… *125*
ビデオラインナップ ………………… *208*
被誘導性 ……………………………… *209*
不満 ……………………………………… *88*
プライミング ………………… *176, 178, 203*
ブレーキとアクセルの踏み間違い
　…………………………………… *125, 128*
ブレーキペダル ……………………… *129*
文化葛藤型 …………………………… *103*
弁当・惣菜型 ………………………… *117*
放火 ……………………………………… *20*
暴力犯罪 ………………………………… *12*
保護司 ………………………………… *228*
ポジティビティバイアス …………… *180*

マ　行
「周りの人との調和を乱す」行為 …… *73*
満期釈放 ……………………… *223, 230*
万引き ………………………… *6, 106, 109*
無期刑 ………………………………… *218*
　──受刑者 ………………………… *218*
メタ分析 …………… *156, 162, 164, 175*
メンタルモデル ……………………… *130*
面割り（line up）…………………… *207*
妄想 …………………………………… *186*
目撃証言 ……………………… *202, 204*
問題歴 …………………………………… *89*

ヤ　行
有効視野範囲 ………………………… *128*
養護処遇 ……………………………… *221*
抑制 …………………………………… *174*
　──機能 …………………… *174, 185*

ラ　行
リスキー選択 ………………… *179, 180, 181*

リスク認識 …………………………… *111*	**アルファベット**
ルアー項目 …………………………… *206*	DRM パラダイム ……………………… *206*
「ルール・マナー違反」行為 ………… *73*	FAB（Frontal Assessment Battery at
恋愛感情 ……………………………… *67*	Bedside）……………………………… *171*

●著者紹介● （執筆順）

【はじめに，第1章，第12章】
越智啓太（おち けいた）
〈編著者紹介参照〉

【第1章】
新岡陽光（にいおか きよみつ）
2018年 法政大学大学院人文科学研究科心理学専攻博士後期課程修了
現　　在 中央大学研究開発機構ポスドク研究員・理工学兼任講師，博士（心理学）

【第2章，第4章】
桐生正幸（きりう まさゆき）
1984年 文教大学人間科学部人間科学科中退　学位授与機構（文学士）
現　　在 東洋大学社会学部社会心理学科教授，博士（学術）

【第3章】
喜入　暁（きいれ さとる）
2018年 法政大学大学院人文科学研究科心理学専攻博士後期課程修了
現　　在 東京大学大学院教育学研究科附属学校教育高度化・効果検証センター特任研
　　　　 究員，博士（心理学）
湯　泰彦（ゆ やすひこ）
2017年 法政大学大学院人文科学研究科心理学専攻修士課程修了
現　　在 （株）新都市ライフホールディングス

【第5章】
大上　渉（おおうえ わたる）
1999年 九州大学大学院文学研究科心理学専攻修士課程修了
現　　在 福岡大学人文学部文化学科教授

【第6章】
田口真二（たぐち しんじ）
1980年 熊本大学教育学部心理学専攻卒業
現　　在 元熊本県警察本部科学捜査研究所，博士（心理学）

【第7章】
萩野谷俊平（はぎのや　しゅんぺい）

2015 年　法政大学大学院人文科学研究科心理学専攻博士後期課程修了
現　在　New York University Shanghai Postdoctoral Fellow of Psychology，博士（心理学）

【第8章】
重森雅嘉（しげもり　まさよし）

1997 年　学習院大学大学院人文科学研究科心理学専攻博士後期課程単位取得退学
現　在　静岡英和学院大学短期大学部准教授，博士（心理学）

【第9章】
西田公昭（にしだ　きみあき）

1988 年　関西大学大学院社会学研究科社会学専攻博士後期課程単位取得退学
現　在　立正大学心理学部対人・社会心理学科教授，博士（社会学）

【第10章】
市川玲子（いちかわ　れいこ）

2017 年　筑波大学大学院人間総合科学研究科心理学専攻博士後期課程修了
現　在　（株）イデアラボ研究員，博士（心理学）

【第11章】
松本　昇（まつもと　のぼる）

2017 年　筑波大学大学院人間総合科学研究科ヒューマン・ケア科学専攻3年制博士課程修了
現　在　日本学術振興会特別研究員PD，名古屋大学大学院，博士（心理学）

【第13章】
花田百造（はなだ　ももぞう）

1982 年　大阪大学大学院人間科学研究科行動学専攻博士後期課程単位取得退学
現　在　帝塚山大学心理学部心理学科准教授

◆編著者紹介◆

越智啓太（おち　けいた）

1965 年横浜市生まれ

1992 年　学習院大学大学院人文科学研究科心理学専攻博士前期課程修了

1992〜2001 年　警視庁科学捜査研究所研究員

2001〜2005 年　東京家政大学文学部助教授

2006〜2008 年　法政大学文学部心理学科助教授

2008 年 4 月〜　法政大学文学部心理学科教授，臨床心理士

主著書　『テキスト司法・犯罪心理学』（共編著）北大路書房 2017 年，『心理学ビジュアル百科』（編）創元社 2016 年，『犯罪捜査の心理学』新曜社 2015 年，『つくられる偽りの記憶』化学同人 2014 年，『誠信　心理学辞典［新版］』犯罪・司法領域（編集）2014 年　ほか多数

こうれいしゃ　はんざいしんりがく
高齢者の犯罪心理学

2018 年 9 月 10 日　第 1 刷発行
2019 年 4 月 15 日　第 2 刷発行

編 著 者	越　智　啓　太
発 行 者	柴　田　敏　樹
印 刷 者	藤　森　英　夫

発 行 所　株式会社 **誠 信 書 房**
〒112-0012 東京都文京区大塚 3-20-6
電話 03(3946)5666
http://www.seishinshobo.co.jp/

© Keita Ochi, 2018　　　　印刷所／製本所　亜細亜印刷㈱
検印省略　　落丁・乱丁本はお取り替えいたします
ISBN978-4-414-41648-0　C3011　　Printed in Japan

JCOPY 〈㈳出版者著作権管理機構 委託出版物〉
本書の無断複写は著作権法上での例外を除き禁じられています。複写される場合は、そのつど事前に、㈳出版者著作権管理機構（電話 03-5244-5088、FAX 03-5244-5089、e-mail：info@jcopy.or.jp）の許諾を得てください。